桥 渡 设 计

主 编 李永乐 汪 斌 张 方 向活跃 房 忱
主 审 尚久驷

西南交通大学出版社
·成 都·

图书在版编目（CIP）数据

桥渡设计 / 李永乐等主编. -- 成都：西南交通大学出版社, 2025. 2. -- ISBN 978-7-5774-0362-5

Ⅰ. U442.5

中国国家版本馆CIP数据核字第2025SN0824号

Qiaodu Sheji
桥渡设计

主编　李永乐　汪　斌　张　方　向活跃　房　忱

策 划 编 辑	秦　薇
责 任 编 辑	韩洪黎
封 面 设 计	何东琳设计工作室
出 版 发 行	西南交通大学出版社
	（四川省成都市金牛区二环路北一段111号
	西南交通大学创新大厦21楼）
营销部电话	028-87600564　028-87600533
邮 政 编 码	610031
网　　　址	https://www.xnjdcbs.com
印　　　刷	成都蜀雅印务有限公司
成 品 尺 寸	185 mm × 260 mm
印　　　张	14.5
字　　　数	362千
版　　　次	2025年2月第1版
印　　　次	2025年2月第1次
书　　　号	ISBN 978-7-5774-0362-5
定　　　价	39.00元

课件咨询电话：028-81435775
图书如有印装质量问题　本社负责退换
版权所有　盗版必究　举报电话：028-87600562

前言

桥渡设计是土木工程专业桥梁方向、道路桥梁与渡河专业的一门重要专业课程，主要介绍河川径流特征、洪水流量计算、水流与桥梁的相互影响、桥涵孔径设计、基础埋置深度计算、调治构筑物与防护工程等。

我国桥梁数量及里程均居世界第一，正处于由桥梁大国向桥梁强国迈进的关键阶段。现代桥梁工程的设计、建造、管养等对桥渡设计提出了新的要求，铁路和公路水文勘测设计规范相继进行了完善再版，有必要结合当前桥梁工程的发展以及规范的变化编写新的教材。与此同时，我国高等教育培养大纲及教学形式也发生了较为明显的变化，在知识结构、学时安排及学生素质培养等方面提出了新的要求，有必要编写一本适应当前教育模式与学生特点的桥渡设计教材。鉴于此，编者在三十余年课程教学经验的基础上组织编写本书，作为桥渡设计课程教材，也可作为桥梁工程相关从业人员的参考资料。

本书在组织架构上，针对学时压缩的现状，将水文、水力、统计分析、河道泥沙等基础性知识分别和相应的专业性应用安排在同一章，使基础理论、分析方法、专业应用、规范规定能更好地相互支撑，增强了知识的系统性，便于教师讲解和学生掌握。此外，将大中桥、小桥涵及特殊地区桥梁分开介绍，突出共性中的个性。

本书在知识内容上，一方面紧扣铁路和公路水文勘测设计新规范的相关规定；另一方面增加了海洋环境桥渡设计、桥梁施工水文设计以及运营老桥水文检算等。此外，整理了20篇电子扩展学习材料，补充介绍了水力学典型现象及基本原理，扩展总结了十余种设计洪水推算方法，对比分析了不同流速的内涵和不同对象的高程确定方法，使学生既有纵向的系统性学习，又有横向的差异性对比分析。

全书共十二章，第一章到第九章为基本学习内容，第十章到第十二章为延伸学习内容。教学过程中，可根据需求确定讲解章节。此外，本书强调培养学生的计算能力，重视实例讲解及训练，教学过程中，可根据需求增减实例讲解及课后训练。

全书由西南交通大学李永乐规划、组织并逐章复核定稿，由尚久驷指导并审阅。具体编写分工如下：张方编写第一章、第二章、第三章与第四章，向活跃和房忱编写第五章、第六章、第七章与第九章，汪斌编写第八章、第十章、第十一章与第十二章。

感谢任宝良、易虹岚及杨庆华的宝贵意见和建议！编写过程中参考了众多相关教材及文献资料，在此一并致谢！水平所限，疏漏难免，恳请广大读者批评指正（邮箱：lele@swjtu.edu.cn）。

作 者
2024年12月

目 录 CONTENTS

第一章 绪 论 ·· 1

第一节 水文现象与桥梁水害 ··· 1
第二节 桥渡设计的意义与发展 ··· 7
第三节 本教材的内容安排 ·· 8
思考与练习 ·· 9

第二章 河川径流及水文勘测 ·· 10

第一节 地球上的水循环 ·· 10
第二节 河川径流 ··· 11
第三节 河床演变 ··· 21
第四节 桥梁水文调查和勘测 ··· 24
思考与练习 ··· 31

第三章 水文统计原理与方法 ·· 32

第一节 概率统计基本概念 ··· 32
第二节 参数估计 ··· 38
第三节 抽样误差 ··· 42
第四节 相关分析 ··· 44
第五节 经验频率曲线 ·· 51
第六节 理论频率曲线 ·· 53
思考与练习 ··· 56

第四章 设计洪水流量推求 ··· 57

第一节 洪水与设计流量 ·· 57
第二节 洪水资料的处理 ·· 58

第三节　根据流量资料推算设计流量 …………………… 63
　　第四节　根据有限历史洪水资料推算设计流量 ………… 72
　　第五节　根据地区性经验公式推算设计流量 …………… 74
　　第六节　小流域暴雨洪峰流量推算方法 ………………… 75
　　第七节　设计水位的确定方法 …………………………… 79
　　思考与练习 ………………………………………………… 81

第五章　桥位选择与桥孔布置 …………………………… 83

　　第一节　桥位选择 ………………………………………… 83
　　第二节　桥孔布置 ………………………………………… 85
　　第三节　不同河段桥位选择和桥孔布置 ………………… 86
　　第四节　实例分析 ………………………………………… 89
　　思考与练习 ………………………………………………… 91

第六章　大中桥孔跨设计 …………………………………… 92

　　第一节　河道水流 ………………………………………… 92
　　第二节　桥孔长度计算 …………………………………… 98
　　第三节　桥面高程计算 …………………………………… 105
　　第四节　河滩路堤高程计算 ……………………………… 112
　　思考与练习 ………………………………………………… 116

第七章　墩台冲刷与基础埋深 ……………………………… 118

　　第一节　河道泥沙运动 …………………………………… 118
　　第二节　冲刷类型 ………………………………………… 125
　　第三节　一般冲刷计算 …………………………………… 126
　　第四节　桥墩局部冲刷 …………………………………… 135
　　第五节　基础埋深 ………………………………………… 139
　　思考与练习 ………………………………………………… 142

第八章　调治构筑物与防护措施 …………………………… 144

　　第一节　调治构筑物 ……………………………………… 144
　　第二节　导流堤布设 ……………………………………… 147
　　第三节　丁坝布设 ………………………………………… 152

  第四节 墩台冲刷防护 …………………………………… 153
  第五节 河岸防护 …………………………………………… 156
  思考与练习 …………………………………………………… 159

第九章 小桥和涵洞设计 ……………………………………… 160

  第一节 小桥和涵洞水文设计原则 …………………………… 160
  第二节 小桥孔径计算 ……………………………………… 161
  第三节 涵洞孔径计算 ……………………………………… 168
  第四节 小桥涵防护 ………………………………………… 175
  思考与练习 …………………………………………………… 177

第十章 特殊地区桥渡设计 ………………………………… 178

  第一节 水库地区 …………………………………………… 178
  第二节 泥石流地区 ………………………………………… 183
  第三节 平原河网地区 ……………………………………… 186
  第四节 岩溶地区 …………………………………………… 188
  第五节 倒灌河段 …………………………………………… 190
  思考与练习 …………………………………………………… 192

第十一章 海洋环境桥渡设计 ……………………………… 193

  第一节 海洋环境 …………………………………………… 193
  第二节 波浪 ………………………………………………… 194
  第三节 潮汐与风暴潮 ……………………………………… 196
  第四节 通航桥梁 …………………………………………… 198
  第五节 墩台冲刷 …………………………………………… 200
  思考与练习 …………………………………………………… 202

第十二章 施工与运营桥梁水文计算 ……………………… 203

  第一节 涉水施工设施水文计算 …………………………… 203
  第二节 运营桥梁水文检算 ……………………………… 208
  思考与练习 …………………………………………………… 210

附　录

附录A　皮尔逊Ⅲ型曲线离均系数 ϕ_p 表 ······ 211
附录B　三点法 S 与 C_s 关系表 ······ 213
附录C　三点法 ϕ_p 取值表 ······ 215
附录D　全国水文分区流量计算参数表（节选）······ 217
附录E　局部冲刷计算墩形系数 K_ξ 及桥墩计算宽度 B_1 取值表 ······ 219
附录F　扩展学习材料 ······ 223

参考文献 ······ 224

第一章 绪 论

第一节　水文现象与桥梁水害

一、水文现象概述

1. 工程水文学

远古时期人类就择水而居，傍水而存，创造了沿黄河的古代中国、沿尼罗河的古埃及、沿底格里斯河与幼发拉底河的古巴比伦、沿印度河的古印度四大文明古国。人类利用水的同时，水也常常给人类带来灾祸，造成难以估量的损失。

随着社会的发展，人类开始研究河流特性。我国大禹治水的传说发生在公元前2200年左右。《吕氏春秋》有云："云气西行云云然，冬夏不辍，水泉东流，日夜不休，上不竭，下不满，小为大，重为轻，圜道也。"这是古人根据具体的地理环境提出的简单水文循环系统，也是中国最早的较为完整的关于水循环的科学记载。公元6世纪的《水经注》记载了当时我国境内大量河流的概况。近代，1674年佩罗提出了水文循环和河流流量来源的突破性理论，1738年伯努利父子提出了水流能量方程，1775年谢才建立了明渠和管道均匀流公式，1802年道尔顿建立了水面蒸发公式，1856年达西发表了孔隙介质中地下水运动的达西定律等。

早期，水文学是地理学的一个分支，主要研究对象是陆地上的水，研究水的形成、分布及运动变化规律，以满足人类活动的需要。随着时间的推移，水文学作为一门学科逐步发展起来，形成了专门的学科体系。随着科学技术的不断进步，人类对水文的研究不断深入，利用和调控河流的能力不断提高。水利工程的出现表明，人类已经不满足于仅能够对水文现象进行描述和解释，而是希望通过工程建筑物对河流进行更加有效的利用。在20世纪30年代至70年代，工程水文方面的研究应用得到了较快的发展，并且形成了一门分支学科——工程水文学。随着近代科学技术的突飞猛进，工程水文学将不断发展、不断进步，研究领域不断扩大，研究体系也将不断完善。

2. 水文现象及其特点

水文现象是指自然界中的水在太阳辐射和地心引力的作用下发生转化、运动而产生的各种现象，如降水、径流、蒸散发、下渗、冰情、潮汐、波浪、洋流、洪水等现象。水文现象受到气象因素、地理条件、河流流域特征、人类活动等因素的综合影响，复杂多变且随机性强。通过长期的观察与分析发现，水文现象具备以下典型特点：

（1）周期性与随机性的对立统一。

地球位于太阳系之中，绕太阳公转，并绕自转轴自西向东自转，从而形成日出日落，四季交替，这导致了气象因素具有季节周期性。水文现象直接受到气象因素的影响，而存在着洪水期、平水期、枯水期等。这种以年为周期随季节更替、以月或日为周期循环变化的特性，就是水文现象的周期性。

通过长期的观测发现，水文现象不仅具有周期性的变化规律，还存在着一定的不确定性。比如，在不同的年份，一条河流的流量变化过程并不完全相同，每年夏季的降水和温度不会完全一样，雨季和旱季到来的时间或者持续时间不会完全相同。影响水文现象的因素众多且十分复杂，这些因素又包含多种变量，各变量不断变化且相互影响，从而使得水文现象发生的时间、地点、形式、特性等都不可能完全重复出现，而是存在一定程度的波动变化，这就是水文现象的随机性。

（2）地区相似性与特殊性的对立统一。

通常将地形、地貌以及地理位置相近的地方划分为同一区域，其气候条件、水文特征均存在着相似性。反映在水文现象上，必然存在着明显的地区性。按照传统的地区划分习惯，我国可以分为南方和北方。南方多雨水，北方多干旱。在地形上又可以分为高原、平原、山区等。高原多为大江大河的发源地，平原多平缓的河流，山区多暴涨暴落的河流。

水文现象的地区性又存在着特殊性，如在同一地区，山区河流和平原河流的洪水过程差异显著，即便是相同气候条件，岩溶地区河流与非岩溶地区河流的水文规律也不相同。值得注意的是，水文现象会受到人类活动的影响而不断发生着变化，河流因此又具有一定特殊性。

3. 水文现象的分析方法

根据河川水文现象的基本特性，按不同的目的和要求可将分析研究的方法归纳为以下三类：

（1）成因分析法。

成因分析法，是研究河川水文现象的物理成因以及同其他自然现象（如气候因素、自然地理因素等）之间的相互关系，通过成因分析寻求水文现象的客观规律，建立水文现象各要素之间的定性、定量关系的方法。如从径流与降水的成因关系，建立水文现象特征值的物理数学模型，以此来求解各类水文计算问题，利用暴雨资料推算设计流量就是典型例子。这种方法分析推理清楚，物理概念明确，但由于影响因素错综复杂，使定性和定量分析都存在很多困难，目前公路和铁路工程多应用一些半理论半经验公式。复杂的洪水形成数学模型在桥梁工程中尚未充分应用。

（2）地理综合法。

根据河川水文现象的地区性特点，利用实测水文资料进行综合归纳，寻求水文现象区域性的分布规律的方法，叫作地理综合法。这种方法以实际资料为依据，虽然缺乏物理成因的分析，但应用较为简单，对于缺乏实测资料的地区具有一定实用意义，可通过研究水文要素的分类和分区特征值，建立一些有水文特征值的地区性经验公式或等值线图、专用计算图表等。如一些公路规范中推荐的设计流量计算方法，就是通过地区划分、特征值区划来实现的。

(3) 水文统计法。

水文统计法,又称数理统计法,是利用河川水文现象的随机性特点,对实测水文资料进行统计分析,寻求水文现象特征值(如流量、水位等)的统计规律,预估其未来变化的方法。这种方法是一种数学方法,是水文分析计算的一种工具,比如对于设计流量的确定,就是运用概率论的基本原理,计算各年份洪水流量出现的频率,再按照国家有关规范所规定的洪水频率,确定设计流量。该方法基于统计学原理,对获得的水文资料进行规律性分析,其本质不揭示水文现象的来龙去脉,仅利用数据的规律指导设计,但水文统计法仍是目前大、中桥水文分析计算的基本方法。由于水文现象十分复杂,现有的实测资料不够多,因此在实际工作中,常常将成因分析法与水文统计法结合起来,尽可能通过各种途径,采用多种方法分析计算,力求得到合理可靠的计算结果。

必须指出的是,由于水文现象复杂、观测资料有限以及现行水文计算理论方法尚不完善,实际工作中常把水文统计法和成因分析法相结合,甚至加上地理综合法,尽可能通过各种途径,采用多种方法来计算分析,以提高结果的合理性和可靠性。

二、桥梁水害

1. 桥梁水害分类

人类需要通过桥梁来跨越河流,洪水经常导致不同类型的桥梁水害,包括冲刷、侵蚀、漂流物撞击和洪水冲击等。最常见的是,桥梁在每年的洪汛期往往会因受到洪水过度的冲刷作用而发生损伤或者倒塌。水害会使桥梁丧失通行功能,甚至出现断道和损毁,如桥面漫水、基础冲刷导致倾斜或者垮塌、栏杆缺失等。桥梁水害可以从不同角度进行分类。

(1) 根据发生水害的对象,可分为桥墩基础破坏、桥台破坏、上部结构破坏、主河道偏移孔跨等。桥墩基础是承载桥梁竖向荷载和水流横向荷载的关键构件,冲刷对其影响尤为显著(见图 1.1.1)。冲刷会侵蚀桥墩周围的河床土壤(见图 1.1.2),失去土壤支撑的桥墩基础很容易发生倾斜和变形,其承载能力和稳定性会显著降低;与桥墩基础类似,桥台也可能因冲刷作用导致其基础失去必要的支撑,增加失稳坍塌的风险;对于处在海洋或库区环境中的桥梁以及漫水桥梁,当水位漫过桥面时,墩上结构容易被洪水冲坏或冲毁(见图 1.1.3);河床具有不稳定性,大洪水可能使主河道中心向一侧摆动,偏离原有的桥孔位置,虽然此时桥梁结构本身可能并没有破坏,但其通航泄洪的功能已丧失。

图 1.1.1 洪水导致的河床铺砌冲毁、桩基裸露

图 1.1.2　洪水导致的河床铺砌冲毁、桩基裸露、桥墩倾斜

图 1.1.3　洪水导致的桥梁垮塌

（2）根据水害中洪水对桥梁的作用类型，可以分为洪水动力冲击、冲刷、浮力托举、漫水、磨蚀、桥下淤积和氯离子腐蚀等。洪水对桥梁的动力冲击最为直观，水流直接从侧向对桥梁施加巨大的横桥向作用力，使桥梁发生损伤、破坏。在极端洪水时，桥位所在河道水位暴涨，甚至可能漫过桥面，洪水对桥梁产生较大的向上托举力和向前水平力，这些作用力轻则导致桥梁支座滑动，重则导致支座的剪切破坏，甚至上部结构整体滑移与倾覆；冲刷是水流侵蚀河床、堤岸、桥梁基础周围泥沙及其他物质的过程，受到水深、流向、流速等水文条件与桥墩或基础形式、泥沙特性、气候变迁等因素影响。冲刷会导致桥墩基础埋深不足，桥

梁稳定性和承载力下降；携带泥沙的水流高速摩擦桥墩、承台和桩基等下部结构，加上洪水中大粒径石块的撞击，混凝土保护层易出现开裂，甚至剥离的情况，随着损伤和剥离的深入，混凝土质量逐渐损失，钢筋严重外露，这就是磨蚀。磨蚀现象常发生在水库下游距离水坝较近的河段桥梁上；氯离子腐蚀是由海水引起的桥梁病害，表现为混凝土开裂、脱皮、钢筋外露以及钢筋锈蚀等。

（3）根据水害最终呈现的结果，可以分为水损和水毁两大类。水损可进一步分为结构性损伤和非结构性损伤，结构性损伤包括桥墩倾斜、拱轴线异常等影响桥梁承载力的损伤，这类损伤可能导致桥梁部分功能丧失。非结构性损伤包括栏杆缺失、护坡破损、桥面破损等，这类损伤不直接影响桥梁承载力但影响正常使用；水毁是指桥梁丧失承载力，甚至直接垮塌，水毁已成为桥梁倒塌失效的首要因素，具有显著的突发性、巨大的破坏性以及较高的隐蔽性。

各种桥梁水灾中，基础冲刷是最常见，也是对桥梁结构的影响和破坏性最大的一种水害形式。据美国的统计，其国内 1966—2005 年间倒塌的 1 502 座桥梁中，有 58% 的桥梁破坏归结于基础冲刷及相关水力学作用。据新西兰的统计，其国内 1960—1984 年间，108 起桥梁破坏事故中，29 起是由于桥墩冲刷引起的。我国的统计数据显示，国内在 2000—2014 年间运营阶段发生的 106 起桥梁坍塌事故中，有 30% 的桥梁坍塌是由于河流冲刷引起的。

2. 桥渡水害成因

桥梁水害的成因主要可归纳为：桥位选取不当、桥孔跨径偏小、基础埋置过浅、导流防护不完善以及桥梁养护不及时等，此外，过度采砂和河道改变也会导致桥梁水害的发生。

（1）桥位选取不当。河道顺直、稳定且较窄的河段是天然良好的桥位，而设置在河湾处或不良桥位河段上的桥涵水害及水毁的风险就会高很多。当水流与桥涵轴线存在较大的斜交角度时，增加了阻水宽度，对桥梁水文也是不利的。

（2）桥孔跨径偏小。满足泄洪、输沙和通过水流是桥涵孔径设计的基本要求。设计过小的孔径，会导致排洪与输沙的不畅，引起桥前大量壅水及桥下冲刷加剧，如果在含沙量较大的河流上，还可能使桥孔被泥沙淤塞，导致其泄洪能力锐减。

（3）基础埋深过浅。冲刷深度和地基承载力共同确定了桥涵基础的埋置深度。大洪水会使桥梁墩台基础附近的泥沙容易被水流冲刷淘空，从而导致桥梁倾覆。

（4）导流防护不完善。桥孔和调治构造物是形成完善排洪系统的重要组成部分，部分桥梁的水损或水毁多归因于缺乏导流设施或导流不善，未能有效配合桥孔形成排洪系统。由于导流、护岸和河床整治不善而毁于泥石流的桥梁较为常见。

（5）桥梁养护不及时。由于观念错误导致对桥梁养护的重视程度不足或养护资金有限，多数资金仅被投入上部承重构件的养护，导致一些有轻微损坏（如沉陷、铺砌脱落、涵洞洞口淤塞等）的桥梁锥坡和防护工程未能及时维护和加固，一旦洪水来临，则无法抵抗洪水的侵袭，造成锥坡和防护工程的迅速破坏，甚至引起桥涵的局部冲毁。

（6）过度采砂。在天然河道内大量挖沙采石，会极大地改变河床的天然状态，使河床面显著下降。洪水来临后，会产生局部跌水或急弯，引起局部河床冲刷，导致墩台基础埋深不足。

（7）河道改变。河道改变的原因主要分为河流自身的变化、环境变化和人为因素等。河流自身的变化表现为崩滩、塌岸等，导致河流主流摆动、河床冲深扩宽等。当河道上游的环境改变时，例如上游流域的森林和植被被砍伐，河流的塑造作用也会随之改变。人为因素对河道的影响主要包括临河修建建筑设施、桥位上游筑坝拦水、桥上下游水利工程改动等，这些变动会改变河流的径流分布，增大水流冲刷能力，进一步导致桥梁水害。

3. 桥渡水害实例

宝成铁路南下穿越秦岭，经过广元后向西南延伸，在绵阳车站西侧跨越安昌江。安昌江大桥建成于1954年，全长276.9 m，由16孔15.8 m跨径的简支梁组成，墩台采用明挖扩大基础。安昌江属于山前区变迁性河流，桥位处河槽摆动多变，70年内两次改道。河床宽浅，洪水泛滥宽度约3 km。选线时考虑不够全面，单纯追求线路平面顺直，将桥位置于上有支流汇入、下有山嘴阻水的不良桥位。1954年遭遇洪水时，桥上游壅水高达1.6 m，三角形水袋区积水严重，淹没大片农田、房舍，冲毁路堤多处。

由图1.1.4可见，大桥位于弯曲水流顶端的凹岸侧，主流顶冲成都端桥孔。桥下水流分布很不均匀，主流集中流向绵阳侧岸（面向下游时的左侧岸）。此外，成都端桥孔下游紧傍陡峭山嘴，阻碍水流顺畅过桥，洪水时桥下水流汹涌激荡。虽曾在草石河口上游修建挑水坝、潜坝，调整水流，并在宝鸡端桥下开挖河床、疏导水流，但这些工程皆无成效。

图1.1.4 宝成铁路安昌江大桥桥位平面图

此外，沙卵石河床上弯曲水流集中冲刷严重，而当上游右侧草石河涨大水时，冲刷集中在成都侧桥下，因此只好在桥下大范围用混凝土块铺砌。但由于铺砌面的标高难以降低，增大了铺砌下游的冲刷，铺砌也屡修屡毁，防护工程投资巨大。

大桥过河后，绵阳端线路以近90°急弯在泛区内迅速转向下游。大洪水过境时有近7 km线路浸水，并形成巨大的三角形水袋。再有稍大洪水来临，即翻越路堤冲毁线路。据不完全统计，仅补强、加固及防洪抢险费用，已接近全桥造价的1倍。

桥梁水灾影响大，治理成本高，设计时开展多种桥位方案和线路方案（见图 1.1.5）的论证比选非常必要，以避免桥梁基础被过度冲刷，提高泄洪能力，并改善河滩路堤浸水情况。

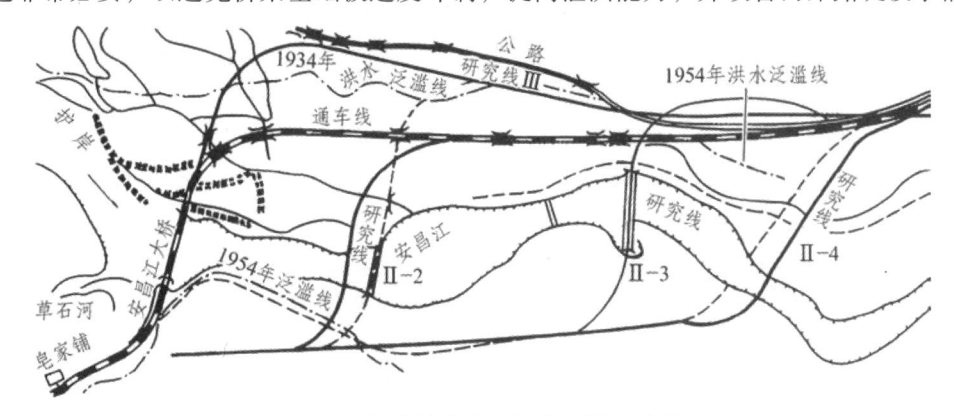

图 1.1.5　宝成铁路安昌江大桥桥渡选线图

第二节　桥渡设计的意义与发展

一、桥渡设计的意义

我国幅员辽阔，国土面积居世界前列，是世界上河流最多的国家之一。据 2013 年国家统计局数据，我国流域面积大于 50 km² 以上的河流高达 45 203 条，总长度约为 150.85 万千米。铁路和公路跨越河流需要修建大量桥涵建筑物，因此，我国是世界第一桥梁大国。

越过河流衔接两岸之处谓之渡口，可乘船渡河亦可架桥跨越，采用桥涵形式的"渡口"简称桥渡，桥渡比桥梁一词内涵丰富，体现了桥梁与水流的联系，既包括桥涵及墩台主体，又包括桥头引道、桥下河道以及调治构筑物与防护工程等。

河流千变万化，桥梁水害多种多样，其成因复杂，且后果严重，惨痛的教训使人类意识到对桥渡进行科学合理设计的重要性。桥梁建设者不仅要设计好桥梁工程主体，还必须处理好桥梁与河、海、高原、山岭等自然环境的关系。在桥梁勘测设计阶段，通过合理规划，并采用合理的桥型和孔跨布置形式跨越河流，一方面使设计洪水在桥位处能顺利下泄，另一方面可减少洪水对桥梁的影响，避免水害的发生，保障桥梁及其附近生活设施和农作物的安全。

"桥渡设计"属于基础科学与工程技术之间的交叉学科，更是一门综合性的课程，涉及桥梁工程、水文学、水文地理学、水力学、数理统计学等学科知识。桥渡设计不仅要研究河流水文特性，更要研究如何设置安全的跨河构筑物及其调治构筑物与防护工程。桥渡设计的主要任务可以归纳为：① 在满足相关工程技术标准的前提下，对线路跨越河流的位置进行选择，确定桥位；② 对河段的设计流量等水文特征进行统计分析，确定桥梁要抵抗的最大洪水流量；③ 设计合理的桥梁及孔跨布置方案；④ 综合考虑各种因素，确定桥梁墩台基础最小埋置深度、桥下净空、桥面高程等；⑤ 在桥位及上下游布设合理的调治建筑物与防护工程。

二、桥渡设计的发展

20世纪50年代，苏联逐渐形成了研究和处理桥梁与河流环境相互关系的学科——桥位设计。美国、英国和加拿大等西方国家在第二次世界大战之后也相继出现了桥梁与河流环境相关的学科——桥梁水力学（Bridge Hydraulics）和桥梁水文学（Bridge Hydrology），偏重揭示较严格的水利学和水文学的物理意义。

新中国成立之前，我国的桥渡设计还未起步。自20世纪50年代起，西北干线、西南铁路、东北铁路、京汉复线的修建以及跨越长江大河等桥梁工程的建设，为我国桥渡设计发展提供了强大的研究动力和广泛的实践基础。其间，全国各大设计院和铁道部大桥局均成立各自的桥渡水文组，其主要任务是学习和借鉴国外桥涵勘探设计的方法和内容，国外的一些理论和方法也是在那个时期引进的。

其后，在大量实测数据和工程设计实践的支持下，桥渡设计研究得到了快速发展，主要工作包括：①通过开展的大规模的实地调查、观测和实验研究，推导出了符合我国水文条件的桥渡冲刷计算公式和河流糙率表；②系统全面地总结了1949年以来桥渡勘测设计的经验教训，汇编成《铁路桥涵技术总结》，并编写出版了符合我国实际情况的勘测设计手册和工作细则，以及桥涵水文计算手册和桥梁水文鉴定规范等；③建立了小流域径流试验站及桥渡水工试验基地，开展水工模型试验；④在小流域暴雨径流、泥石流、感潮和倒灌水流等特殊情况下的水文计算方面取得进展；⑤召开桥渡冲刷学术讨论会和桥梁水文进修班等，加强学习交流。

新中国成立之后的30余年是我国桥渡设计的快速发展期，经历了从无到有，从借用到创新的艰难发展历程，到20世纪末，我国已初步有能力解决铁路建设在桥渡水文方面出现的各种问题。进入21世纪，我国迎来桥梁建设的高潮，随着数值仿真模拟方法、水工模型试验技术、现场实测设备等研究手段的进步，在桥梁基础冲刷机理、冲刷深度预测、现场监测方法、冲刷防护措施、特殊地区桥渡设计等方面取得了丰富的创新性成果。

第三节　本教材的内容安排

全书正文共分为十二章，第一章到第九章为基本学习内容，第十章到第十二章为延伸学习内容。教学及学习过程中，可根据需求选定相应的章节。

第一章：绪论。在描述水文现象及特点的基础上，总结了桥梁水害的类型及成因，介绍了桥梁设计的意义和内容，回顾了桥渡设计的发展。

第二章：河川径流及水文勘测。介绍了水循环、河流的形成及特征、河床演变的因素和规律、水文调查和勘测的方法及内容等。

第三章：水文统计原理与方法。介绍了本门课程用到的统计学原理与方法，包括概率统计、参数估计、抽样误差、相关分析、频率曲线等。

第四章：设计洪水流量推求。分别介绍了依据历史序列流量资料推求设计流量、根据有限历史洪水资料推求设计流量、运用地区经验公式推求设计流量、通过小流域暴雨推求设计流量等多种方法，进一步介绍了设计水位的确定方法。

第五章：桥位选择与桥孔布置。介绍了影响布置桥位的因素、桥位布置和桥孔布置的方法，给出了桥位比选实例。

第六章：大中桥孔跨设计。在介绍河道水流的形式与特征的基础上，给出了河段水流图式、桥梁长度计算方法、桥面高程的确定方法。

第七章：墩台冲刷与基础埋深。介绍了河道泥沙的特征及运动规律和河相关系、冲刷类型及机理、一般冲刷和桥墩局部冲刷的计算方法、基础埋深计算和冲刷防治措施等。

第八章：调治构筑物与防护措施。介绍了导流堤、丁坝等调治构筑物，以及墩台和河岸防护。

第九章：小桥和涵洞设计。介绍了小桥孔径计算和涵洞孔径设计原则、计算方法及冲刷防护措施。

第十章：特殊地区桥渡设计。分别介绍了水库地区、泥石流地区、平原河网地区、岩溶地区以及倒灌河段的桥渡设计。

第十一章：海洋环境桥渡设计。介绍了浪、潮汐和风暴潮特性、海轮通航要求及海洋环境冲刷计算。

第十二章：施工与运营桥梁水文计算。介绍了涉水临时施工设施及其水文计算内容、既有运营桥梁的水文验算方法。

此外，通过20篇电子扩展学习材料，补充介绍了水力学典型现象及基本原理，扩展总结了十余种设计洪水推算方法，对比分析了不同流速的内涵和不同对象的高程确定方法。

桥渡设计不同于其他桥梁设计原理类专业课程，本课程涉及桥梁工程、水文学、水文地理学、水力学、数理统计学等多门学科，知识点纷繁复杂，计算公式多，理论推导与经验统计交织，在学习和教学中应注意将基础理论、分析方法、专业应用、规范规定相结合，增强知识的系统性。此外，要理论联系实际，可安排课堂演示、实验教学、现场参观等多种教学形式。

思考与练习

1. 简要说明水文现象的特点。
2. 水文现象的分析方法有哪些？
3. 桥梁水害包括哪些类型？
4. 导致桥梁水害的成因有哪些？
5. 桥渡设计的主要任务是什么？

02 第二章
河川径流及水文勘测

第一节　地球上的水循环

一、水循环过程

水广泛分布在地球的内部、表层和大气层中，分布范围上至大气对流层顶（地表以上大约 15 km），下至埋藏深度垂向约 30 km 范围的深层地下水，这个范围也被称为水圈。海洋存储了地球全部水量的 96.5%，陆地上的水包括河流、湖沼与冰川积雪等地表水，以及地下水和土壤水。这些水圈中的水，因热力状况不同，而各自以气态、液态与固态存在着，并且受到热力、地心吸引力等多种内外力的联合作用，不断地做着循环运动和气、液、固的三相态相互转换。

这种水在水圈中的所有循环运动过程就被称为水循环。参与并受质量守恒定律支配，水循环运动保持着连续性。水循环由一系列相关环节与过程构成（见图 2.1.1）。受太阳辐射能的作用，水由海陆表面蒸发，从液态转变为气态并上升到大气中，成为大气的组成部分，随大气迁移。迁移过程中，因热力条件的满足而凝结，受重力作用降落就形成了陆地降水或海洋降水，回到地面或海面。当然，也有一部分降水在地表被植被拦截并最终消耗于蒸腾。抵达地面的降水，形成地表径流或下渗进入土壤层。渗入土壤中的水有一部分上升至地表面消耗于蒸发，而另一部分水则向深层渗漏，在一定的地质构造条件下蓄存于地下含水层，其排泄进入河网形成河流的补给或溢出地表成为不同形式涌出的泉水。地表水和地下水，最终还是要流入海洋或蒸发返回到大气中，再由水汽凝结形成降水，构成新的循环。

二、影响水循环的因素

水循环的影响因素主要包括气象条件、地理条件以及人类活动影响三个方面。

（1）气象条件一般指风向、风速、湿度、温度以及大气环流等，主要以降水和蒸发的形式实现对水循环的影响。具体来看，降水的影响表现在降水的形式、总量、强度、过程以及在空间上的分布。蒸发则主要受制于太阳辐射、空气饱和差和风速，其他如温度、湿度等也通过蒸发来影响水循环。

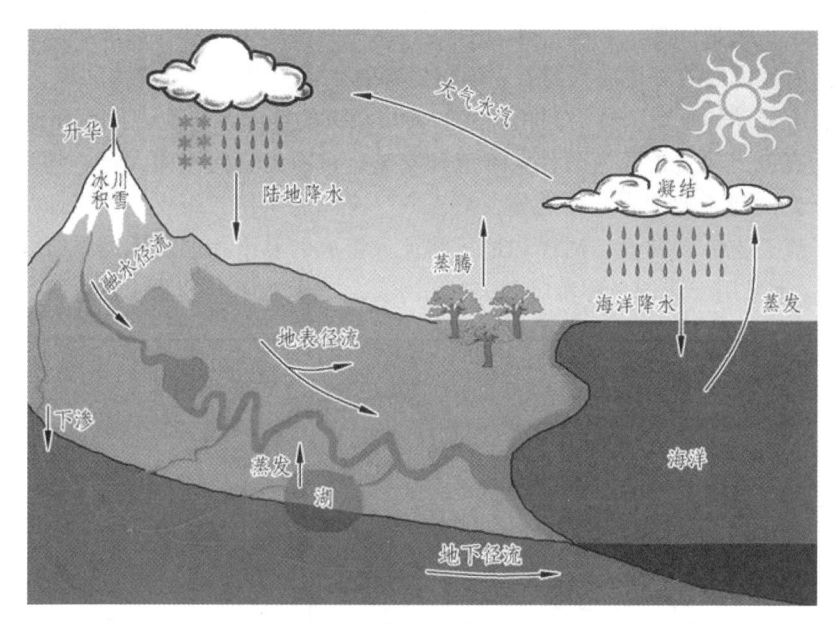

图 2.1.1　水循环过程示意图

（2）地理条件一般指地理位置、地形、土壤、地质构造、植被以及湖泊和沼泽等。地理位置包括纬度、距海远近等，地理位置不同，环境气候条件就不同。地形的影响也很大，山地和丘陵区的降水一般多于平原；植被，尤其是层次丰富的森林植被，自然形成的合理层次搭配可以起到蓄水、保水、保土作用，更是有效地削减了洪峰流量，补充了枯水季流量，调节河流的年内分配趋于均匀；土壤和地质构造决定着河流的入渗能力、蒸发潜力和可能的最大蓄水量。土壤主要通过直接影响水的下渗和蒸发来影响径流。渗透性能好的土壤下渗量大而流量小；湖泊和水库通过蓄水量的变化调节影响河流的年际和年内变化。

（3）人类活动对水循环也有直接或间接的影响作用。人类频繁的活动不断改变着自然环境，也改变着水循环的过程。人类的发展，通过日益增长的经济社会用水与土地利用，对水循环造成巨大影响，使天然水循环系统的背景条件或系统的状态变量发生变化。尽管水循环物理机制是固有不变的，但人类修建水库、开凿运河、渠道，以及过度开发利用地下水等行为，导致水的流向、流速、储蓄以及产汇流条件发生改变，直接与间接地干预了天然水循环的环境条件，进而对水循环形成影响。

第二节　河川径流

一、河流的形成

由降雨或冰雪融水引起的在重力作用下沿地表或地下流动的水流称为径流，按流动路径可分为地表径流和地下径流，在地表沿一定的方向和路径流动的称为地表径流，渗入地面以下，沿着岩石间隙和土壤空隙流动的称为地下径流。地表径流在流动的过程中不断地冲刷、侵蚀着地面表层，形成凹槽、沟壑，水流在这些凹槽和沟壑中流动，形成小溪，多条小溪汇集形成河流。河流流经的谷地成为河谷，河谷底部有水流流动的部分成为河床。受重力作用，进入河道沿河床流动的水流，称为河川径流。河川径流的补给来自地表径流和地下径流。

根据级别高低，河流被分为两种：干流和支流。水系中直接流向大海、湖泊的河流称为干流，汇入干流的河流被称为一级支流，汇入一级支流的叫作二级支流，以此类推。由大小不同的河流干流、支流、湖泊、沼泽和地下暗流等组成的脉络相通的水网系统，称为水系或河系（河网），水系用干流的名称称呼，如长江水系、黄河水系（见图2.2.1）。

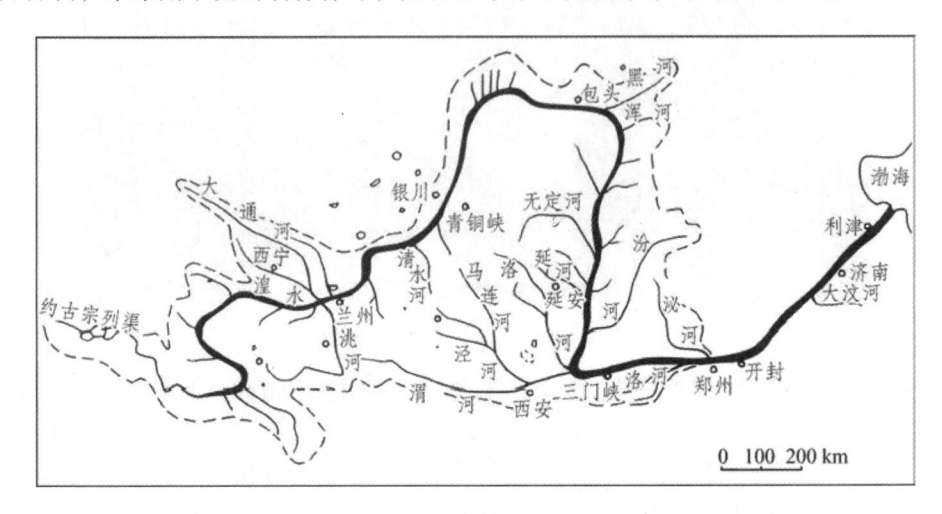

图2.2.1 黄河水系示意图

一条发育完整的天然河流，按照河段的不同特征，可划分为河源、上游、中游和下游、河口五个部分。河流的干流上，开始具有表面水流的地方称为河源，它可能是溪涧、泉水、冰川、湖泊或沼泽等。河流流入海洋或湖泊的地方称为河口。上游是河流的最上段，紧接河源，多处于深山峡谷，坡陡流急，河谷下切强烈，流量小而水位变化大，常有急滩或瀑布，河底纵断面多呈阶梯形。中游是河流的中间段，两岸多为丘陵，河床比降较平缓，两岸常有滩地，冲淤变化不明显，河床较稳定。下游是河流的最下段，一般多处于平原区，河槽宽阔，流量较大，流速和底坡都较小，淤积作用明显，浅滩和河湾较多。

河流补给来自大自然中的降雨或降雪（统称降水）、地下水、冰川及积雪融水，根据补给水源，河流可分为雨水型、融雪型和雨雪型三类。

（1）雨水型。主要靠降雨进行水量补给的河流，如我国秦岭-淮河以南，一直到台湾岛、海南岛、云南广大地区的河流，都属于雨水型河流。其特点是，河流一年内的径流量的变化与降雨的变化完全一致。夏天雨季来临河水上涨，汛期长，水量丰沛，入秋后雨季结束，河水开始退落（见图2.2.2）。受地理环境影响，不同地区的雨水型河流特征还不完全一致。我国西部和北部地区以秋汛为主，东南沿海受海洋气候影响多发生夏汛。

（2）融雪型。有些河流，水量的补给以融雪和冰川融水为主，被归纳为融雪型河流。如我国西北地区新疆、青海等地的河流，每年4、5月份气温上升，河水开始上涨，6、7月份达到高峰。以后气温下降，河水水位也随之退落，年流量过程线呈单峰形（见图2.2.3）。

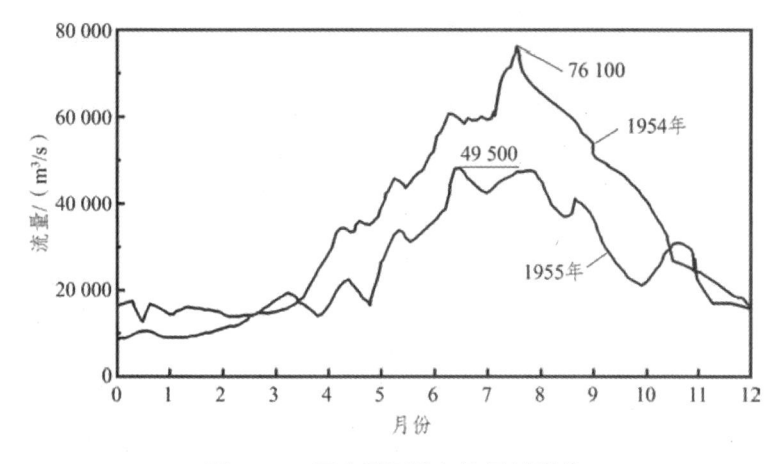

图 2.2.2　雨水型河流年流量过程线

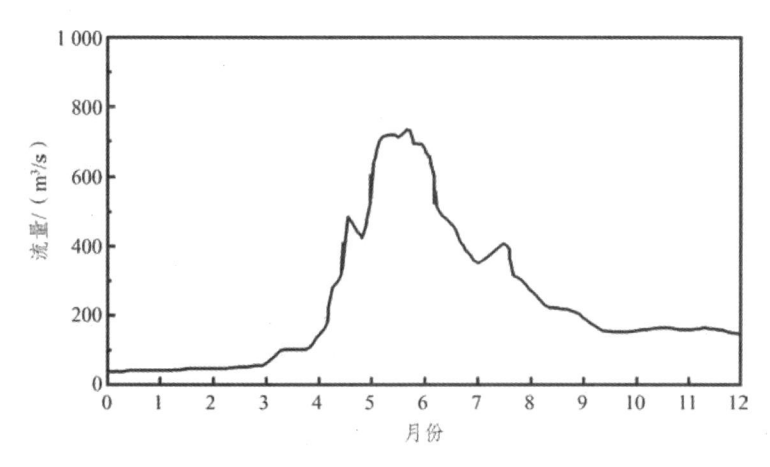

图 2.2.3　融雪型河流年流量过程线

（3）雨雪型。还有一些华北、东北地区的河流，每年有两次汛期，年流量过程线呈双峰形。图 2.2.4 为黄河花园口水文站某年的流量过程线，从中可以发现，3、4 月份有一次由于融雪形成的春汛（桃花汛），6—9 月份还有一次夏汛或者秋汛。

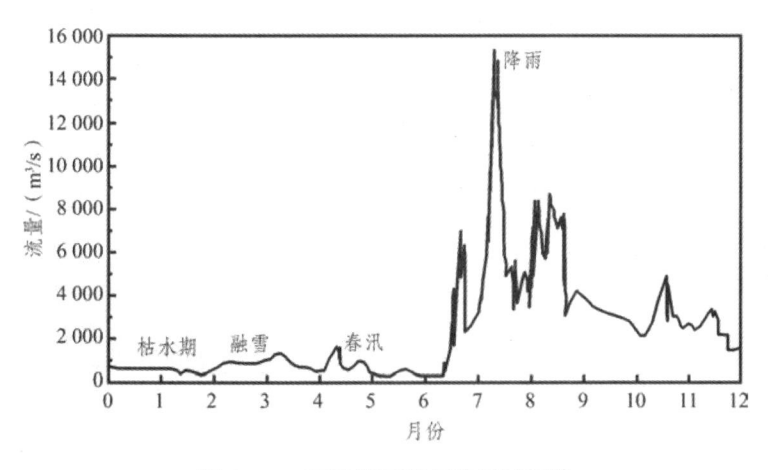

图 2.2.4　雨雪型河流年流量过程线

由于自然地理环境的千差万别，降水及其分布的千变万化，流经各种地理环境的河流都有各自的形态和特征，修建跨越河流的桥梁及各种涉河工程时，必须研究河流的特性及其演变规律。

二、流域

降落到地面上的水和地下水，被高地、山岭分隔而汇集到不同的河流中，这些汇集水流的区域，称为河流的流域。分隔水流的高地、山岭的山脊线，就是相邻流域的分界线，称为分水线（或分水岭）。地下分水线不易找到，故常用地面分水线作为流域分水线。流域分水线所包围的平面面积，称为流域面积。

流域是河水补给的源地，流域的特征直接影响河川径流的形成和变化过程。流域的特征一般可分为以下两类：

（1）几何特征。

流域的几何特征主要是流域面积和流域形状。流域面积的大小，直接影响汇集的水量多少和径流的形成过程。在相同的自然地理条件下，流域面积越大，径流量（一定时间内通过河流出口断面的径流总体积）就越大，流域对径流变化的调节作用也越大，因而洪水涨落比较平缓。流域面积越小，则径流量越小，洪水涨落更为急剧。

流域形状则主要影响流域内径流汇集的时间长短和径流的形成过程。一般流域形状狭长而呈羽形［见图 2.2.5（a）］，则出口断面流量就小，径流过程的变化较小而历时较长。如果流域形状宽阔而呈扇形［见图 2.2.5（b）］，则出口断面流量较大，径流过程的历时较短。

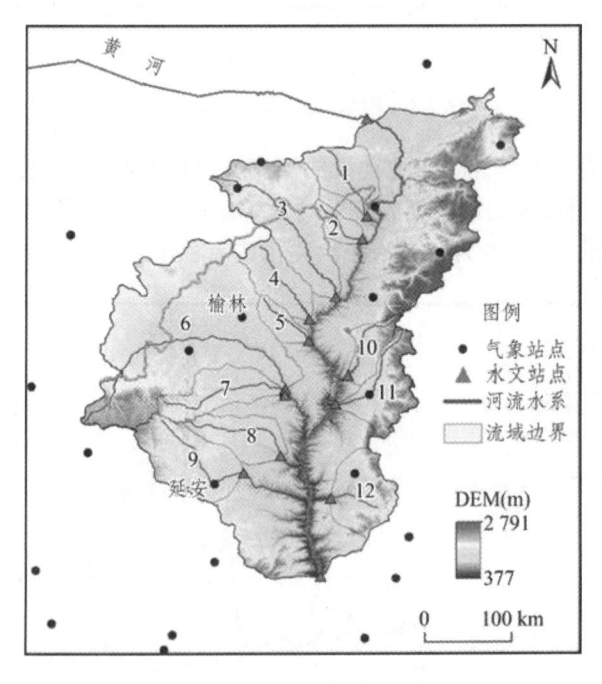

（a）羽形流域

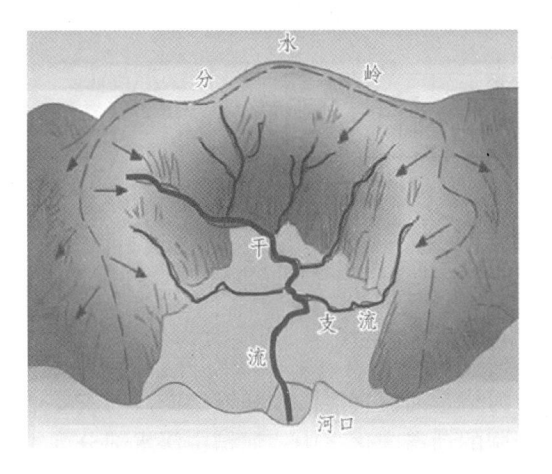

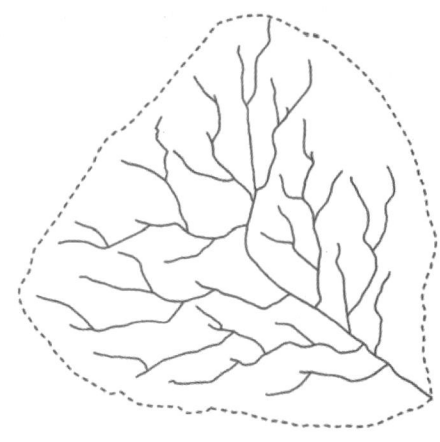

（b）扇形流域

图 2.2.5　流域形状示意图

（2）自然地理特征。

流域的自然地理特征主要是流域的地理位置和地形。流域的地理位置一般以流域中心和流域边界的经纬度来表示。由于降雨、蒸发等各种气象因素都随地理位置而变化，因此水文特征也与地理位置有密切关系。流域的地形一般以流域平均高程和流域平均坡度来表示。流域平均高程对降雨和蒸发都有影响。流域平均坡度是确定径流汇流速度和汇流时间的重要因素，坡度陡则汇流快，土壤入渗减少，使径流量增大。此外，流域内的地质、土壤、森林植被、湖泊等，也都是流域的自然地理特征，与径流的形成过程都有密切关系。

三、河流基本特征

河流的基本特征一般用河流长度、河流弯曲系数、河流断面及河流比降来表示。它们都是在实测地形图中量取并计算而来的，是水文计算的基本数据。

（1）河流长度。自河源沿主河道至河口的轴线长度为河流长度。近似的河流长度可以在地形图上画出河道中泓线，用两脚规逐段量测，这样的量测值往往偏小，需要进行修正。

（2）河流弯曲系数。河段的实际长度 L 和该河段直线长度 l 之比，称为河流的弯曲系数，用符号 K_w 表示：

$$K_w = \frac{L}{l} \tag{2.2.1}$$

K_w 值越大，说明河道越弯曲，对排洪和航运不利。$K_w=1$，表示河道顺直。

（3）河流断面。河流断面包括横断面和纵断面，可以用来表示河床的形态特征。由于水流与河床的相互作用，断面形状往往在不断地发展变化着。垂直于水流流动方向，横切河道，河底线与水面线之间所包围的平面称为河流横断面，一般形状如图 2.2.6 所示。河流横断面能反映河床的横向变化，是决定河槽输水能力、流速分布及流向的重要因素，也影响着流量和泥沙的计算。横断面内，自由水面高出某一水准基面的高程（m），称为水位。

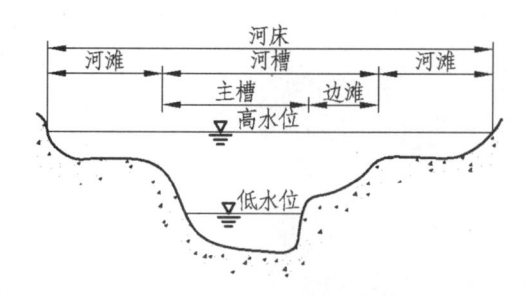

图 2.2.6　河流横断面的一般形状

高水位时河床可包括河槽与河滩两部分。河槽是河流宣泄洪水和输送泥沙的主要通道，水流速度高，且常年流水，底沙处于淤积和冲刷的动态变化之中。河槽中深水部分为主槽，沿两岸较高的、可移动的泥沙堆称为边滩。河滩只在汛期才有水流，通常无明显的底沙运动，常有生长荒草、芦苇、灌木等，或种植农作物。

只有河槽而无河滩的横断面称为单式断面 [见图 2.2.7 (a)]，同时包括河槽和河滩的横断面称为复式断面 [图 2.2.7 (b)、图 2.2.7 (c)]。横断面内通过水流的部分称为过水断面，过水断面面积的大小，随断面形状和水位而变化，可用于计算流量。

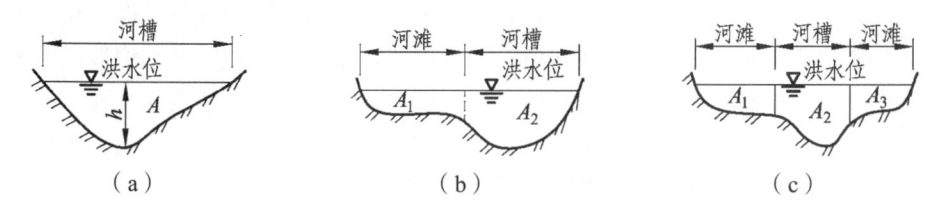

图 2.2.7　单式和复式断面

深泓线是指沿水流方向，河流各横断面中最大水深点的连线。河流沿深泓线的断面称为河流纵断面，河流纵断面能表明河床的沿程变化。

（4）河流比降。河流比降分为河流纵比降和河流横比降。河段两端（水面或河底）的高差称为落差，深泓线上单位长度内的平均落差称为纵比降。河流纵比降有水面纵比降及河底纵比降。某一河段的河底（或水面）纵比降，可按下式计算：

$$i = \frac{H_2 - H_1}{l} = \frac{\Delta H}{l} \quad (2.2.2)$$

式中　i——河段的比降，可用小数、百分数（%）或千分数（‰）表示，以水面落差计算的 i 为水面比降，以河底落差计算的 i 为河底比降；

　　　H_1、H_2——河段下游端和上游端的高程（m）；

　　　l——河段长度（m）；

　　　ΔH——水面或河底的落差（m）。

河流比降一般从河源向河口逐渐减小，且一般来说沿程各河段的比降都不尽相同，如图 2.2.8 所示，其任意断面间的平均比降 $\bar{i}$ 可按照下式计算：

$$\bar{i} = \frac{(H_0 + H_1)l_1 + (H_1 + H_2)l_2 + \cdots + (H_{n-1} + H_n)l_n - 2H_0 L}{L^2} \quad (2.2.3)$$

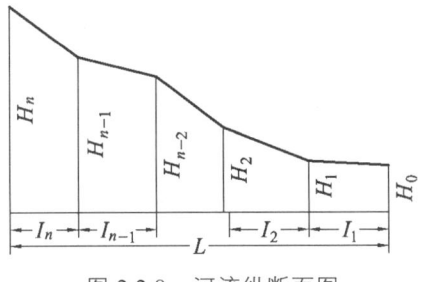

图 2.2.8 河流纵断面图

式中 H_0、H_1、$\cdots$、H_n——从河口断面算起，沿程各特征点的何地高程（m）；
l_0、l_1、$\cdots$、l_n——各特征点之间沿深泓线的距离（km）；
L——河流长度（km），$L = l_0 + l_1 + \cdots + l_n$。

河流沿横断面方向的坡度称为河流横比降，产生横比降的原因主要有三个方面：

① 弯曲河道中的离心力作用。在弯曲河道中，水流受到重力和离心力的综合作用，离心力指向凸岸，迫使水流向凹岸运动，又因为水流速度沿垂线分布不均匀，水流的离心力沿垂线分布也不均匀，由此造成水流的面流流向凹岸，底流流向凸岸，并与纵向流速合成，水流将以螺旋式运动流向下游［见图 2.2.9（a）］。在横断面上，水流呈单环流形式，称为水内环流现象［见图 2.2.9（b）］。弯曲河流的水内环流现象造成凹岸受冲刷，凸岸发生淤积，促使河湾的进一步发展，使河流呈蜿蜒曲折的平面形态。

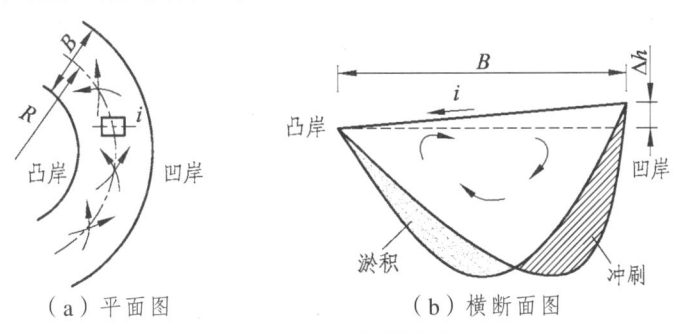

（a）平面图　　　　（b）横断面图

图 2.2.9 弯曲河流断面图

② 地球自转偏向力作用。地球自西向东自转，其自转偏向力将造成自北向南流动的河流为右岸（面向下游的右侧）受到冲刷；自南向北流动的河流则为左岸（面向下游的左侧）受到冲刷。

③ 流速分布不均匀作用。洪水涨水时河流横断面出现两侧对称向中泓线的内环流，形成河中心高的水拱现象［见图 2.2.10（a）］；洪水退水时河流横断面出现对称的由中泓线向两侧的内环流现象［见图 2.2.10（b）］。这种横比降是由于主槽与岸边的水力条件差异及洪水涨落传播特性差异所造成的。

（a）涨水时的水内循环现象　　　　（b）退水时的水内循环现象

图 2.2.10 洪水涨落时河流横断面图

四、河段分类

河段的水力、水文及河床变化等因素，是选定桥位、确定桥长、布设桥孔、确定墩台基础埋深、设置调治构造物时进行计算分析的依据。为了更准确地了解不同类型河流中不同河段的各种特点，掌握其变化客观规律，就需要归纳河流各种河段的形态、地质和水文条件所具有的共同特征。

为了准确判断桥位所在河段的类型，需要根据实际情况在一定河段长度范围内进行调查。一般河段的调查范围在桥位上游 3~5 倍河床宽度、下游 2~3 倍河床宽度。对于弯曲河段，除此之外，还应包括至少一个河湾。冲积漫流河段和平原宽滩河段，可根据该原则并结合实际情况确定。

河段类型划分依据：

（1）形态特征。常包括平面形态、纵断面形态、河床组成及特点等。

（2）水文泥沙特征。包括河床比降、洪水期流速、水位、洪水内含沙量及其所含泥沙的形态特征等。

（3）河床演变特征。包括河床的冲淤变化特征，河床平面形态特征等。

（4）稳定性及变形特点。包括岸线、滩槽、洲岛、河底的稳定程度等，通常以 50 年演变作为判断时的衡量标准。

（5）平面外形。包括直顺度、弯曲程度、水流集散程度、河床宽浅程度等。

（6）断面及地质特点。包括河床断面的特性、河床地质组成特点等。

河流按地区划分，一般分为山区河流和平原区河流两大类。在山区和平原区之间的过渡段称为山前区河流或半山区河流。不同类型河流又包括不同类型的河段（见表 2.2.1）。

表 2.2.1　河流及河段分类

河流类型	河段类型	稳定程度
山区河流	峡谷河段	稳定
	开阔河段	
平原区河流	顺直微弯河段	次稳定
	弯曲河段	
	分汊河段	
	宽滩河段	
	游荡河段	
山前区河流	山前变迁河段	不稳定
	冲积漫流河段	

① 山区河流。

山区河流流经地势高峻、地形复杂的山区，其河谷断面多呈 V 字形或 U 字形（见图 2.2.11）。

（a）V 字形　　　　　　　　　　　　（b）U 字形

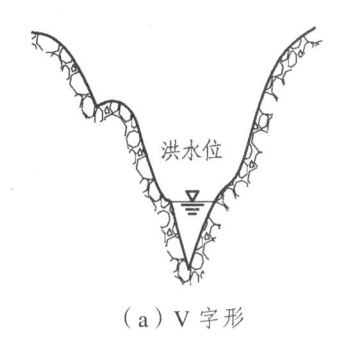

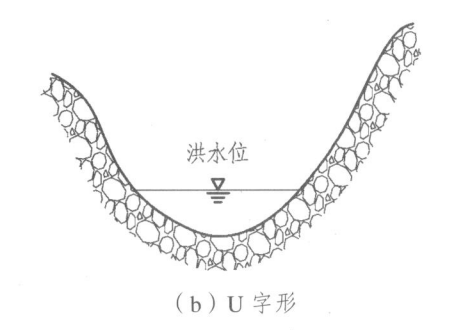

图 2.2.11　山区河流河谷示意图

山区河流有三个显著特点：一是流域内坡面陡峻，岩石裸露，汇流时间短，而且一般降雨强度大，常见洪水暴涨暴落，水位和流量的变幅极大。二是山区河流的比降大，多在1‰以上；沿程变化较大，但落差多集中在局部河段；流速也大，某些河段可以达到 6～8 m/s；水流流态紊乱，存在回流、旋涡、跌水和水跃等现象。三是山区河流的河床多为基岩、乱石或卵石组成，冲刷变形缓慢，河床比较稳定，但是，易受地震、山崩、滑坡、泥石流等的影响，造成河道堵塞，水位急剧变化，如图 2.2.12 所示。

山区河流可分为峡谷河段和开阔河段。峡谷河段河床窄深，床面岩石裸露或为大漂石覆盖，河床比降大，多急弯、卡口，断面呈 V 字形或 U 字形，往往无河滩。开阔河段总体变宽，岸线相对整齐，河槽稳定，断面多呈 U 字形，滩槽分明。

图 2.2.12　山区河流

② 平原区河流。

平原区河流是指流经地势平坦平原地区的河流。平原区河流有三个特征，一是冲积层厚，冲积层组成特征明显。一般冲积层可以厚达几十米到数百米，最深处多为卵石，其上依次为沙夹卵石、粗沙、中沙、细沙。枯水位以上的河滩表层则为黏土、黏壤土。

平原区河流的第二个特征是其河谷多为发育完全的形态，并处于不断变化之中，如图 2.2.13 所示，即具有广阔的河滩，洪水期间河滩被淹没，中、枯水期则露出河滩。洪水漫滩后，因断面突增流速骤降，泥沙集中在河滩边缘落淤。常年反复之后，在靠近河槽处可形成地势较高的自然堤，在远离河槽的滩地上则形成洼地、湖泊等。

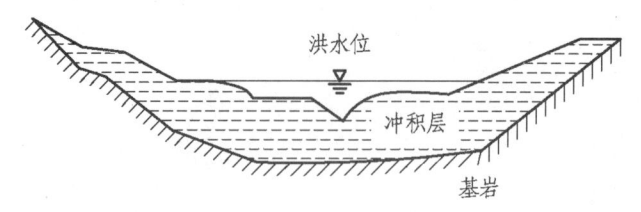

图 2.2.13　平原河流河谷示意图

平原区河流的第三个特征是水流平缓，洪水期涨落缓慢。这是因为平原区河流的流域面积大，且平均坡度较小，河床开阔，调蓄作用大。一般其水面和河床的比降都较小，多在 0.1‰ 至 1‰ 之间，流速也较小，2~3 m/s。

对于平原区河流，按照其平面形状，常分为五种类型的河段：

· 顺直微弯河段。河槽基本顺直，边滩呈犬牙交错分布，并在洪水期向下游平移（见图 2.2.14 ）。

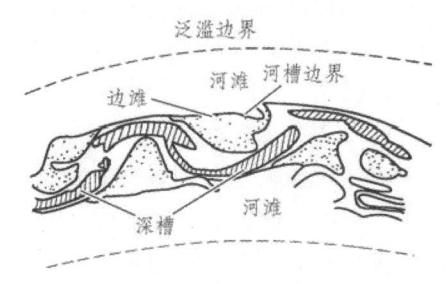

图 2.2.14　顺直微弯河段示意图

· 弯曲型河段。河槽具有弯曲的典型外形，深槽紧靠凹岸，边滩依附凸岸，凹岸继续冲蚀，凸岸继续淤积，河槽向下游蜿蜒蛇行，故又称蜿蜒型河段（见图 2.2.15 ）。

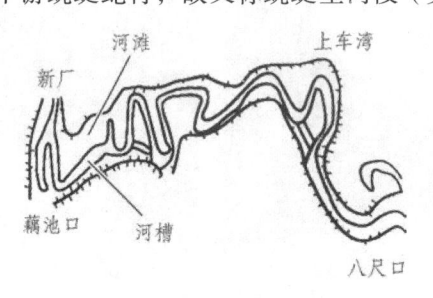

图 2.2.15　弯曲型河段示意图

· 分汊型河段。河槽分汊，两股汊道周期性地交替消长，故又称为交替消长型河道（见图 2.2.16 ）。

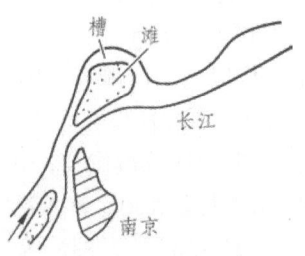

图 2.2.16　分汊型河段

- 宽滩型河段。泛滥宽度很宽，达几千米、十几千米，滩槽宽度比、流量比都较大，滩流速小，槽流速大。
- 游荡型河段。河槽宽浅，沙洲密布，河床变化急剧，主流摆动频繁（见图2.2.17）。

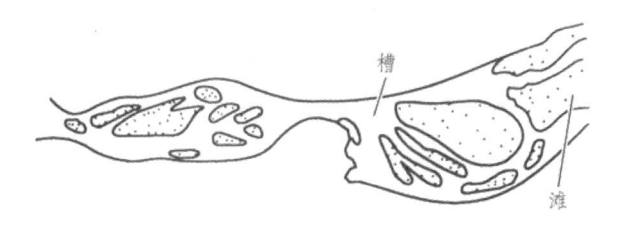

图 2.2.17　游荡型河段

③ 山前区河流。

山前区河流指山区河流由山区谷口进入平原地区时的过渡，分为山前变迁河段和冲积漫流河段。山前变迁河段多出现在较开阔的山前平原地带，距山口较远，河道平浅，主流迁徙不定，河槽岸线不稳，易泛滥成灾。冲积漫流河段距山口较近，河床具有一定坡度，水流出山口后成喇叭形扩散开来，流速、水深骤减，水流夹带大量泥沙四散落淤，形成冲积扇。

根据河床演变特性，河段可以分为稳定河段、次稳定河段和不稳定河段。

稳定性河段一般多位于丘陵地带及中下游河床地质条件较好、河岸比较整齐的河谷处。其河床多为紧密漂砾石沉积层及抗冲刷能力较强的黏性土壤，岸线稳定，冲淤变化不大，主槽稳定，极少摆动，平面形态较顺直或微弯。在这一类河段上修建桥梁，可以不修建或者修建很少的导流防护工程。

次稳定河段一般多位于河流下游平坦地带或平原丘陵的过渡地带。河流比降平缓，泥沙落淤，有广阔的冲积层。河床的内边滩犬牙交错，主槽有明显性的摆动。断面一般窄而深，漫滩流量小。岸线、河槽均不十分稳定，河道呈顺直或微弯。河湾有发展下移趋势，主流在河槽内摆动，天然冲淤明显。在这一类河段上修建桥梁，需要修建一些导流防护工程。

不稳定河段一般包含变迁性河段和游荡型河段。变迁性河段的河床多由砂砾石淤积而成，河道中多分汊，主流摆动幅度大、变化快，河床宽浅逐年变化。游荡型河段的河床多由细粒径的泥沙淤积而成，冲淤变化快，极易展宽，比降、流速及河底输沙强度都相当大，河槽宽浅，江心多洲，无稳定河槽。边滩、沙洲变化迅速，河道外形经常改变甚至改道。此类河段对桥渡的安全运营有威胁甚至有破坏的可能，应该尽量绕避，实在要建需要修建较为强大的导流防护工程。

第三节　河床演变

一、河床演变现象

在天然状况下，或在河道中修建工程建筑物后，河床在垂直方向和水平方向上产生形状和尺寸的改变，称之为河床演变。在天然情况下，河床因冲刷而下切，因淤积而抬高；一岸冲刷，另一岸淤积；主河道的移动等，这些都是天然状况下的河床演变。河道上修建水库后，水坝上游壅水区内河道常年淤积，而坝址下游出现清水冲刷而导致河床逐年下切；河道上游修建桥梁后，河道过水断面缩减，天然水流受到挤压。流速相应提高，水流挟沙能力相应增强，桥下出现冲刷，这些都是因人类活动干扰而导致的河床演变。

河床演变是水流与河道相互作用的结果。水流作用于河道，使河道发生变化。河道也反过来作用于水流，影响水流结构的改变。二者相互依存、相互影响和相互制约，这种相互作用是通过泥沙运动来实现的。

河段水流挟带泥沙的能力，若与上游来沙相适应，则泥沙运动是平衡的，不会发生冲淤，河床处于稳定状态。若来沙量小于或大于水流挟沙能力，则泥沙运动不能达到平衡，也称为输沙不平衡，此时河床将发生冲淤。河床发生冲刷后，过水断面随之增大。同时，河床床面粗化，提高了河床的抗冲能力。此外，河床粗糙程度增加，会在一定程度上减小流速，降低挟沙能力。这些都将减缓冲刷，泥沙运动逐渐趋向平衡。在河床发生淤积后，过水断面缩小，水深变浅，流速增大，挟沙能力增强，河段淤积也就逐渐减少，河床变形减缓并逐渐趋于停止状态。随着洪水的再次发生，又将产生一次新的泥沙运动，这种平衡状态便被打破。总之，来水来沙总是变化的，水流与河床的相互作用总是在不断地自动调整，平衡是暂时的、相对的，不平衡是经常的、绝对的。

河床演变的表现形式可分为纵断面演变（见图 2.3.1）和横断面演变（见图 2.3.2）。

（1）从河流纵向看，河道沿流程上的改变表现为河道在深泓线河底高程的变化，如上游河道的下切、下游河道的淤高等。究其原因，是河流纵向输沙不平衡产生的。

（2）从横断面看，表现为河道在横断面上的冲淤变化，以及河床沿河宽方向平面形态的改变。如河湾的发展、河槽的拓宽、汊道的兴衰、塌岸、分汊、改道、裁弯等，都是横向输沙不平衡所引起的。

这两种河道演变形式是错综复杂、相互交织的。有些河道的演变发展时间较长，往往需要历经悠久的年代才能明显地表现出来，在这种河道上修建桥涵建筑是安全的。有的河道在短时期内就有明显变化，甚至在一次洪水后河道就会改线，从而威胁河道上的桥涵建筑。因此，在河道上修建桥渡建筑物，必须充分重视河道演变规律。

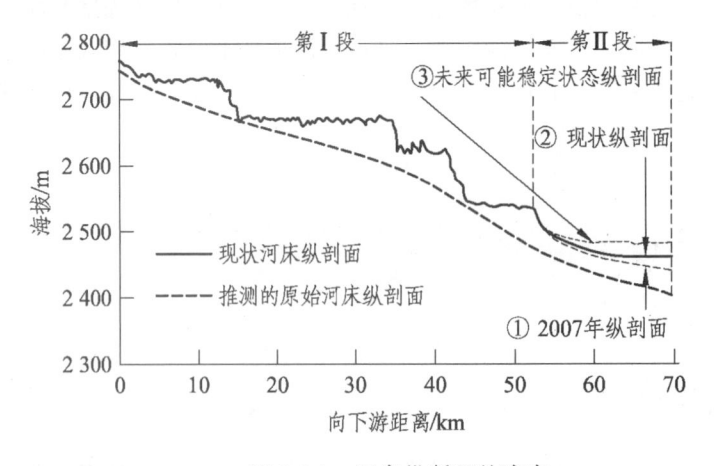

图 2.3.1　河床纵断面的演变

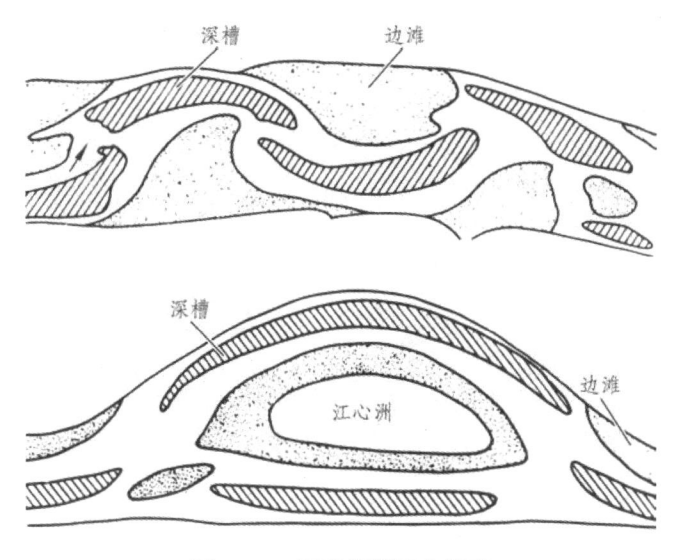

图 2.3.2　河床横断面的演变

二、河床演变影响因素

影响河道演变的主要因素有：

（1）流量在年际和季节性的变化。水流为泥沙运动提供动力，泥沙运动和流量大小关系紧密，流量的大小直接影响着泥沙运动，从而影响河床演变。

（2）流域供给泥沙量的大小与组成。上游来沙为泥沙运动提供物质来源，如上游流域的松散物质颗粒细而量多，则水流来沙量就大，从而导致河床演变加快。

（3）河床地质、土质条件、河床比降为河床演变提供了边界条件，如河床较密实，抗冲刷能力就较强，河道演变发展就会相对缓慢。

（4）人类活动是影响河床演变的重要因素之一。水土保持、种树植林、兴修水利、建造水库等，在很大程度上会影响或改变天然河道演变的趋势。

三、不同类型河段河床演变的规律

河床演变影响因素众多，错综复杂。但不同河流的同类型河段的演变规律却有相似性。在河流的来水、来沙、河床条件和形态等方面加以比较，可以发现不同类型河段的河床有着各自的演变规律。

（1）山区河流。

山区河流峡谷河段坡度陡、流速大，水流中泥沙含量小于水流挟沙力，对河床的冲刷作用强。由于山区河流河床多为基岩或卵石、块石，河床下切速度缓慢，河道总体稳定。例如西北山区的黄土高原，土壤疏松，河床下切显著，沟壑纵横，如图 2.3.3 所示。

（2）平原区河流。

平原河流比降平缓，水流挟沙力弱。但河床多为细沙组成，在洪水作用下又容易发生泥沙运动，故平原河流冲淤变化速度快、幅度大。不同类型平原河流的河床演变规律有所不同。

图 2.3.3　黄土高原沟壑纵横

① 顺直微弯河段。浅滩和深槽交替发生冲淤，各自水深变化大。河床周期性地展宽和缩窄。
② 弯曲型河段。凹岸崩退、凸岸淤长。河湾发展，河线蠕动，进一步可自然地裁弯取直，并伴随新一轮河湾消长。
③ 分汊型河段。中高水位时河槽分汊，两汊可能有周期性交替变迁趋势，汊道交替兴衰。
④ 宽滩型河段。宽滩型河段流速低，河床存在不断淤高的可能，此外，主河道易迁徙。
⑤ 游荡型河段。河槽宽浅，沙洲众多且变化迅速，主流、支汊变化无常。

第四节　桥梁水文调查和勘测

桥渡设计开始前，需要对桥址所在河段展开细致深入的调查和勘测。水文调查包括了解水位、流量、泥沙、降水、蒸发、水温、冰凌、水质、地下水位等方面情况。水文勘测则是对水文要素进行系统的勘测、整理汇总，以便为桥渡设计提供尽可能真实可靠的基础数据。

一、水文资料调查收集

水文资料一般来源于水文站观测资料、洪水调查资料和文献考证资料。其中，水文站观测资料是在一定时期内连续的实测资料，能较为真实地反映客观实际，是水文分析计算的主要依据，但水文站的分布稀疏，观测年限有限，因此针对历史洪水及河道演变等的调查及考证是水文资料的有力补充。

（1）水文站观测资料的收集。

服务于桥渡设计的水文站资料一般应收集桥位附近水文站历年实测最大流量，以及相应的水位、流速、河床粗糙率、水面比降、含沙量、过水面积等资料，并收集水文站的设站历史、观测方法和设备信息、测流断面和河段情况以及水文站所掌握的水文调查资料，如流域水系图、河床及河岸变迁资料等。此外，还应该特别注意水文站的水准基面和基本水尺历年有没有变动，在水位或流速观测过程中有无发生水毁、中断与漏测等情况，以便整编时备注。

上述桥渡设计所需的水文资料，大部分可以通过查阅《水文年鉴》及到水文站详细调查获得。

（2）水情调查。

主要收集桥位有关河流所在区域的地形、地理和地貌资料，针对洪水来源和水流情况开展调查。通过调查，掌握洪水涨落的规律以及洪水对河床演变的影响。

（3）河床演变调查。

河床演变调查即河段调查，一是为了通过推求历史洪水断面，进而计算出历史洪水值；二是为了获得河段河床演变的规律，正确预测桥址处河段的演变趋势，为布设桥孔和设计调治构筑物提供依据。河床演变调查的主要内容如图2.4.1所示。

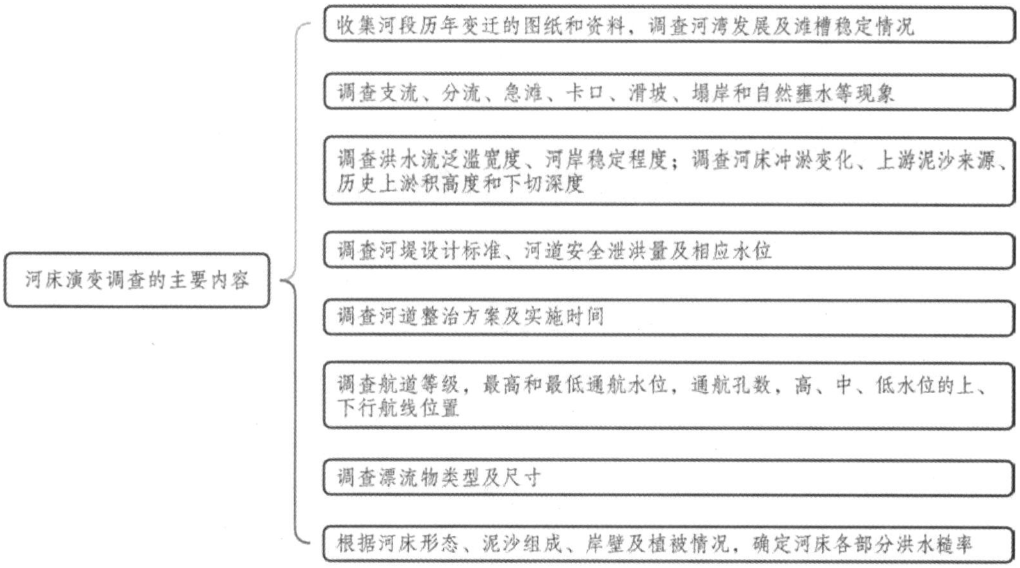

河床演变调查的主要内容：
- 收集河段历年变迁的图纸和资料，调查河湾发展及滩槽稳定情况
- 调查支流、分流、急滩、卡口、滑坡、塌岸和自然壅水等现象
- 调查洪水流泛滥宽度、河岸稳定程度；调查河床冲淤变化、上游泥沙来源、历史上淤积高度和下切深度
- 调查河堤设计标准、河道安全泄洪量及相应水位
- 调查河道整治方案及实施时间
- 调查航道等级，最高和最低通航水位，通航孔数，高、中、低水位的上、下行航线位置
- 调查漂流物类型及尺寸
- 根据河床形态、泥沙组成、岸壁及植被情况，确定河床各部分洪水糙率

图 2.4.1 河床演变调查的主要内容

（4）历史洪水调查。

调查历史洪水位，正确判断其频率，是水文调查与勘测中的主要内容之一，其主要工作包括两方面：

首先，要调查各次大洪水发生的时间（包括年、月、日）、大小和稀遇程度，以及洪水时的雨情、水情与灾情；调查洪水来源、发生原因、涨落幅度、洪水时的主流方向和有无漫流、分流、死水以及流域自然条件有无变化和人类活动影响等。除了实地调查洪水外，还应广泛搜集有关地方历史文献档案、水利河道专著等。

其次，还要调查各次大洪水的洪痕水位。要求同一次洪水须调查3个以上可靠或较为可靠的有代表性的洪痕点；对每个洪水位，均应在现场标记编号，测定位置和高程，并将调查所得历史洪水位的位置绘于桥位平面图上，并把它投影在河流的中泓线上，再按各个洪水位的高程及其在中泓线上的距离，点绘于河床纵断面图上得到洪水纵坡图（见图2.4.2），从洪水纵坡图可以得到桥位处水文断面在某年的洪水标高及洪水比降。

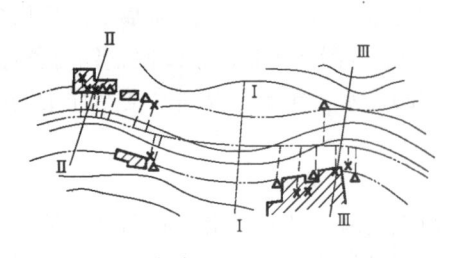

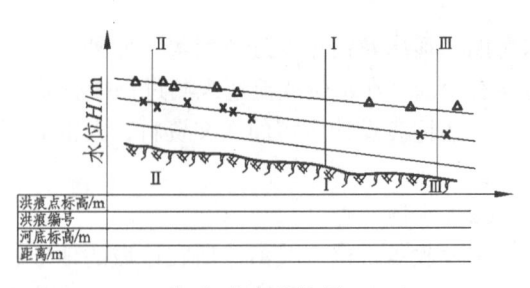

（a）平面图　　　　　　　　　　　　　（b）洪水纵坡图

Ⅰ—Ⅰ：桥轴断面；Ⅱ—Ⅱ、Ⅲ—Ⅲ：水文基线。

图 2.4.2　水文勘测平面图及洪水纵坡示意图

（5）冰凌调查。

调查历年封河及开河的时间、开河形势、流冰水位及时间、上下游是否形成冰坝，以及上下游水工建筑物对流冰的影响。冰凌观测内容包括冰厚、冰温、冰块尺寸、流动速度和方向、冰层面积、沿水流方向的长度、冰层下的水流流速、水面比降、风速风向、气温变化率以及冰压力计算所需的其他内容。

（6）汇水区流域特征调查。

调查汇水区内土质种类和分布、流域的地形地貌和植被情况、人类活动的影响，以及农田、森林、沼泽和岩溶的情况，其内容如图 2.4.3 所示。

汇水区流域特征调查
- 绘制沿线水系图，核实低洼内涝区、分洪区、滞（蓄）洪区的分布及主要水利工程位置和形式
- 从地形图上量绘沿线各汇水区面积、长度、宽度、坡度等特征值及主要水利工程控制的汇水面积
- 调查岩溶、泉水、泥石流等的分布和规模，以及土壤类型、地形、地貌、植被情况等特征资料
- 调查各汇水区内对工程设计有影响的水利及河道整治规划资料

图 2.4.3　汇水区流域特征调查

（7）其他。

主要是调查周边环境及人类活动可能的影响情况，调查内容包括：沿线农田水利、灌溉排涝情况；城市交通、排水、规划、河道整治等资料；濒临大河有无倒灌情况；低水位、常水位及其持续时间；既有桥梁资料，尤其对水害、病害桥涵还应搜集运营单位历次改善措施，同时搜集邻近既有铁路和公路桥涵的档案和排洪情况等资料。

二、水文勘测

1）不同阶段水文勘测的主要工作

（1）编制预可行性研究报告前，应对控制线路的桥渡进行纸上研究或利用航摄像片进行

水文判释，并去现场重点调查和核对。对线路可能通过地区的水文、大型水利设施、地形和地质特征等应进行了解。

（2）初测期间应为桥涵可行性研究提供必要的资料。对特大桥和控制线路方案的大桥以及水文、地质复杂地区的大桥，应通过桥位和桥式方案的比选提出推荐方案。对一般大中桥，必要时也应适当进行上述比选工作，应通过现场水文勘测确定特大桥、大中桥的设计流量。对增建第二线，应提出左右侧或并行或绕行的意见。对既有桥涵提出改建、加固和利用的原则。当水文因素特别复杂时，除汛期内必须进行实地水文观测外，必要时还应进行水工模型试验。

（3）定测期间应根据可行性研究报告批复意见，对初测资料进行核对和补充。对初测后发生过的较大洪水应进行补测，对可行性研究报告中已确定的改建、加固或利用的既有桥涵，应进一步落实，并应考虑有关单位提出的合理要求。

2）水文勘测的主要内容

水文勘测的主要任务包括水文断面测绘、河段比降测绘、河床质测定及冰凌观测，铁路水文勘测设计规范中还包括水文平面关系图、水面坡度图和汇水面积测绘，具体内容综合归纳如下：

（1）水文断面测绘。

水文断面宜选在洪痕分布较多、河岸稳定、冲淤不大、泛滥宽度较小、无死水和回流、断面比较规则的顺直河段上，并靠近洪水痕迹或洪水位点较多之处，宜与流向垂直。施测范围应高于最高历史洪水位或验算水位 0.5 m 以上。水文断面应在桥位上、下游各测绘 1 个；对河面不宽的中桥，可只测绘 1 个；当桥位断面符合水文断面条件时，桥位断面可作为水文断面。对改扩建工程，应施测既有桥梁处水文断面，并在不受既有桥梁影响的河段上，再选 1~2 个水文断面测绘。平原宽滩河流测绘范围应测至历史最高洪水泛滥线以外 50 m；山区河流应测至历史最高洪水位以上 2~5 m。应标出河床地面线、滩槽分界线、植被和地质情况、糙率、测时水位、施测时间、历史洪水位及发生年份、其他特征水位等。滩槽分界线应在现场确定。

（2）河段比降测绘。

水文断面测绘范围，下游不应小于 1 倍河宽，上游不应小于 2 倍河宽。应标出河床比降线、测时水面比降线、历次洪水比降线、水文断面及桥位断面位置。

（3）河床质的测定。

河床质测定应根据地质勘探资料确定河床断面各层河床质的类别、性质和平均粒径。对表层河床质，可按相关土工试验的规定，采集扰动土样，进行颗粒分析或液、塑限试验确定。采样深度应大于底沙运动的厚度。

（4）冰凌观测。

在春季即将开河时，宜现场观测河心冰厚、冰温、冰块尺寸、流动速度和方向、冰层面积、沿水流方向的长度、冰层下的水流流速、水面比降、风速、风向、气温变化率，以及冰压力计算所需的其他内容。观测期不宜少于 1 个凌汛期，宜每隔 5 d 观测 1 次，必要时应按每隔 1~2 d 观测 1 次。

（5）水文平面关系图的测绘。

水文平面关系图的施测范围应包括调查的洪水位点、水文断面和桥位方案的位置，可利用桥位方案平面图进行补充。水文断面仅用于推算流量使用时，可不测绘平面关系。

（6）水面坡度图的测绘。

铁路水文勘测规范中的水面坡度图类似于河段比降测绘。一般在桥址上下游附近测量不少于 3 倍河宽的长度，其范围应包括所有洪水位测点水文断面位置及各桥渡位置在内，并能反映河段的水文特征。测绘内容应包括历史最高洪水位、多年平均洪水位及设计水位等水面坡度曲线，测量时的水面坡度，河床纵坡，桥址纵断面及水文断面位置，水工建筑物位置，既有公（道）路、铁路中线位置，壅水曲线及跌水等。需要注意的是，顺直河段上可沿一岸施测。弯曲河段或当设计需要时，应在两岸同时施测。

（7）汇水面积的测绘。

汇水面积测绘可利用搜集到的既有地形图或利用航摄像片进行勾绘。无既有地形图或航摄像片可以利用时，需现场实测汇水面积。

3）水文勘测方法

水文勘测技术方法众多，与桥渡设计相关的主要是水位观测方法、断面测量方法、流量测量方法。

（1）水位观测方法。

水位是河流最基本的水文因素，河流的水位变化反映河道中水量的增减，是工程建设中不可缺少的水文资料，并可以此推算流量。目前，观测水位常用的设备有水尺和自记水位计两大类。

水尺根据其构造形式不同，可分为直立式、倾斜式、矮桩式和悬锤式四种，其中以直立式水尺构造最为简单，且观测方便，使用最为普遍。观测时，水面在水尺上的读数加上水尺零点的高程，即为当时水面的水位值。水尺的设立如图 2.4.4 所示。根据水位变化情况，以能测得完整的水位变化过程、满足日平均水位计算及发布水情预报的要求为原则确定水位观测次数。当水位变化平缓时，每日 8 时和 20 时各观测 1 次，枯水期每日 8 时观测 1 次，汛期一般每日观测 4 次，洪水过程中还应根据需要加密测次，以便能得到完整的洪水过程。

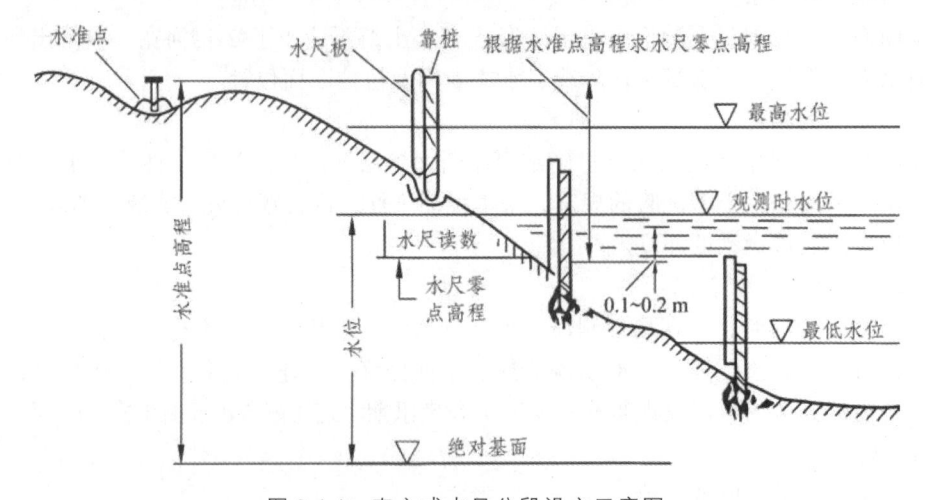

图 2.4.4 直立式水尺分段设立示意图

自记水位计能够连续自动记录河道水位变化，具有数据连续、资料完善、节省人力等优点。带无线传输功能模块的还能将观测的水位以数字或图像的形式回传至水文站内，即水位遥测。自记水位计种类很多，主要形式有横式自记水位计、电传自记水位计、超声波自记水位计和水位遥测计等。

根据水位记录，可计算出日平均水位、月平均水位和年平均水位，连同年、月最高、最低水位及洪水水位等，一起刊于水文年鉴或存入水文数据库，供有关部门查用。

（2）断面测量方法。

某一水位的河流过水断面称为河床的形态断面，简称为断面。断面测量的方法为连线法，即是先测水位，再沿水面宽度取若干点测水深，由此可得河底多处位置的高程，各测深点连接成线，即可测绘出过水断面图。结合地形的测量，还可测绘出河谷断面图。

常见的测深工具有测深杆、回声测探仪等。测深垂线的数量和位置，以能反映断面地形转折变化为原则，可根据横断面情况布置于河底转折处，一般主槽较密，河滩较稀。形态断面的水下部分断面测量包括测量水深、测深点到断面起点的距离和测深期间的水位等。

随着智能化声呐探深、GPS 等设备的研发和技术的迭代更新，全断面河床数字化采集与数字化高程模型建立已经可以实现自动化。有了数字化高程模型，可以方便地自动生成河床等高线图、各种断面图、透视图，真实、便捷、完整地反映出河床情况。

（3）流量测算方法。

天然河道过水断面内的流速分布，一般是由河岸向河心逐渐增大，由河底向水面逐渐增大，最大流速一般出现在最大水深处的水面附近，流速分布如图 2.4.5 所示。

测定流速的方法很多，常用的有流速仪法和浮标法。流速测验的目的就是通过实际的流速测量，描述过水断面内的流速分布情况，并以此推算通过该断面的流量。

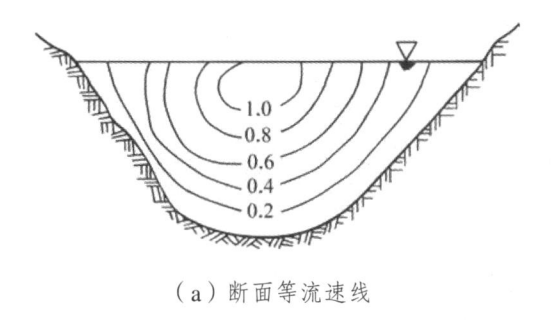

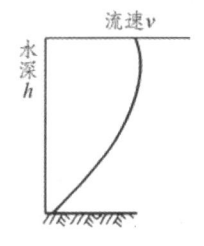

（a）断面等流速线　　　　　　　　（b）垂线流速分布

图 2.4.5　天然河道断面流速分布图

① 流速仪测流。

流速仪是用来测定水流中任意指定点的水流平均流速的仪器，流速仪主要有旋杯式与旋桨式两种，如图 2.4.6 所示。它们由感应水流的旋转器（旋杯和旋桨）、记录信号的记录器和保持仪器正对水流的尾翼三部分组成。旋杯或旋桨受水流冲击而旋转，流速越大，转速越快。根据每秒转数与流速的关系，便可计算出测点的流速。

（a）旋杯式流速仪　　　　　　　　（b）旋桨式流速仪

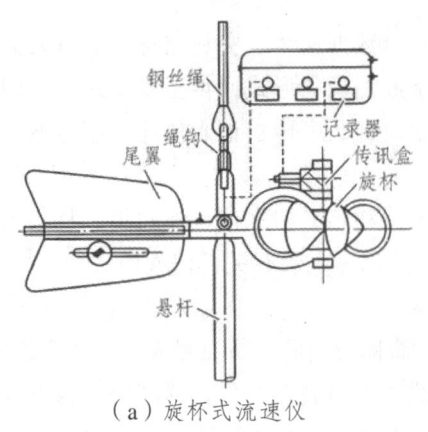

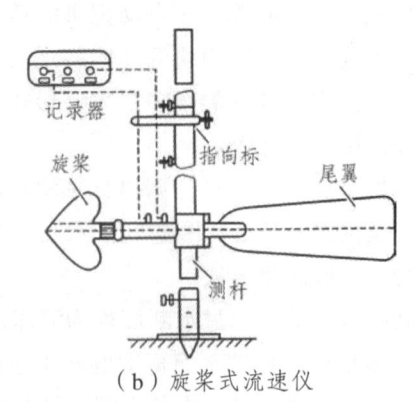

图 2.4.6　流速仪示意图

过水断面面积与断面平均流速的乘积即是河流的流量，实际计算时要考虑到过水断面内的流速分布是不均匀的，而直接测量获得的只是某点的流速或水面流速，并非断面平均流速。为了求得断面平均流速，首先在断面上布设一些测速垂线（一般在测深垂线中选择若干条同时兼作测速垂线），在每一条测速垂线上布设一定数目的测速点进行测速，最后根据测点流速求得垂线平均流速，再由垂线平均流速求得部分断面面积的平均流速，进而推得断面流量。测速垂线数目可根据河宽、水深来确定，测速垂线上的测点数，根据垂线的水深、流速仪的悬吊方式和测量精度的要求来确定。如图 2.4.7 所示，首先，以测速垂线将测流断面划分成若干部分，计算各部分的过水面积。然后，根据各测点的实测流速，计算各测速垂线的垂线平均流速 v_m，可按各测速垂线上测点的数目（5 点、3 点、2 点或 1 点），分别采用下列公式计算：

采用 5 点法计算时　　$v_m = \dfrac{1}{10}(v_{0.0} + 3v_{0.2} + 3v_{0.6} + 3v_{0.8} + 3v_{1.0})$　　（2.4.1）

采用 3 点法计算时　　$v_m = \dfrac{1}{3}(v_{0.2} + v_{0.6} + v_{0.8})$　　（2.4.2）

采用 2 点法计算时　　$v_m = \dfrac{1}{2}(v_{0.2} + v_{0.8})$　　（2.4.3）

采用 1 点法计算时　　$v_m = v_{0.6}$ 或者 $v_m = Kv_{0.5}$　　（2.4.4）

式中　v_m——垂线平均流速（m/s）；

$v_{0.0}$、$v_{1.0}$——水面及河底测点的实测流速（m/s）；

$v_{0.2}$、$v_{0.5}$、$v_{0.6}$、$v_{0.8}$——0.2、0.5、0.6 和 0.8 垂线水深处测点的实测流速（m/s）；

K——半深流速系数，可由多点法实测资料分析确定，无实测资料时，可采用 0.90~0.95。

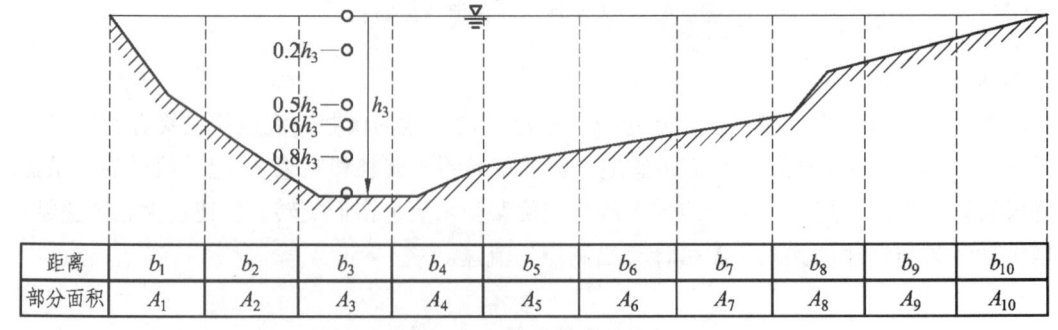

距离	b_1	b_2	b_3	b_4	b_5	b_6	b_7	b_8	b_9	b_{10}
部分面积	A_1	A_2	A_3	A_4	A_5	A_6	A_7	A_8	A_9	A_{10}

图 2.4.7　断面流速测试点

② 浮标测流。

浮标测流法是一种简便的测流方法。在洪水较大或水面漂浮物较多，特别是在使用流速仪测流有困难的情况下，浮标法是一种切实可行的办法。浮标测流的主要任务是观测浮标漂移速度，测量水道横断面，以此来估算断面流量。

凡能漂浮在水面上的物体都可以制成浮标。水面浮标测流时可在测流河段上沿河宽均匀投放浮标，测出浮标通过上下游两断面间的时间和上下游两断面间的距离，就可以计算浮标的漂移速度，这种流速称为浮标虚流速，它不能代表断面平均流速，将它与过水断面相配合，计算出断面虚流量，再乘上浮标系数进行修正，才能得到断面实际流量。

思考与练习

1. 水循环的主要影响因素有哪些？
2. 根据补给水源，河流可分为哪几类？
3. 请简述河流的基本特征。
4. 河段分为哪些类型？稳定性如何？
5. 请简述河床演变的分类和主要影响因素。
6. 水文资料的来源有哪些？
7. 如何进行历史洪水调查？
8. 不同阶段水文勘测的主要工作是什么？
9. 如何测试流速？如何进一步推算断面流量？

第三章 水文统计原理与方法

水文现象具有随机性，这种随机性同时伴随着一定的统计规律。运用概率论与数理统计的方法可以研究确定水文现象的规律性，这就是水文统计法。然而，仅凭数理统计的方法往往很难解决复杂的水文问题，须将其与成因分析法与地理综合法相结合以更好地解决复杂问题。

第一节 概率统计基本概念

一、事件

在概率统计中，事件是指随机试验的结果。通俗来讲，事件就是指在一定条件组合下，试验的结果中所有可能出现或可能不出现的事，它包括以下 3 种类型：

（1）必然事件。在一定条件下，某件事情必然发生，则称此事件为必然事件。如某地每年都会出现较大降雨量，这就是必然事件。

（2）不可能事件。在一定条件下，某件事情必然不会发生，则称此事件为不可能事件。如某流域遭遇洪水，水流量增加，而水位和流速却不变，这是不可能事件。

（3）随机事件。在一定条件下，某件事情既可能发生，也可能不会发生，则称此事件为随机事件。如某地近十年平均最大降雨量为 2 000 mm，则下一年的最大降雨量既可能大于 2 000 mm，也可能小于 2 000 mm，这是随机的，无法提前确定的。

二、随机试验与抽样

在多次试验中，随机事件出现的各种结果，可以用数值 x 表示，根据试验结果的不同，x 可以被赋予不同的数值，这种具有随机性的变量 x 被称为随机变量。例如，水文观测到的水位和流量，都是会有一个具体的量值，这些量值就是随机变量。

由随机变量 x_1、x_2、x_3、x_4 等组成的系列，称为随机变量系列 X。系列 X 的值可以是有限的，也可以是无限的。对于水文学而言，X 经常是无限系列，如某河流的年最大流量系列，它既包括过往年份的最大流量，也包括现在以及未来无限长年份的最大流量。系列分为两类：凡在实数区间可有任意值的系列称为连续型系列，如水文观测中的水位和流量值；凡在实数区间只能有某些间断的离散值的系列称为离散型系列，如掷骰子一次，只可能出现1、2、3、4、5和6中的任一值，不可能出现2.1、2.2等。

总体是一系列随机变量的全体。总体的一部分叫作子集，子集中的随机变量叫作样本。一个总体可以划分为若干样本。随意抽取的样本称为随机样本。总体或样本中随机变量的项数称为总体的容量或样本的容量。若样本具有足够的代表性，则可借助样本的规律性推定总体的规律性。

从总体中抽取样本的方法称为抽样。水文统计中推算洪水设计流量时，最常用的抽样方法是"年最大值法"，即选取一条河流洪水成因相同的年最大流量组成一个随机样本系列。

三、频率与概率

表示事件发生的可能性大小的数值称为概率。对于简单随机事件，其概率可用古典概率公式计算：

$$P(A) = \frac{M}{N} \times 100\% \tag{3.1.1}$$

式中　$P(A)$——随机事件A发生的频率，当$N\to\infty$时，为随机事件A发生的概率；
　　　N——试验结果的总数；
　　　M——试验结果中，随机事件A发生的次数。

概率又可分为古典概率和经验概率。

古典概率又叫作事前概率，指某随机事件出现的结果无需通过任何统计试验，仅凭演绎推理即可计算得到的概率。如最经典的抛硬币问题，正面向上和反面向上的概率均为1/2，无须试验即可得知。

经验概率无法通过计算所得，只能通过大量统计试验得到。随着试验次数的不断增多，其概率会逐渐趋于稳定，最终接近经验概率值。例如，某地某一特定大小的洪峰流量的发生率，事先无法计算得到，只能结合已有实测资料，运用数理统计的方法估计其频率。

概率属于事物固有的客观属性，结果不会随试验次数而发生改变，是一个常数，是理论值。而频率是通过有限次的试验结果得出的经验值，随着试验次数的增多，频率值会逐渐稳定在某一常数附近，逐渐逼近其理论值——概率。从经典的掷硬币试验中便可证明这一点。表3.1.1是历史上的掷硬币试验记录。由表3.1.1可知，投币次数n值越大，正面朝上的频率会越来越接近其理论值0.5。

水文学中的流量问题是极其复杂的随机事件，它的事前概率无法通过计算得到，只有将基于当地实测资料得到的频率值作为其概率的近似值，搜集的历史记录资料越多，概率的估计结果就越准确。

表3.1.1　浦丰和皮尔逊的掷硬币试验记录

试验者	投币次数 N	正面朝上次数 M	频率	概率
浦丰（Buffon）	4 040	2 048	0.506 9	0.5
皮尔逊(K. Pearson)	12 000	6 019	0.501 6	0.5
	24 000	12 012	0.500 5	0.5

四、概率公式

（1）概率相加公式。

A、B 是两个随机事件，由事件 A 或事件 B 至少有一个发生而构成的事件称为事件 A 与 B 之和，记作 A+B，其概率记作 P(A+B)，当 A、B 为互斥事件时，即事件 A、B 不能同时出现时：

$$P(A+B)=P(A)+P(B) \tag{3.1.2}$$

当 A、B 为相容事件时：

$$P(A+B)=P(A)+P(B)-P(AB) \tag{3.1.3}$$

式中，$P(AB)$ 为事件 A 与事件 B 同时发生的概率。

（2）概率乘法公式。

当一个事件的出现不影响其他事件的出现，同时其他事件的出现也不影响本事件的出现时，它们被称为独立事件，或称为互相独立。对于两独立事件同时发生的概率为：

$$P(AB)=P(A)P(B) \tag{3.1.4}$$

对于不独立事件，同时发生的概率为：

$$P(AB)=P(A)P(B/A) \tag{3.1.5}$$

或

$$P(AB)=P(B)P(A/B) \tag{3.1.6}$$

式中，$P(B/A)$ 或 $P(A/B)$ 为事件 B（或 A）在事件 A（或 B）已发生的情况下的概率，简称为 B（或 A）的条件概率。

五、累积频率与重现期

（1）累积频率。

桥渡设计中，通常需要计算等于和大于某一流量洪水的频率。我们将等于和大于某一水文因素值（流量、水位等）出现的次数 M 与总次数 N 的比值称为累积频率 P，桥渡设计中常简称为频率。

$$P_{(x \geq x_i)} = \frac{\sum M_i}{N} \times 100\% \tag{3.1.7}$$

式中　　M_i——大于等于量值 x_i 出现的次数（累积次数）；

　　　　N——总观测次数。

【例 3-1】已知某桥位处测得 50 年内最高水位统计资料如表 3.1.2 所示，求水位 $H \geq 20$ m 的累积频率。

表 3.1.2 某桥位处 50 年最高水位

编号	水位 H_i/m	频数 M_i	频率 $P_{(H_i)}$/%	累积频率 $P_{(H \geq H_i)}$/%
1	30	2	4	4
2	25	12	24	28
3	20	16	32	60
4	15	11	22	82
5	10	9	18	100

【解】按照式（3.1.7）进行计算：

$$P_{(H \geq 20\,\mathrm{m})} = \frac{2+12+16}{50} \times 100\% = 60\%$$

（2）重现期。

很长时间内某一事件平均多长时间出现一次称为重现期 T，即累积频率的倒数：

$$T = \frac{1}{P_{(x \geq x_i)}} \qquad (3.1.8)$$

如某地出现最大与最小量级的洪水出现累积频率分别为 $P=1\%$、$P=99\%$，根据公式（3.1.8）计算，前者重现期为 $\frac{1}{0.01}=100$ 年，前者表示一百年一遇的大洪水，超过其流量的累积频率只有 1%；后者表示枯水，大于等于其流量的累积频率有 99%，相应地小于其流量的概率是 1%~99%，其重现期为 $\frac{1}{1-0.99}=100$ 年，表示一百年一遇的枯水。

重现期是指某一事件平均多少年出现一次，是平均情况，所谓的百年一遇是指在充分长的统计时间内，该量级的洪水平均一百年出现一次，并不是每一百年必会出现一次或只出现一次，有可能一百年内一次也不出现，也可能一百年内出现许多次。不同等级桥梁需抵抗不同频率的洪水，公路桥梁和铁路桥梁设计洪水频率如表 3.1.3 和表 3.1.4 所示，表中分母为洪水重现期。

表 3.1.3 公路桥梁设计洪水频率

构造物名称	公路等级				
	高速	一级	二级	三级	四级
特大桥	1/300	1/300	1/100	1/100	1/100
大、中桥	1/100	1/100	1/100	1/50	1/50
小桥	1/100	1/100	1/50	1/25	1/25
涵洞及小型排水构造物	1/100	1/100	1/50	1/25	不作规定
路基	1/100	1/100	1/50	1/25	视具体情况而定

表 3.1.4 铁路桥梁设计洪水频率

铁路分类	设计洪水频率 桥梁	设计洪水频率 涵洞	设计洪水频率 路基	检算洪水频率 特大桥（或大桥）属于技术复杂、修复困难或者重要者
高速铁路、城际铁路、市域（郊）铁路，Ⅰ、Ⅱ级铁路，重载铁路	1/100	1/100	1/100	1/300
Ⅲ级铁路	1/100	1/50	1/100	1/300
Ⅳ级铁路	1/50	1/50	1/50	1/100
≥5 Mt 铁路专用线	1/100	1/50	1/50	—
<5 Mt 铁路专用线	1/50	1/50	1/50	—

六、失事概率

水工结构物在使用年限内，遇到超过其设计流量洪水的概率，称为失事概率。失事概率可用下述公式计算：

$$P_\mathrm{f} = 1-(1-P)^{T_\mathrm{s}} \quad (3.1.9)$$

结合累计频率 P 与重现期 T 的关系，有：

$$P_\mathrm{f} = 1-\left(1-\frac{1}{T}\right)^{T_\mathrm{s}} \quad (3.1.10)$$

式中　P_f——出现大于等于设计流量洪水的概率，即失事概率；
　　　T_s——设计使用年限。

【例 3-2】某桥的设计洪水频率为 1%，设计使用年限为 100 年，求其在设计使用年限内的失事概率。

【解】根据式（3.1.9），本题中 T_s=100，P=0.01。

$$P_\mathrm{f} = 1-(1-P)^{T_\mathrm{s}} = 1-(1-0.01)^{100} = 0.634 = 63.4\%$$

这说明该桥梁在其设计使用年限 100 年里发生超过设计流量洪水的概率为 63.4%。

七、频率分布

在特定的随机变量系列 X 中，每一个随机变量 x_1、x_2、x_3、x_4 等都对应着一定的频率，将随机变量和其频率的对应关系称为随机变量的频率分布。常用频率分布函数 $F(x)$ 和频率密度函数 $f(x)$ 描述随机变量和对应频率分布之间的统计分布规律。

以某水文站的实测资料（见表 3.1.5）为例分析随机变量的频率分布规律，表中区间频率 ΔP 是各组出现次数与总次数的比值，表示每组所在区间流量出现的可能性大小；$\Delta P/\Delta x$ 为频率密度，是某一组距流量的出现频率在 Δx 组距内的平均值。累积频率 P 各组累积出现次数与总次数的比值。

根据表 3.1.5 的计算结果，以流量（x）为横坐标，频率密度 $f(x)=\Delta P/\Delta x$ 为纵坐标，绘制频率密度直方图，如图 3.1.1 所示。频率分布直方图表示各组随机变量频率的平均分布，图中各矩形面积表示各组间距间的频率，且矩形面积之和为 1。

表 3.1.5　某水文站多年实测最大流量记录

流量/（m³/s）（Δx=100）	出现次数/年数	频率 ΔP/%	频率密度（$\Delta P/\Delta x$）/%	累计出现次数/年数	累积频率 P/%
1 200～1 100	1	2	0.02	1	2
1 100～1 000	3	6	0.06	4	8
1 000～900	5	10	0.10	9	18
900～800	8	16	0.16	17	34
800～700	12	24	0.24	29	58
700～600	10	20	0.20	39	78
600～500	7	14	0.14	46	92
500～400	4	8	0.08	50	100
总计	50	100	1.00	—	—

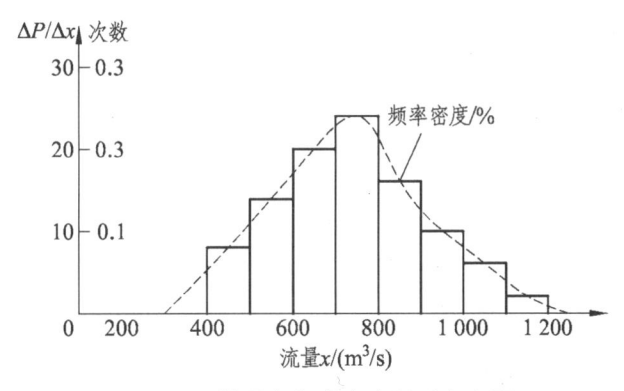

图 3.1.1　流量与频率密度关系直方图

若实测年份足够多，且组距趋于无穷小时，图 3.1.1 将形成一条中间高两侧低的偏斜铃形曲线，如图中虚线所示，称为频率密度曲线。从密度曲线可以看出，靠近平均值附近流量出现的次数较多，特别大或特别小的流量出现次数较少。并且经验证明，大多数水文资料系列都具有类似的统计规律。

若以流量 x 为纵坐标，累积频率 P 为横坐标，则可绘出流量与累积频率关系的阶梯形折线图（见图 3.1.2），表示年最大流量的累积频率分布。随着流量实测次数趋于无穷大，组距趋于无穷小，图 3.1.2 将形成一条中间平缓两边陡峭的横 S 形曲线，如图中虚线所示，称为频率分布曲线。若令 $f(x)$ 为分布曲线的函数，称为频率分布函数，所以分布函数可由密度函数积分而得。图 3.1.2 中的频率分布曲线仍然呈现大多数水文资料所显示的统计规律，因而频率分布曲线和频率分布函数也可以描述连续型随机变量的统计规律。

频率分布曲线和频率密度曲线的关系如图 3.1.3 所示，分布函数可由密度函数积分得到，图中阴影部分的面积就是随机变量所对应的累积频率 $P(x \geq x_p)$，其与频率密度函数的关系表达式为：

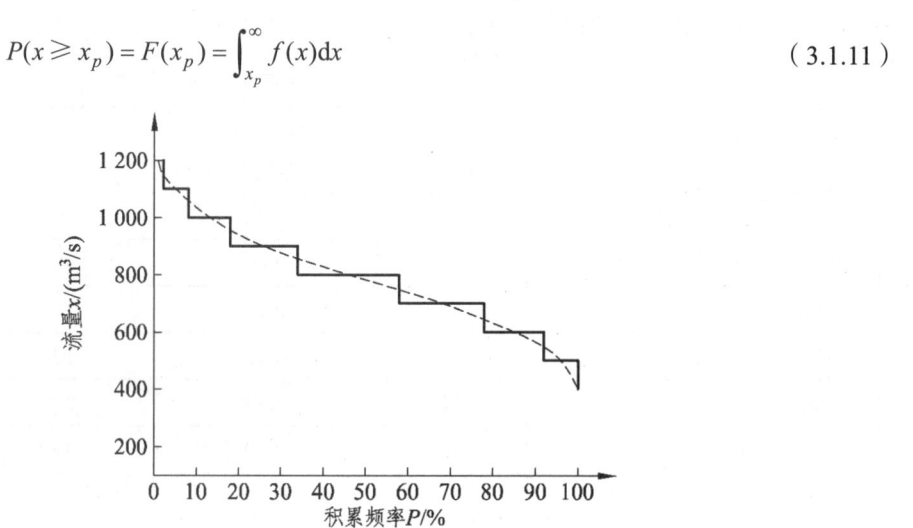

$$P(x \geq x_p) = F(x_p) = \int_{x_p}^{\infty} f(x)\mathrm{d}x \qquad (3.1.11)$$

图 3.1.2　流量与累积频率关系折线

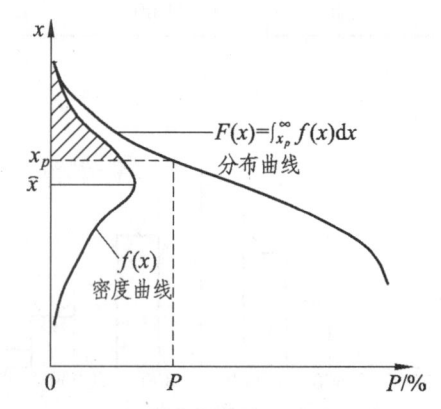

图 3.1.3　频率分布曲线和频率密度曲线

第二节　参数估计

随机变量系列的频率密度以及频率分布曲线，需要用几个特征值来确定，这些特征值被称为统计参数。

一般水文随机变量系列常用的统计参数有均值 $\bar{x}$、均方差 σ 或变差系数 C_v、偏差系数 C_s。均值 $\bar{x}$ 反映的是系列中随机变量的平均数值大小的特征。除了均值以外，系列的中值和众值也可作为随机变量平均数值大小的统计参数。均方差 σ 和变差系数 C_v 则反映了系列中随机变量的离散程度。偏差系数 C_s 反映各随机变量对均值的对称性。

一、均值 $\bar{x}$、中值 $\tilde{x}$、众值 $\hat{x}$

均值、中值、众值都是代表系列数值平均情况的参数值。

（1）均值 $\bar{x}$。

均值是表示系列随机变量的算术平均数，以 $\bar{x}$ 表示。但随机变量的取值在试验前并不可知，因此在概率论中，均值也被称为数学期望值。设某一系列随机变量共有 n 项，分别为 x_1，x_2，x_3，$\cdots$，x_n。每一随机变量对应的频率分别为 p_1，p_2，p_3，$\cdots$，p_n，则该系列的均值为：

$$\bar{x} = \frac{x_1 p_1 + x_2 p_2 + x_3 p_3 + \cdots + x_n p_n}{p_1 + p_2 + p_3 + \cdots + p_n} = \frac{\sum_{i=1}^{n} x_i p_i}{\sum_{i=1}^{n} p_i} \tag{3.2.1}$$

因为

$$\sum_{i=1}^{n} p_i = 1$$

所以

$$\bar{x} = \sum_{i=1}^{n} x_i p_i$$

当各随机变量出现的频率相同，即权重相等时：

$$\bar{x} = \frac{x_1 + x_2 + x_3 + \cdots + x_n}{n} = \frac{1}{n} \sum_{i=1}^{n} x_i \tag{3.2.2}$$

对于连续随机变量系列，均值为：

$$\bar{x} = \int_{-\infty}^{+\infty} x f(x) \mathrm{d}x \tag{3.2.3}$$

均值是随机变量的平均数，和每个随机变量都有关系，它反映了系列在数值上的大小，可作为不同系列间随机变量（水平高低）的比较标准。如河流的年平均流量 $\bar{Q}$，可用于比较河流间的流量大小以及平均水平偏大或偏小。

（2）中值 $\tilde{x}$。

系列中的随机变量权重相同时，将变量按降序或升序排列，位于正中间的变量，称为中值，用 $\tilde{x}$ 表示。中值只与变量项数有关，与其他变量值无关。当系列中变量为偶数时，中值取中间两个变量的平均值。如1、4、6、7、9、5，中值为（5+6）/2=5.5。对于连续型随机变量系列，系列中大于中值和小于中值的随机变量概率相同，均为 50%，即：

$$\int_{-\infty}^{\tilde{x}} f(x) \mathrm{d}x = \int_{\tilde{x}}^{+\infty} f(x) \mathrm{d}x = \frac{1}{2} \tag{3.2.4}$$

中值是系列中的中间项，中值的大小能反映中间项和密度曲线的位置。

（3）众值 $\hat{x}$。

系列中出现次数最多的变量，称为众值。众值与变量项数和数值都无关。对于连续型随机变量系列，$f(x)$ 取极大值时的 x 值，就是该系列的众值，在密度曲线中恰好是顶峰的横坐标值。众值的大小能反映系列最大频率项和密度曲线峰值的位置。

二、均方差 σ 和变差系数 C_v

均方差和变差系数均代表数据的离散情况，表示系列的分布相对均值是否离散或集中，反映频率分布对均值的离散程度。

系列中各变量与均值的差值（$x_1-\bar{x}$），（$x_2-\bar{x}$），…，（$x_n-\bar{x}$）等，称为离差，表示变量变化幅度大小，$(x_i-\bar{x})^2$ 即离差的平方，称为方差，方差平均数的平方根称为均方差，以 σ 表示：

$$\sigma = \sqrt{\frac{\sum_{i=1}^{n}(x_i-\bar{x})^2}{n}} \qquad (3.2.5)$$

上式针对于一个系列的总体，在水文学中，各种统计观测资料的总体都是无限的，我们常取出总体中的一部分已知资料作为样本参与计算，利用随机样本的规律进一步推算总体的规律。利用样本推算总体的均方差时，可采用下式：

$$\sigma = \sqrt{\frac{\sum_{i=1}^{n}(x_i-\bar{x})^2}{n-1}} \qquad (3.2.6)$$

系列均值相等时，均方差表示随机变量系列的离散程度。
例如甲、乙两组随机变量系列：
甲系列：80，90，100，110，120。
乙系列：50，75，100，125，150。

甲系列和乙系列的均值相等，$\bar{x}_甲=\bar{x}_乙=100$，其均方差分别为 $\sigma_甲=15.8$，$\sigma_乙=39.5$，$\sigma_甲$ 小于 $\sigma_乙$，说明乙系列的离散程度比甲系列大。

但是，当均值不相等时，均方差就不足以说明它们的离散程度大小。在数理统计中，通常将均方差与均值的比值用来反映系列的相对离散程度，称其为变差系数或离差系数，以 C_v 表示，C_v 是一无量纲系数，对于一个随机系列的总体，其计算式为：

$$C_v = \frac{\sigma}{\bar{x}} = \frac{1}{\bar{x}}\sqrt{\frac{\sum_{i=1}^{n}(x_i-\bar{x})^2}{n}} \qquad (3.2.7)$$

利用样本推算总体时的变差系数，可采用下式：

$$C_v = \frac{\sigma}{\bar{x}} = \frac{1}{\bar{x}}\sqrt{\frac{\sum_{i=1}^{n}(x_i-\bar{x})^2}{n-1}} \qquad (3.2.8)$$

若引用模比系数 K_i，表示系列中各变量与均值的比值，对于任一变量 x_i，有：

$$K_i = \frac{x_i}{\bar{x}} \qquad (3.2.9)$$

则变差系数可通过下式表示：

$$C_v = \frac{1}{\bar{x}} \sqrt{\frac{\sum_{i=1}^{n}(K_i - 1)^2}{n-1}} \tag{3.2.10}$$

C_v 值小表明系列的相对离散程度小，即系列中的变量变化幅度小，频率分布较为集中；C_v 值大表明系列的相对离散程度大，频率分布较为分散。

C_v 值在水文学的年最大流量系列中，反映了河流流量的年际变化幅度，也就是流量在不同年份之间的相对离散程度，C_v 越大，流量的年际变化幅度越大，年际分布越不均匀。比如我国暴雨径流的 C_v 值，一般来讲狭长区域大于扇形区域，小流域大于大流域，山区河流大于平原河流，北方河流大于南方河流。

三、偏差系数 C_s

偏差系数是衡量一个系列在均值两侧的对称程度的统计参数，以 C_s 表示，可按下式计算：

$$C_s = \frac{\sum_{i=1}^{n}(x_i - \bar{x})^3}{n\sigma^3} \tag{3.2.11}$$

当用样本计算且样本容量较大时，可近似采用下式：

$$C_s = \frac{\sum_{i=1}^{n}(x_i - \bar{x})^3}{(n-3)\sigma^3} \tag{3.2.12}$$

若引用模比系数 K_i，则：

$$C_s = \frac{\sum_{i=1}^{n}(K_i - \bar{1})^3}{(n-3)C_v^3} \tag{3.2.13}$$

如图 3.2.1 所示，若系列中变量相对于均值呈对称分布，$\sum_{i=1}^{n}(x_i - \bar{x})^3 = 0$，则 $C_s = 0$，其频率分布对称于均值，为正态分布。若变量相对于均值分布呈不对称，为偏态分布。$C_s > 0$ 时为正偏态，$C_s < 0$ 时为负偏态。C_s 绝对值越大，变量相对于均值偏离越大，如图 3.2.1 所示。

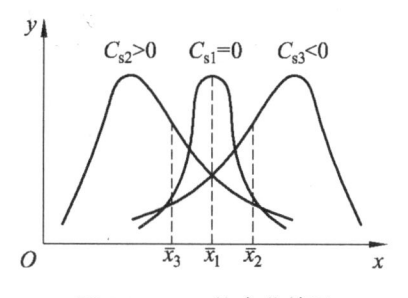

图 3.2.1 C_s 值变化情况

对于年最大流量系列，C_s 一般都为正值，即呈正偏态分布，表明大于均值 $\bar{Q}$ 的流量出现次数多，小于均值 $\bar{Q}$ 的流量出现次数少，平均流量 $\bar{Q}$ 的概率小于 50%。

第三节 抽样误差

水文统计的误差来源于两个方面：一方面是水文资料观测、整理和计算过程中形成的误差，另一方面是用样本推算总体的参数值而引起的误差，即抽样误差。前者可以通过技术的不断创新，资料的认真审查和计算方法的改进，从而减小到最低程度。抽样误差是统计方法本身引起的，这种误差总是存在的，只能通过增大样本容量、增强样本的代表性等方法逐步减小。

水文统计追求总体规律，而水文资料的总体是无限系列，所以无论观测年份如何增加，也不可能得到总体的数据，只能通过有限的样本数据来推算总体系列的参数值，这就导致了抽样误差总是存在的。

一、度量误差的方法

总体中包含无数系列样本，每个系列样本都可以推算出总体的参数 $\bar{x}$、C_v、C_s。这些统计参数又各自组成一个随机系列，即包含 n 个 $\bar{x}$ 的均值系列，包含 n 个 C_v 的变差系数系列和包含 n 个 C_s 的偏差系数系列，这些系列有各自的概率分布，称为抽样分布。抽样分布愈分散，抽样误差愈大，反之亦然。然而利用样本推算总体的参数值始终存在误差，且无法确定。因此我们用抽样分布中的均方差 σ 来度量，也就是对误差进行某种概率上的估计。用来度量误差的均方差 σ，称为均方误。如均值系列（$\bar{x}_1$，$\bar{x}_2$，…，$\bar{x}_n$）的均方差记作 $\sigma_{\bar{x}}$，称为样本均值的均方误。

根据误差理论，当样本容量较大时，抽样分布呈正态分布，正态分布的密度函数为：

$$y = f(x) = \frac{1}{\sigma\sqrt{2\pi}} e^{-\frac{(x-\bar{x})^2}{2\sigma}} \quad (3.3.1)$$

由正态分布的特征可以得知：

$$P(\bar{x} - \sigma_{\bar{x}} \leq \bar{x}_m \leq \bar{x} + \sigma_{\bar{x}}) = \int_{\bar{x}-\sigma_{\bar{x}}}^{\bar{x}+\sigma_{\bar{x}}} f(x) dx = 68.3\% \quad (3.3.2)$$

$$P(\bar{x} - 3\sigma_{\bar{x}} \leq \bar{x}_m \leq \bar{x} + 3\sigma_{\bar{x}}) = \int_{\bar{x}-3\sigma_{\bar{x}}}^{\bar{x}+3\sigma_{\bar{x}}} f(x) dx = 99.7\% \quad (3.3.3)$$

根据上式可知，若抽取一个样本系列，用样本均值 $\bar{x}_m$ 作为总体均值的估计值时，$\bar{x}_m$ 落在总体均值左右一倍均方误范围内的可能性为 68.3%，落在总体均值左右三倍均方误范围内的可能性为 99.7%。通常称 $\pm\sigma_{\bar{x}}$ 为一般误差范围，$\pm 3\sigma_{\bar{x}}$ 为最大误差范围。均方误的意义是平均误差。在水文学计算中，频率分析大多采用均方误来估计。

二、估计误差的公式

下面列出的公式为总体采用皮尔逊Ⅲ型分布时，样本参数均方误和相对均方误的计算公式（C_s 为 C_v 的任意倍数）。

（1）均方误的计算公式。

$$\sigma_{\bar{x}} = \pm \frac{\sigma}{\sqrt{n}} \tag{3.3.4}$$

$$\sigma_{C_v} = \pm \frac{C_v}{\sqrt{2n}} \sqrt{1 + 2C_v^2 + \frac{3}{4}C_s^2 - 2C_v C_s} \tag{3.3.5}$$

$$\sigma_{C_s} = \pm \sqrt{\frac{6}{n}\left(1 + \frac{3}{2}C_s^2 + \frac{5}{16}C_s^4\right)} \tag{3.3.6}$$

（2）相对均方误（%）。

$$\sigma'_{\bar{x}} = \pm \frac{\sigma_{\bar{x}}}{\bar{x}} \times 100\% = \pm \frac{\sigma}{\bar{x}\sqrt{n}} \times 100\% = \pm \frac{C_v}{\sqrt{n}} \times 100\% \tag{3.3.7}$$

$$\sigma'_{C_v} = \pm \frac{\sigma_{C_v}}{C_v} \times 100\% = \pm \frac{1}{\sqrt{2n}} \sqrt{1 + 2C_v^2 + \frac{3}{4}C_s^2 - 2C_v C_s} \times 100\% \tag{3.3.8}$$

$$\sigma'_{C_s} = \pm \frac{\sigma_{C_s}}{C_s} \times 100\% = \pm \frac{1}{C_s}\sqrt{\frac{6}{n}\left(1 + \frac{3}{2}C_s^2 + \frac{5}{16}C_s^4\right)} \times 100\% \tag{3.3.9}$$

【例 3-3】某随机系列的 $C_s = 2C_v$，试计算样本容量 n 不同时统计参数的相对均方误差（%）。

【解】按上述公式计算，将结果列于表 3.3.1 中。

表 3.3.1　统计参数的抽样误差（$C_s = 2C_v$）

C_v	σ'_Q/%				σ'_{C_v}/%				σ'_{C_s}/%			
	样本容量 n												
	100	50	25	10	100	50	25	10	100	50	25	10
0.1	1	1	2	3	7	10	14	22	126	178	252	399
0.3	3	4	6	9	7	10	15	23	51	73	103	162
0.5	5	7	10	16	8	11	16	25	41	58	82	130
0.7	7	10	14	22	9	12	17	27	40	56	79	125
1.0	10	14	20	32	10	14	20	32	42	60	85	134

由计算结果可知，用样本推算总体的统计参数时都存在一定的抽样误差，尤其 C_s 的误差特别大，而且系列容量 n 对误差的影响也很大，n 越大抽样误差越小。在水文统计法中，根据目前水文观测的实际情况，均值 $\bar{x}$ 和变差系数 C_v 尚可利用公式计算，但要求实测水文资料具

有足够长的观测年限（即项数 n 要足够大），而且代表性较好，数据可靠，否则仍会产生较大的误差。至于 C_s，则不宜直接通过公式计算，通常都是采用适线法选定 C_s 值。

第四节　相关分析

自然界的很多现象都不是孤立的，都和周围的其他现象相互联系、相互制约，彼此之间存在着一定关系，并表现出某种规律性。如果两种现象之间存在因果关系，或既有相同的成因，则表示它们的变量之间也必然会出现某种关系。在数理统计中，把这种变量之间的关系称为相关关系，把研究这种关系的方法称为相关分析。变量之间的相关关系，按其密切程度可分为三种情况：

（1）完全相关。

变量之间的关系非常密切，相互成严格的函数关系，如图 3.4.1 所示。

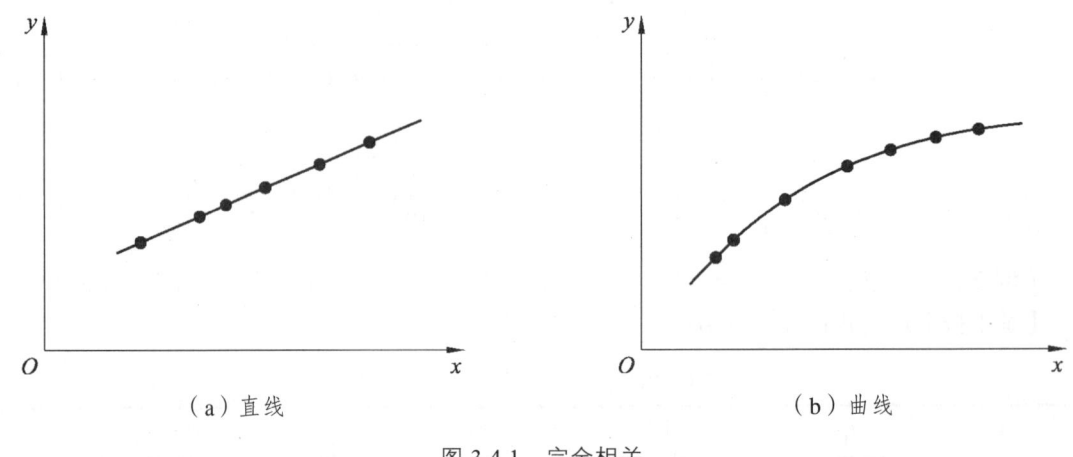

（a）直线　　　　　　　　　　　　（b）曲线

图 3.4.1　完全相关

直线图：变量之间呈现完全的线性关系，各点均在某一直线上 [图 3.4.1（a）]。
曲线图：变量之间能找到一条圆滑曲线，依次穿过各点 [图 3.4.1（b）]。

（2）零相关。

变量之间各自独立，互不影响，彼此之间没有任何关系，称为零相关，如图 3.4.2 所示。
点据散乱：变量之间各点散乱，找不到明确的关系 [图 3.4.2（a）]。
互不影响：变量之间某一变量不随另一变量变化而变化，连线通常与 x 或 y 轴平行 [图 3.4.2（b）]。

（3）统计相关（相关关系）。

变量的每一个 x 值所对应的变量 y，由于众多偶然因素的影响，数值上是不确定的，但通过大量观察，仍可发现两变量之间存在某种关联。根据 x 与 y 对应点绘制的点据（称为散点图或相关图），虽然不严格落在一条直线或曲线上，但是点群仍显示出一定趋势，如图 3.4.3

所示。这种介于完全相关和零相关之间的关系,称为统计相关或相关关系。

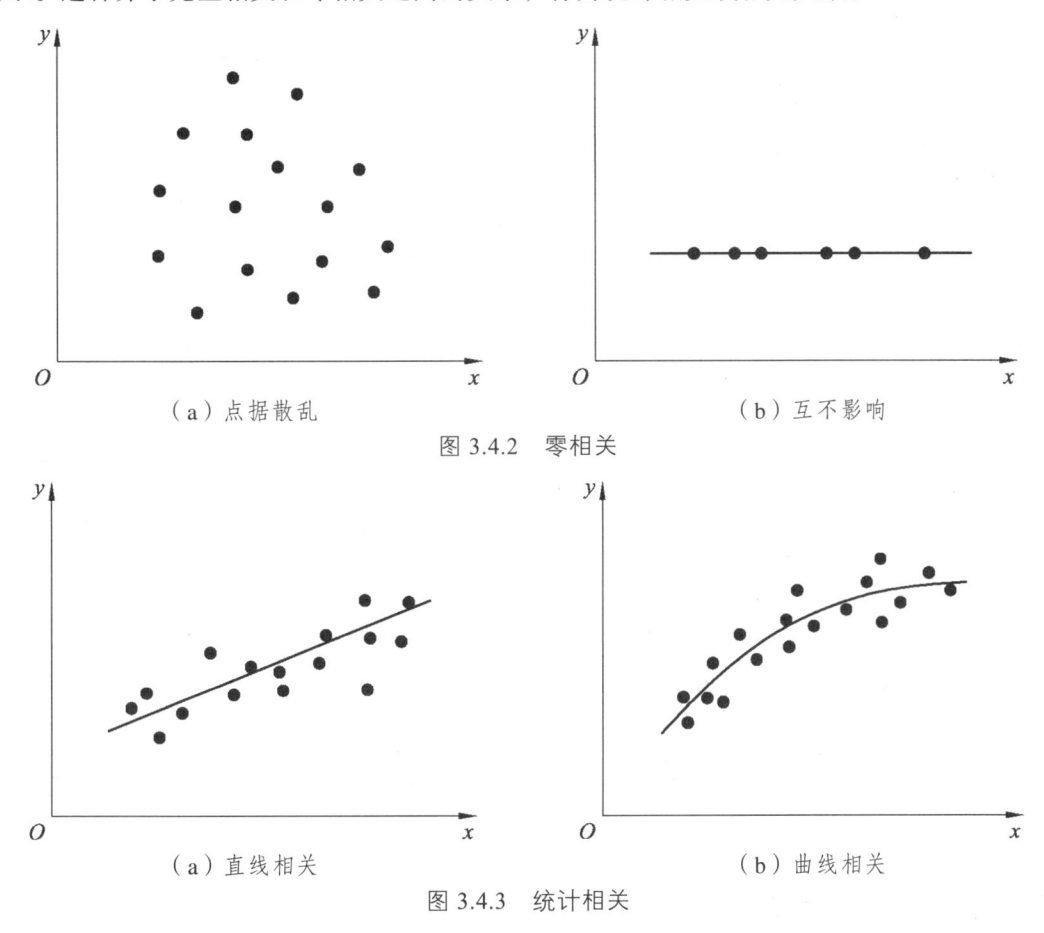

(a)点据散乱　　　　　　　　　　(b)互不影响

图 3.4.2　零相关

(a)直线相关　　　　　　　　　　(b)曲线相关

图 3.4.3　统计相关

在水文现象中,变量之间的关系多为统计相关。相关关系按相关变量的多少分为简单相关和复杂相关。两个变量之间的相关,称为简单相关。简单相关又分为直线相关和曲线相关,如图 3.4.3(a)和图 3.4.3(b)所示。一个变量与多个变量之间的相关,称为复杂相关。水文统计中,最常用的是简单相关中的直线相关。

一、直线相关分析

如果点都呈直线趋势(或带状)分布,如图 3.4.3(a)所示,说明两系列中的变量之间存在直线相关的关系;然后通过点群绘制一条与这些点据匹配度较高的直线,则这条直线就称为两变量的回归线,该直线的方程则称为两变量的回归方程。相关分析的方法一般有图解法和解析法两种。

(1)图解法。

直线相关,就是两个变量之间的相关关系可以近似用一条直线来表示。通常根据两系列中随机变量的对应值,在坐标纸上绘制出相应的点据,如果坐标纸上的点据分布较均匀,直线趋势较明显,可以目测估计一条通过点群的最佳直线,这条直线就称为两变量的回归线,把这条直线作为两变量间的变化规律进行分析,这就是直线相关分析中的"图解法"。这种方法缺乏选配回归线的依据，主观性较强，在实际工程中不宜采纳。

（2）解析法。

直线相关分析的"解析法"，是建立两变量之间的回归方程，作为绘制回归线的依据，可以避免目估的主观性，从而满足实际工作的需要。

以 x_i、y_i 表示两系列中随机变量的对应值，n 表示对应值的个数，在坐标纸上按各对应值绘出点据，并通过点群绘制一条直线，如图 3.4.4 所示，由图可知，其直线方程为：

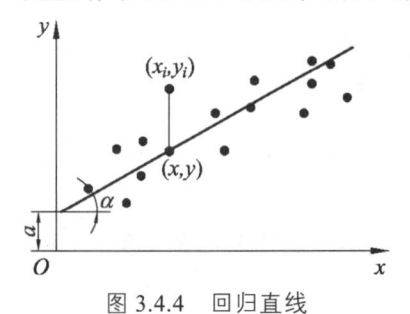

图 3.4.4　回归直线

$$y = a + bx \tag{3.4.1}$$

式中　x、y——直线的横纵坐标；

　　　a、b——待定参数，a 为直线在 y 轴上的截距，即纵截距；b 为直线斜率。

从图中可以看出，各个点据与直线在垂直方向（y 方向）有离差 $y_i - y$，而在水平方向（x 方向）却相等，即 $x_i = x$，所以：

$$y_i - y = y_i - (a + bx) \tag{3.4.2}$$

根据最小二乘法的原理，若要直线与各个点据配合最佳，就应使离差的平方和最小，即：

$$\sum_{i=1}^{n}(y_i - y)^2 = \sum_{i=1}^{n}(y_i - a - bx_i)^2 = 极小值$$

则需令：

$$\frac{\partial \sum_{i=1}^{n}(y_i - y)^2}{\partial a} = 0 \tag{3.4.3}$$

$$\frac{\partial \sum_{i=1}^{n}(y_i - y)^2}{\partial b} = 0 \tag{3.4.4}$$

联立求解，可得：

$$b = \frac{\sum_{i=1}^{n}(x_i - \overline{x})(y_i - \overline{y})}{\sum_{i=1}^{n}(x_i - \overline{x})^2} \tag{3.4.5}$$

$$a = \overline{y} - b\overline{x} = \overline{y} - \frac{\sum_{i=1}^{n}(x_i - \overline{x})(y_i - \overline{y})}{\sum_{i=1}^{n}(x_i - \overline{x})^2}\overline{x} \tag{3.4.6}$$

式中　$\bar{x}, \bar{y}$——两系列随机变量对应的均值；其他符号意义同前。

将 a、b 代入公式（3.4.1），可得 y 随 x 的线性回归方程：

$$y - \bar{y} = \frac{\sum_{i=1}^{n}(x_i - \bar{x})(y_i - \bar{y})}{\sum_{i=1}^{n}(x_i - \bar{x})^2}(x - \bar{x}) \tag{3.4.7}$$

同理可得 x 随 y 的线性回归方程：

$$x - \bar{x} = \frac{\sum_{i=1}^{n}(x_i - \bar{x})(y_i - \bar{y})}{\sum_{i=1}^{n}(y_i - \bar{y})^2}(y - \bar{y}) \tag{3.4.8}$$

根据回归方程（3.4.7）或（3.4.8）绘制的直线，就是与各个点据配合最佳的直线，即回归线。由公式（3.4.5）和公式（3.4.6）可得 $\bar{y} = a + b\bar{x}$，表明两系列均值组成的坐标点（$\bar{x}$，$\bar{y}$）一定在该回归线上，且点（$\bar{x}$，$\bar{y}$）也恰好是点群的重心位置，所以直线型回归线必然通过点群的重心。

由回归方程的推导原理可知，对于任一点据都可以按公式（3.4.7）或公式（3.4.8）求得直线方程并绘制出一条直线，对于不呈直线趋势分布的或分布十分散乱的点据，所求得的直线方程就不能准确地代表两变量之间的关系。因此，回归方程仅仅是一种计算工具，并不能判断两变量是否相关及相关的密切程度，还需要引入一个判别标准，以说明两变量之间是否存在直线相关及其相关的密切程度。

二、相关系数

在数理统计中，一般用相关系数 R 来描述和判别两变量之间的相关程度，相关程度也是回归线和点据之间的密切程度。

由公式（3.4.6）可知 $a = \bar{y} - b\bar{x}$，所以：

$$y_i - y = y_i - (a + bx) = y_i - \bar{y} + b\bar{x} - bx_i = (y_i - \bar{y}) - b(x_i - \bar{x}) \tag{3.4.9}$$

则

$$\sum_{i=1}^{n}(y_i - y)^2 = \sum_{i=1}^{n}\left[(y_i - \bar{y}) - b(x_i - \bar{x})\right]^2 \tag{3.4.10}$$

展开化简，可得：

$$\sum_{i=1}^{n}(y_i - y)^2 = \sum_{i=1}^{n}(y_i - \bar{y})^2 - b^2\sum_{i=1}^{n}(x_i - \bar{x})^2 \tag{3.4.11}$$

令

$$A = \sum_{i=1}^{n}(y_i - \bar{y})^2$$

$$B = b^2\sum_{i=1}^{n}(x_i - \bar{x})^2$$

则：

$$\sum_{i=1}^{n}(y_i - y)^2 = A - B \tag{3.4.12}$$

可知 A、B 总是正值，而且 $A \geqslant B$。下列关系式中的 R，就称为相关系数。

$$R^2 = \frac{B}{A} \leqslant 1 \qquad (3.4.13)$$

将 A、B 代入公式（3.4.13）得：

$$R^2 = \frac{b^2 \sum_{i=1}^{n}(x_i - \overline{x})^2}{\sum_{i=1}^{n}(y_i - \overline{y})^2} = \frac{\left[\sum_{i=1}^{n}(y_i - \overline{y})(x_i - \overline{x})\right]^2}{\sum_{i=1}^{n}(x_i - \overline{x})^2 \sum_{i=1}^{n}(y_i - \overline{y})^2} \qquad (3.4.14)$$

$$R = \frac{\sum_{i=1}^{n}(y_i - \overline{y})(x_i - \overline{x})}{\sqrt{\sum_{i=1}^{n}(x_i - \overline{x})^2 \sum_{i=1}^{n}(y_i - \overline{y})^2}} \qquad (3.4.15)$$

相关系数 R 具有下列性质：

（1）若 $\sum_{i=1}^{n}(y_i - y)^2 = 0$，则各点据与直线（回归线）的离差为零，表明所有点据都恰好位于一条直线（回归线）上，即两变量之间存在着直线函数关系，为完全相关，此时，$A = B$，$R^2 = 1$，$R = \pm 1$。

（2）$\sum_{i=1}^{n}(y_i - y)^2$ 的值愈大，各点据与回归线的离差就愈大，表明点据愈散乱，A 值愈大于 B 值，R^2 值也愈小，若 $\sum_{i=1}^{n}(y_i - y)^2$ 的值达到最大，此时 $R = 0$，则两变量之间不存在直线相关，而为零相关。

（3）若 $\sum_{i=1}^{n}(y_i - y)^2$ 的值介于上述二者之间，则 R^2 值将介于 0 与 1 之间，而 R 值介于 0 与 ± 1 之间，表明两变量之间存在着统计相关。直线相关的程度将随着 R 值的大小而异，R 值的大小，视 A 与 B 的差值而定。

相关系数可于相关程度的描述与判别，$R = \pm 1$ 时为完全相关，表明两变量之间存在直线函数关系；$R = 0$ 时为零相关，表明两变量之间不存在直线相关；R 介于 0 与 ± 1 之间时为统计相关，表明两变量之间存在直线相关，而且 R 绝对值愈接近 1，相关程度愈密切。相关系数为正值（$R > 0$）时为正相关，为负值（$R < 0$）时称为负相关；相关系数的上限为 +1，下限为 -1，总之 $|R| \leqslant 1$。需要指出，当相关系数 R 很小或接近 0 时，只说明两变量之间的直线相关程度很差，但可能存在某种曲线相关或其他形式的相关关系。

三、相关误差的分析

在统计相关的直线相关中，实有点据不是完全位于一条直线上，而是分散于直线的上下两侧，如图 3.4.4 所示。回归线与实有点据之间，即依据直线所得 y 值与实际变量 y_i 之间存在一定误差，这一误差为回归线的误差，按正态分布考虑，可以用均方误来表示，则 y 依 x（或 x 依 y）回归线的均方误 σ_y（或 σ_x）为：

$$\sigma_y = \sqrt{\frac{\sum(y_i - y)^2}{n}} \qquad (3.4.16)$$

$$\sigma_x = \sqrt{\frac{\sum(x_i - x)^2}{n}} \qquad (3.4.17)$$

利用样本推算时，则为：

$$\sigma_y = \sqrt{\frac{\sum(y_i - y)^2}{n-2}} \qquad (3.4.18)$$

$$\sigma_x = \sqrt{\frac{\sum(x_i - x)^2}{n-2}} \qquad (3.4.19)$$

根据正态分布置信区间和置信水平分析，实测值在回归线上下两侧各 σ_y 范围内的概率为 68.3%，实测值在回归线上下两侧各 $3\sigma_y$ 范围内的概率为 99.7%，如图 3.4.5 所示。

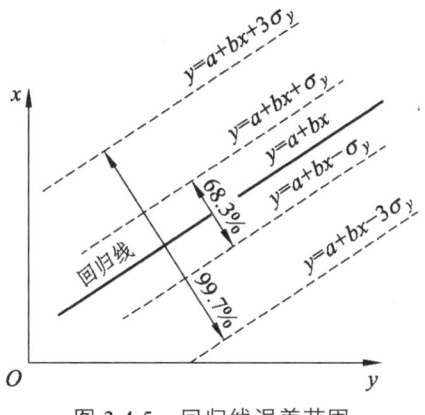

图 3.4.5　回归线误差范围

四、运用相关分析进行插补和延长

从统计学规律上讲，水文统计中资料系列愈长，样本的代表性愈强，用样本推算总体参数值的抽样误差就愈小。然而实际工作中，实测水文资料却往往观测年限较短，甚至还有缺测年份，若能找到与它客观联系的长期连续观测资料，就可以利用实测资料系列之间的变量的统计相关进行分析，对短期观测资料进行适量的插补和延长，从而提高水文统计的精度。

年最大流量、水位、降雨量等系列变量之间往往以直线相关居多，可采用简单的直线相关分析。如果对两测站间观测资料采用相关分析进行插补延长和相互推算，首先应结合测站的气候因素、地理条件、流域特征等进行分析研究，检查两系列的流量之间是否确有客观联系，并判别它们之间是否存在直线相关，相关程度是否密切。同时，为了保证插补和延长的资料具有一定的精度，对实测流量资料除认真审查外，还应该有一定的要求，一般认为：两系列相对应的观测资料不宜过少（10 对以上为宜），而且数据变化幅度大一些为好，插补和延长的年数不宜超过已有对应资料的实测年限，外延部分不宜超过实测范围的 30%～50%（视相关程度而定）。

相关系数 R 表示两个随机变量系列（x_i，y_i）相关的密切程度，R 的最小值需要多大才能应用于两系列之间的插补和延长？我国桥梁水文分析中，通常认为 R 的绝对值大于 0.8 时才可以使用相关分析进行数据插补和延长。对流量数据进行插补和延长的具体方法和步骤如例 3-4 所示。

【例 3-4】设某水文站有 11 年不连续的平均流量记录（以 y_i 表示），另有较长期的年降雨量记录（以 x_i 表示），实测记录如表 3.4.1 所示，试用相关分析法根据实测年降雨量记录系列插补和延长流量记录系列（表中括号对应的年份为 y_i 缺测年）。

表 3.4.1 某水文站实测年平均流量和雨量记录

序号	实测年份	年平均流量 y_i/(m³/s)	年降雨量 x_i/mm	序号	实测年份	年平均流量 y_i/(m³/s)	年降雨量 x_i/mm
1	1960	（ ）	190	10	1969	33	122
2	1961	（ ）	150	11	1970	70	164
3	1962	（ ）	98	12	1971	54	140
4	1963	（ ）	100	13	1972	20	78
5	1964	24	110	14	1973	41	130
6	1965	78	184	15	1974	1	62
7	1966	（ ）	90	16	1975	41	130
8	1967	（ ）	160	17	1976	75	165
9	1968	36	145				

【解】首先求年平均流量（y_i）依年降雨量（x_i）的回归方程，即 $y = bx + a$，再利用 x_i 推求缺测年份的年平均流量。待定参数 a、b 列表计算（见表 3.4.2）。

表 3.4.2 某站年平均流量和年降雨量相关计算表

序号	年份	y_i	x_i	$y_i - \bar{y}$	$x_i - \bar{x}$	$(y_i - \bar{y})^2$	$(x_i - \bar{x})^2$	$(x_i - \bar{x})(y_i - \bar{y})$
1	1964	24	110	-19	-20	361	400	380
2	1965	78	184	35	54	1 225	2 916	1 890
3	1968	36	145	-7	15	49	225	-105
4	1969	33	122	-10	-8	100	64	80
5	1970	70	164	27	34	729	1 156	918
6	1971	54	140	11	10	121	100	110
7	1972	20	78	-23	-52	529	2 704	1 196
8	1973	41	130	-2	0	4	0	0
9	1974	1	62	-42	-68	1 764	4 624	2 856
10	1975	41	130	-2	0	4	0	0
11	1976	75	165	32	35	1 024	1 225	1 120
Σ		473	1 430	0	0	5 910	13 414	8 445

由表 3.4.2 中计算得到：

$$\bar{x} = \frac{\sum x_i}{n} = \frac{1430}{11} = 130 \text{ mm}$$

$$\bar{y} = \frac{\sum y_i}{n} = \frac{473}{11} = 43 \text{ m}^3/\text{s}$$

$$R = \frac{\sum_{i=1}^{n}(y_i - \bar{y})(x_i - \bar{x})}{\sqrt{\sum_{i=1}^{n}(x_i - \bar{x})^2 \sum_{i=1}^{n}(y_i - \bar{y})^2}} = \frac{8445}{\sqrt{13414 \times 5910}} = 0.95$$

$$b = \frac{\sum_{i=1}^{n}(x_i - \bar{x})(y_i - \bar{y})}{\sum_{i=1}^{n}(x_i - \bar{x})^2} = \frac{8445}{13414} = 0.63$$

由此得 y 依 x 的回归方程式：

$$y - 43 = 0.63(x - 130)$$

$$y = 0.63x - 38.9$$

根据上述回归方程，利用实测年降雨量资料 x，延长或插补缺测年份的年平均流量资料，如表 3.4.3 所示。

表 3.4.3　某站利用年降雨量插补和延长缺测年份的年平均流量计算表

序号	插补延长的年份	年降雨量 x_i / mm	插补和延长平均流量 y_i / (m³/s)
1	1960	190	81
2	1961	150	56
3	1962	98	23
4	1963	100	24
5	1966	90	18
6	1967	160	62

第五节　经验频率曲线

工程实践中不仅需要已知系列的事件发生规律，往往还需要推求超出系列年限的事件发生规律，这就需要借助经验频率曲线。

一、经验频率计算

对于统计系列容量无穷大的系列，随机变量的经验频率可直接用公式（3.1.1）来计算。然而，我们能够搜集到的水文资料往往年限较短、容量有限，如果这时仍直接用式（3.1.1）计算样本中随机变量的频率，常常会得到不合理的结果。例如，流量系列最小值由式（3.1.1）来计算，则得到的频率为100%，其含义表明小于该值的洪水不会出现。实际上我们知道对于无限容量的总体洪水年最大流量系列，这个结论是不成立的。因此，为了更好地推求各项随机变量的频率，经验频率公式多采用的是维泊尔（Weibull）公式：

$$P = \frac{m}{n+1} \times 100\% \tag{3.5.1}$$

式中　p——统计系列中第 m 项（以递减次序排列）随机变量的经验频率（%）；
　　　n——统计系列的样本容量；
　　　m——以递减次序计算随机变量的序号。

【例 3-5】已知某水文站有 1991—2000 年共 30 年的实测流量资料，其中 1998 年的流量最大。试计算 1998 年的流量对应的经验频率。

【解】
$$P = \frac{m}{n+1} \times 100\%$$
$$= \frac{1}{30+1} \times 100\%$$
$$= 3.23\%$$

二、经验频率曲线绘制

为了表示多年水文观测系列中各项观测值出现的频率，以及观测数值大小随频率的变化规律，以计算所得的经验频率为横坐标，以水文观测值本身为纵坐标，在坐标纸上点绘出各个观测值的点据分布图，然后根据各点据分布趋势，连出一条光滑曲线，这条曲线称为经验频率曲线（见图 3.5.1）。基于有限实测水文资料得到的经验频率曲线可以近似地作为总体的频率分布曲线，进而可采用内插或外延的方式推求指定频率对应的水文特征值。

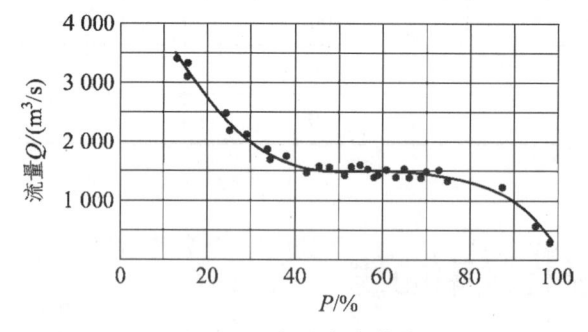

图 3.5.1　经验频率曲线

三、海森概率格纸

点绘在等分格纸上的经验频率曲线呈平置的 S 形，且两端陡中间平缓，当求很小频率的设计流量时需要向左端上方外延，容易产生较大误差（见图3.5.1）。因此，常采用海森概率格纸来绘制水文观测系列的经验频率。海森概率格纸以频率 p（%）为横坐标，随机变量（如流量、降雨量等）为纵坐标，纵坐标均匀分格，横坐标分格则是根据正态分布曲线在该坐标纸上呈一条直线的要求确定的，即以 $p=50\%$ 为中心对称分格，中间格密而两边渐疏。由于水文现象很少为正态分布，点绘在海森概率格纸上的经验频率曲线仍为曲线，只是曲度要小得多，呈现一种较平顺曲线分布形式（见图3.5.2），显而易见，这样的曲线更便于内插或外延。

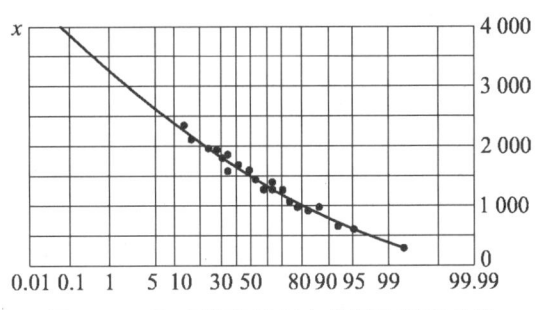

图 3.5.2　海森概率格纸中的经验频率曲线

第六节　理论频率曲线

为了更好地获得验频率曲线频率点群外延而常采用数学方程式表示的频率曲线来描述水文统计系列的频率曲线，被称为理论频率曲线。寻找更合适的理论频率曲线往往采用适配法，即根据自然界大量实际资料的频率分布趋势，建立了一些频率曲线的线形，并适配了相应的数学函数表达式。函数表达式中的参数是基于实测水文资料及其相应的经验频率统计分析确定的。数学函数表达式的引入使得理论频率曲线的绘制以及内插和外延更为便利，减小了主观性的影响。

国外理论频率曲线的线形较多，根据我国多年使用经验，皮尔逊Ⅲ型曲线（P-Ⅲ曲线）比较符合我国多数地区水文现象的实际情况。因此，我国水利、公路、铁路等工程有关规范，在水文统计中大多采用皮尔逊Ⅲ型曲线作为水文现象总体的频率曲线线形，在洪（枯）水流量、水位、降雨径流以及波浪高度的频率分析中广泛应用。

一、皮尔逊Ⅲ型曲线

1. 皮尔逊Ⅲ型曲线（P-Ⅲ曲线）的密度函数

英国生物学家皮尔逊（K.Pearson）于1895年为随机现象提供了13种密度曲线，其中第三种就是皮尔逊Ⅲ型曲线（P-Ⅲ曲线），皮尔逊Ⅲ型曲线（P-Ⅲ曲线）基本符合水文现象的变化规律。

P-Ⅲ曲线为一端有限，一端无限的偏态曲线，它可以反映水文现象频率密度的总体规律。为研究方便，一般将坐标原点移至水文资料系列的实际零点（见图3.6.1），则皮尔逊Ⅲ型曲线的频率密度函数为：

$$f(x) = y = \frac{\beta^\alpha}{\Gamma(\alpha)}(x-a_0)^{\alpha-1}e^{-\beta(x-a_0)} \quad (3.6.1)$$

式中　a_0——曲线左端起点到系列零点的距离；

　　　α, β——曲线的参数；

　　　$\Gamma(\alpha)$——Γ 函数，$\Gamma(\alpha) = \int_0^\infty x^{\alpha-1}e^{-x}dx$。

曲线中的三个参数 α、β、a_0，经过换算可以用系列的三个统计参数 $\bar{x}$、C_v 和 C_s 来表示。其关系式为：

$$\alpha = \frac{4}{C_s^2} \quad (3.6.2)$$

$$\beta = \frac{2}{C_v C_s \bar{x}} \quad (3.6.3)$$

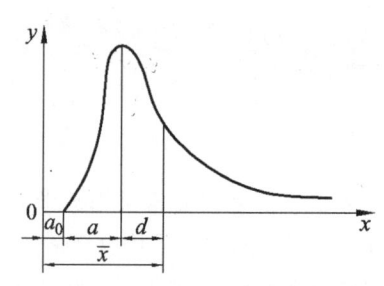

$$a_0 = \frac{C_s - 2C_v}{C_s}\bar{x} \quad (3.6.4)$$

图 3.6.1　P-Ⅲ型频率密度曲线

在一般的水文资料中，如年最大洪峰流量、年降雨量等统计量均不可能为负值。所以 $a_0 \geq 0$，即：

$$\frac{C_s - 2C_v}{C_s}\bar{x} \geq 0 \quad (C_s \geq 2C_v) \quad (3.6.5)$$

当 $C_s < 2C_v$ 时，则 a_0 为负值，在水文资料中不常见，但是有些特殊情况如水位等，可以根据零点位置的不同出现负水位。

往往系列中的最小值 $x_{\min}$ 不一定是总体的最小值 a_0，一般存在 $x_{\min} \geq a_0$，即 $\frac{x_{\min}}{\bar{x}} \geq \frac{a_0}{\bar{x}}$，用 $K_{\min}$ 代表 $a_{\min}$ 的最小变率，$K_{\min} = \frac{x_{\min}}{\bar{x}}$；则 $K_{\min} > 1 - \frac{2C_v}{C_s}$，所以：

$$C_s \leq \frac{2C_v}{1 - K_{\min}} \quad (3.6.6)$$

在水文学中一般能满足 $2C_v \leq C_s \leq \frac{2C_v}{1-K_{\min}}$ 的条件，但也会有不满足的情况发生，需要结合实际情况分析。

2. 皮尔逊Ⅲ型曲线的应用

水文统计要求指定频率对应的变量或某一变量对应的频率时，需要频率分布及相应函数。因此，将皮尔逊Ⅲ型曲线的频率密度函数（3.6.1）进行积分，就可以得到频率分布函数：

$$p = \int_{x_p}^{\infty} f(x)\mathrm{d}x = \int_{x_p}^{\infty} \frac{\beta^\alpha}{\Gamma(\alpha)}(x-a_0)^{\alpha-1}\mathrm{e}^{-\beta(x-a_0)}\mathrm{d}x \qquad (3.6.7)$$

根据以上公式，只要给定一个变量 x_p 即可算出频率，但工程水文计算中常常给定频率 p 求相应变量 x_p，且直接用积分计算过于繁杂。因此在实际应用中，将上式反算并简化，得到式（3.6.8），同时将相应数值做成表格，供设计计算查用。

$$x_p = (\phi_p C_v + 1)\bar{x} = k_p \bar{x} \qquad (3.6.8)$$

式中　x_p——频率为 p 时对应的随机变量；

　　　k_p——模比系数，$k_p = \dfrac{x_p}{\bar{x}} = \phi_p C_v + 1$，可根据拟定的比值 C_s/C_v，预先制成模比系数 k_p 表，以便查阅；

　　　ϕ_p——离均系数，可查附录 A。

对于年最大流量系列，将随机变量 x_p 换为 Q_p，公式（3.6.8）可写成：

$$Q_p = (\phi_p C_v + 1)\bar{Q} = k_p \bar{Q} \qquad (3.6.9)$$

【例 3-6】某水文站 $\bar{Q} = 2\,000\,\mathrm{m}^3/\mathrm{s}$，$C_v = 0.5$，$C_s = 1.0$，试求 $Q_{0.5\%}$。

【解】从表 3.6.1 查得 $p = 0.5\%$，$C_s = 1.0$ 时，$\phi_{0.5\%} = 3.49$。由公式（3.6.9）得：

$$Q_{0.5\%} = (3.49 \times 0.5 + 1) \times 2\,000 = 5\,490\,\mathrm{m}^3/\mathrm{s}$$

表 3.6.1　皮尔逊Ⅲ型曲线常用离均系数 ϕ_p 值表

C_s	$p/\%$			
	0.01	0.05	0.5	1
0.1	3.94	3.23	2.67	2.40
0.5	4.83	3.81	3.04	2.68
1.0	5.96	4.53	3.49	3.02
1.5	7.09	5.23	3.91	3.33
2.0	8.21	5.91	4.30	3.61

二、频率曲线的确定

理论频率曲线大多采用皮尔逊Ⅲ型曲线，频率曲线参数的确定方法较多，最常用的是求矩适线法。利用矩法求出统计参数初试值，并假定不同 C_s 取值，确定多条理论频率曲线，根据其与实测资料经验频率点据的匹配度，确定最佳适配曲线，必要时可反复调整参数取值。

主要做法：首先把统计系列按照从大到小进行排序，求出不同流量所对应的经验频率，然后将其点绘在频率格纸上。理论频率曲线则可以采用 P-Ⅲ曲线，用矩法算出 $\bar{x}$ 和 C_v，以 C_v

的某一倍数（$C_s \geqslant 2C_v$）确定C_s。将这三个参数确定一条频率曲线绘于海森概率格纸上，对比其与该系列的经验频率点是否符合。若出现较大差异则修改C_s，必要时可在$C_v \pm \sigma_{C_v}$范围内修改C_v，再假定不同的C_s，直至理论频率曲线与经验频率点据相匹配。

思考与练习

1. 概率和频率有何区别和联系？
2. 某公路桥设计洪水频率为0.34%，设计使用年限为300年，求其失事频率。
3. 请简述频率分布曲线和频率密度曲线的关系。
4. 均值、变差系数、离差系数在水文统计中的含义是什么？
5. 何为抽样误差？如何度量？
6. 请简述相关分析的方法和作用。
7. 请简述经验频率曲线的优缺点。

第四章 设计洪水流量推求

第一节 洪水与设计流量

桥涵工程跨越或濒临水域，设计时须考虑未来面临洪水的威胁。所谓洪水，即指流量大、水位高、具有一定灾害性的大水。洪水是由于降雨、降雪、融冰等原因，使河床内水量剧增、水位猛涨的现象，洪峰流量、洪水总量及洪水过程线称为洪水三要素。洪水过程线反映了洪峰涨落及持续时间，如图 4.1.1 所示。

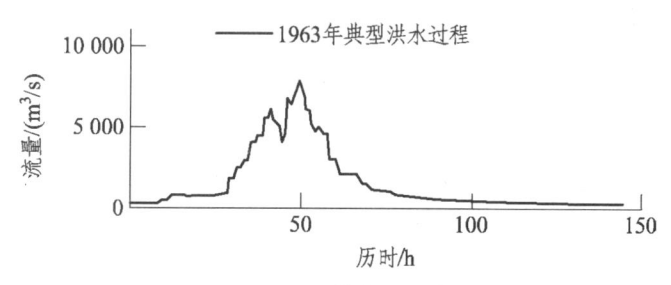

图 4.1.1 洪水过程线

规划设计水工建筑物时，需要根据工程的任务和规模，从安全与经济角度综合考虑，拟定一个在修建及使用期间需要防御的某一数量洪水，作为设计的标准和依据，这一洪水称为水工建筑物的设计洪水。设计洪水频率所对应的洪峰流量称为设计洪水流量，简称设计流量。设计洪水频率标准见表 3.1.3 和表 3.1.4。

设计流量常用的推求方法包括：
（1）由流量资料推求设计洪水，即统计流量资料，获得设计频率下的流量。
（2）由暴雨资料推求设计洪水，根据暴雨强度、范围、时间、流域大小等进行推算。
（3）间接方法或者经验公式，一般在无流量资料、无暴雨资料情况下采用。

受河流等级的不同、收集的水文资料不同的影响，推求设计流量的方法也不尽相同。常见的中等以上河流可搜集到桥址附近水文站历年来的年最大洪水流量观测资料，甚至可以调查到观测资料以前发生的特大洪水资料，这就可以应用水文统计推算设计流量。而较小流域的中小河流则难以搜集到水文站实测洪水资料，但能收集到降雨资料或地区性水文资料，这就可以应用地区性公式、暴雨径流推理公式等方法推算设计流量。对于桥位附近水文资料较少，但相邻地区或河段有较多资料时，可应用相关分析进行插补或延长水文资料，以用于桥位处设计流量的推求。

总之，应通过多种途径，采用不同的方法，尽量搜集更多的桥位水文资料，基于收集到的水文资料情况采用不同的方法分析推算设计洪水流量。应用不同资料，采用不同方法，推算得到同一座桥梁的设计流量大小可能不同，应经过对比分析论证后，选用一个合理可靠的取值。

第二节 洪水资料的处理

一、洪水资料的审选

洪水资料的审选必须满足统计计算对资料的要求，同时还应对水文资料的观测、整编进行审查，确保获得正确合理的计算结果。洪水资料采用"年最大值法"，即每年只选取一个最大洪峰流量或水位等。

洪水资料审查基本要求包括：

（1）可靠性。资料可靠程度的检查相当重要，检查它是否有矛盾、写错或伪造之处。

（2）一致性。数理统计法要求所有的资料属于同一类型，并且是在同一成因条件下产生的，不能选取不同成因性质的资料。

（3）代表性。设计流量推算结果的误差主要取决于样本系列的代表性，尤其是系列较短的样本，资料的代表性就显得更为重要。一般要求系列中应包含丰水年和枯水年的流量资料，且系列至少包括20~30年，才具有一定的代表性。在资料不足的情况下，可进行插补或延长。

（4）独立性。不能将彼此关联的水文资料放在一起分析计算。

审选时要特别注意大洪水年份和大动乱年份，它们是洪水资料审选的重点。大洪水年份的数据准确性直接影响设计洪水的推求结果，大动乱年份可能会因人为因素出现错误。

洪水资料审选方法：① 本站资料的核对，可参考《水文测量规范》（SL 58—2014）。② 相关站资料的对比，主要对比大洪水年份是否相同、数值变化规律是否符合规律。③ 与洪水调查报告、文献进行核对。

二、洪水资料的插补延长

采用水文统计方法推算设计流量时，如桥位附近水文站流量观测资料的观测年限较短或有缺失年份，则应尽量利用参证站（上、下游或邻近流域内的水文站）的观测资料，进行插补和延长，提高可靠性。一般来说，插补和延长年数不宜超过实测洪水流量的年数，并应结合气象和地理条件做合理性分析。

（1）流域面积比拟法。

① 对于位于同一条河流上、下游的两个水文站（参证站与分析站），若两站的流域面积之

差不超过 10%，两站之间又无分洪、滞洪时，其历年最大洪峰流量可以互相搬用，进行流量资料的插补和延长。

② 若上、下游两个水文站的流域面积之差不大于 1 000 km²，全流域的自然地理条件较为一致，且暴雨分布也比较均匀，两站之间河道又无特殊调蓄作用时，可按面积比将参证站的设计流量推算到分析站断面上，进行资料的插补和延长。

$$Q_1 = \left(\frac{f_1}{f_2}\right)^n Q_2 \qquad (4.2.1)$$

式中　Q_1、f_1——分析站的流量（m³/s）和流域面积（km²）；

　　　Q_2、f_2——参证站的流量（m³/s）和流域面积（km²）；

　　　n——经验指数，可根据已有的实测资料反求。一般大中河流可采用 $n=0.5\sim0.7$，较小河流采用 $n\geqslant0.7$。

（2）相关分析法。

位于同一河流上、下游的两个水文站，若两站之间无较大支流汇入，而且两站已有的流量观测中，相同年份的年最大洪峰流量大致成比例关系，则可以利用两站对应的年最大洪峰水位（或流量），通过相关分析绘制两站的水位（或流量）关系曲线，进行插补和延长。

参证站与分析站水文现象特征值之间的关系基本呈现一种直线关系时，可根据最小二乘法原理，使直线与各个点据配合最佳（见图 4.2.1），从而确定直线相关函数公式，根据该相关公式可方便地进行插补和延长。一般采用相关系数来描述和判别两系列变量之间的相关程度，在进行相关分析时，要求相关系数不小于 0.8。

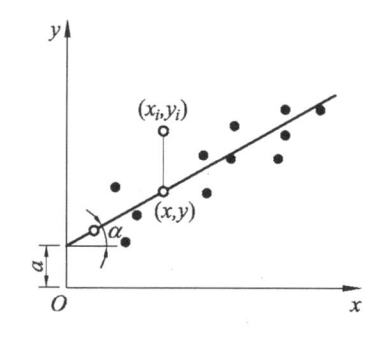

图 4.2.1　相关分布

为了保证插补和延长的资料具有一定的精度，对实测流量资料除认真审查外，还应有一定的要求：两系列相对应的观测资料不宜过少（10 对以上为宜），而且数据变化幅度大一些为好，插补和延长的年数不宜超过已有对应资料的实测年限，外延部分最好不要超出实测年限的 30%～50%。

三、特大洪水的处理

流量系列中，对于一些比一般洪水大得多的洪水，需要做一定的特殊处理，而不能把它们同普通洪水一样处理。

1. 特大洪水的影响

目前我国根据资料来源不同，将用以确定洪水代表年限有关的时期分为：实测期、调查期和文献考证期。从有实测洪水资料年份至今的时期称为实测期。从实测期之前到能调查到的历史洪水最远年份的这段时期称为调查期。调查期之前到有历史文献可以考证的时期，称为文献考证期。通常将调查期+文献考证期统称为调查考证期。

特大洪水是指比资料系列中一般洪水要大得多的，并且可以通过洪水调查或考证确定其流量及重现期的稀遇洪水。历史上的一般洪水通常没有文字记载，也没有留下洪水痕迹，只有特大洪水才有文献记载和洪水痕迹可供查证，调查或考证得到的历史洪水一般属于特大洪水，特大洪水流量示意图如图 4.2.2 所示。

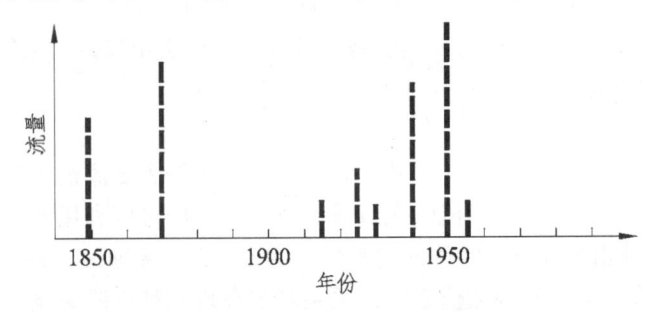

图 4.2.2　特大洪水流量示意图

目前，我国大多数河流的实测流量资料的时间都不长（$n=30 \sim 50$ 年），样本系列短，抽样误差大，若基于现有实测资料来推求 100 年一遇、300 年一遇的稀遇洪水，会带来较大的误差。若能调查和考证到 N 年（$N>n$）中的特大洪水，就相当于把 n 年的实测资料展延到了 N 年，提高了系列的代表性，使计算成果更加合理、准确，相当于在洪水频率曲线的上端增加了若干控制点。

特大洪水对设计洪水有很大影响，每当出现一次大洪水后，设计洪水的数据就会产生很大的波动，不能把这些特大值与其他数值等同看待。

【例 4-1】如表 4.2.1 所示，根据某水文站 1918—1954 年不连续的 20 年流量资料，最大值 3 700 m³/s，统计计算得到：$C_v=0.8$，$C_s/C_v=3.0$，$Q_{1\%}=7 500$ m³/s。若根据不连续的 20 年流量资料+1956 年特大洪水洪峰流量 13 100 m³/s，则统计得出 $Q_{1\%}=25 900$ m³/s。根据历史洪水调查，有 4 次历史特大洪水：1794 年 25 000 m³/s、1853 年 18 000 m³/s、1917 年 3 500 m³/s、1935 年 8 300 m³/s 等，根据不连续的 20 年流量资料+4 次历史特大洪水+1956 年特大洪水计算得到：$C_v=1.7$，$C_s/C_v=3.0$，$Q_{1\%}=30 000$ m³/s。这说明特大洪水资料对设计流量推算结果影响较大，考虑历史洪水资料后，计算结果更加稳定合理。

表 4.2.1　某水文站设计洪水流量推算

选用的样本数 /年	百年一遇的洪峰流量 Q_m/（m³/s）	推算依据
20	7 500	1918—1954 年不连续的 20 年流量资料
21	25 900	加入 1956 年实测的特大洪水 $Q=13 100$ m³/s 后的计算结果比原计算大 245%
25	30 000	调查考证后加入若干年历史特大洪水资料后计算结果进一步增大了 16%

2. 连序系列与不连序系列

（1）连序系列。由 n 年实测（包括插补延长）数据组成的洪水系列，若系列中没有特大值被提取出进行单独处理，也没有历史特大洪水加入，无论资料中的年份是否连续，只要确认 n 年的各项洪水数值为已知，按大到小次序排列，各项之间没有空缺，序数是连序的，这样的系列就称为连序系列［见图 4.2.3（a）］。

（2）不连序系列。利用历史洪水的调查考证，将历史特大洪水值与实测的洪水值资料加在一起组成一系列，由于特大洪水值的重现期（N）必然大于实测系列的年数 n，而在 $N-n$ 年内各年的洪水值无法查到，即特大洪水值与实测的洪水值之间有一些缺测项，不能判断由大到小是连续的，这样的样本是不连序系列［见图 4.2.3（b）］。

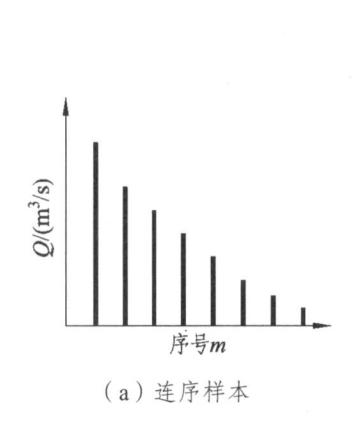

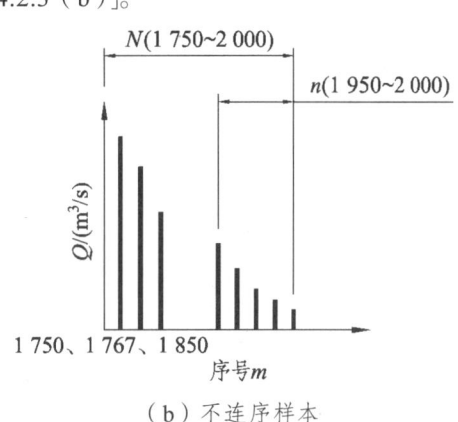

（a）连序样本

（b）不连序样本

图 4.2.3　连序样本与不连序样本

所谓样本系列的"连序"和"不连序"，并非指时间的连序与不连序，二者的主要差别仅在于系列内的各项数值由大到小排序是否无空缺。若无空缺，则为连序系列，否则为不连序系列。不连序系列中考虑了通过调查考证得到的历史特大洪水。

3. 特大洪水的经验频率

特大洪水处理的关键是确定其重现期或经验频率。特大洪水通常有两种计算经验频率的方法，取两种方法中频率较小值。

1）方法 1，将历史特大洪水和实测洪水分别作为一个单独序列

将历史特大洪水作为周期为 N 的序列，将实测洪水作为周期为 n 的序列，分别计算各序列中各洪水的经验频率，如图 4.2.4 所示。

$$P_M = \frac{M}{N+1} \times 100\%, \quad P_m = \frac{m}{n+1} \times 100\% \tag{4.2.2}$$

式中　m——实测洪水由大到小排列的序号；
　　　n——实测序列的总年数；
　　　M——特大洪水由大到小排列的序号；
　　　N——调查考证期的最远年份至实测期末年的总年数。

$$P_M = \frac{M}{N+1} \ (M=1,2,\cdots,a)$$

$$P_m = \frac{m}{n+1}$$

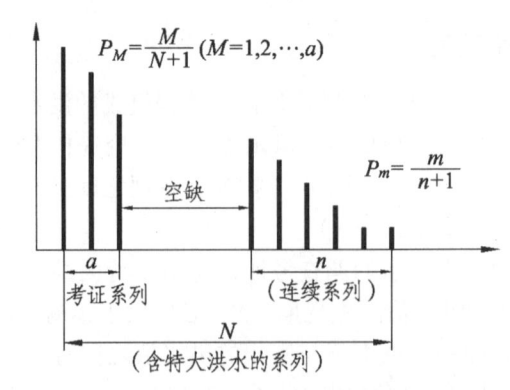

图 4.2.4　分别处理法计算经验频率示意图

【例 4-2】某水文站 1930—1978 年有 49 个年头的连续实测资料（见图 4.2.5），另外还调查到 1903 年和 1921 年两个历史洪水资料，另知三个历史洪水流量的排序 $Q_{1921}>Q_{1949}>Q_{1903}$。求特大洪水的经验频率。

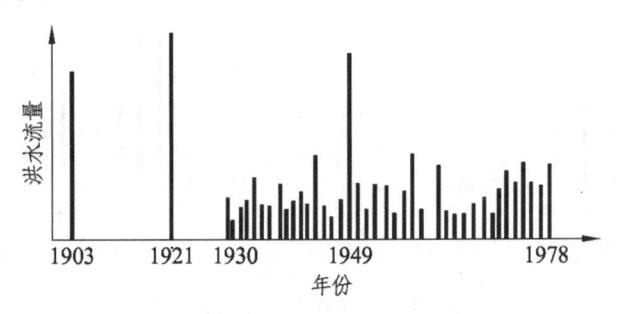

图 4.2.5　流量资料

【解】（1）特大洪水不连续系列排序（1921，1949，1903）。

时间跨度：1903—1978 年，N=76 年。

1921 年洪水频率为：1/（76+1）=1.3%

1949 年洪水频率为：2/（76+1）=2.6%

1903 年洪水频率为：3/（76+1）=3.9%

（2）正常洪水连续系列排序。

时间跨度：1930—1978 年，n=49 年。

按照大小排序，各项频率为：m/（49+1）

1949 年洪水频率为：1/（49+1）=2.0%

（3）1949 年洪水取较小的经验频率 2.0%。

2）方法 2，将历史特大洪水和实测洪水作为一个不连续序列

（1）如图 4.2.6 所示，若在实测系列 n 年之内，有 l 个特大洪水，而在实测系列之外又调查到在 N 年中有 $a-l$ 个历史洪水，则在 N 年中共有 a 个特大洪水，按流量大小顺序，然后按维泊尔公式求经验频率。

$$P_m = \frac{a}{N+1} \tag{4.2.3}$$

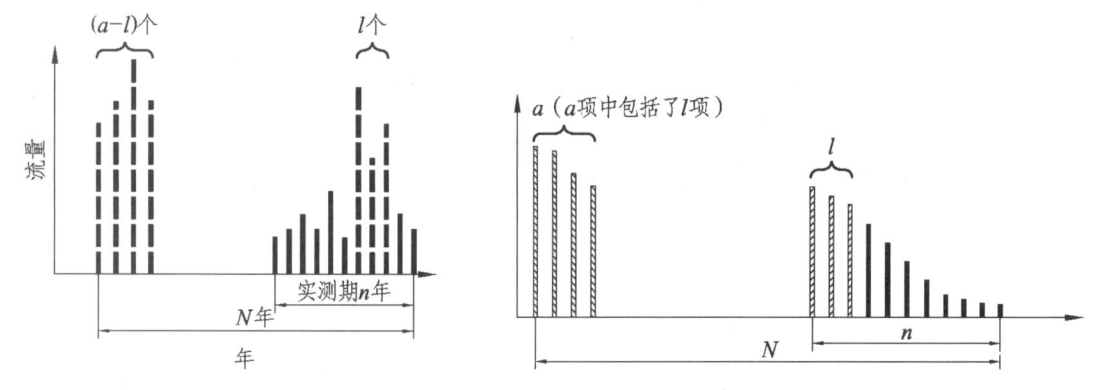

图 4.2.6 历史特大洪水与实测洪水组成的不连续序列

（2）实测系列中所余下的项只有 n-l 个，它们是被抽剩下的，是在大洪水频率条件下进一步发生的，剩余 n-l 项中实测洪水频率为：

$$P_m = \frac{a}{N+1} + \left(1 - \frac{a}{N+1}\right)\frac{m-l}{n-l+1} \tag{4.2.4}$$

上述例题中调查考证期：1903—1978 年，N=76 年。

实测期：1930—1978 年，n=49 年，l=1。

经验频率：$P_m = \frac{3}{77} + \left(1 - \frac{3}{77}\right) \times \frac{m-l}{49-1+1}$，m=2, 3, …, 49。

一般认为，水文站观测资料的代表性较好时，可采用第一种方法，而调查和考证的历史洪水资料较为可靠时，则可采用第二种方法，亦可同时采用两种方法计算各洪水流量对应的经验频率，不一样时通常可取小值。

第三节　根据流量资料推算设计流量

一、矩参数确定

历史特大洪水可通过调查和考证来确定，除了历史特大洪水，实测序列之外的其他年份往往缺乏洪水资料，这些年份的洪水不是极端洪水，流量属于正常的波动，这样就可以假定：缺测年份中的各年最大值的平均数及均方差与连续 n 年实测期内除特大值之外的其他最大值的平均数及均方差均相同。如图 4.3.1 所示，若调查考证期 N 年内共有 a 个特大洪水，其中 l 个特大洪水发生在实测期 n 年内，均值和均方差为：$\bar{x}_{N-a} = \bar{x}_{n-l}$，$\sigma_{N-a} = \sigma_{n-l}$。相应地可得到整个序列均值和均方差如式（4.3.1）和式（4.3.3）所示。

流量均值：

$$\bar{Q} = \frac{1}{N}\left(\sum_{1}^{a} Q_j + (N-a)\frac{1}{n-l}\sum_{l+1}^{n} Q_i\right) \tag{4.3.1}$$

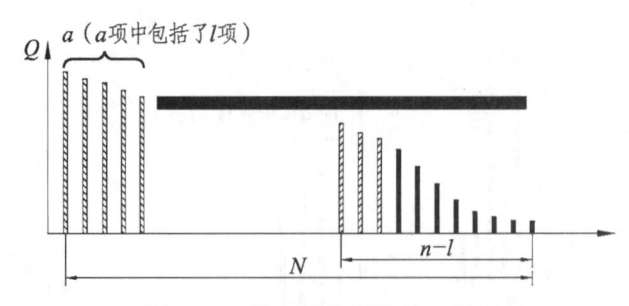

图 4.3.1　特大值出现情况示意图

变差系数：

$$C_v = \frac{1}{\overline{Q}}\sqrt{\frac{1}{N-1}\left[\sum_{j=1}^{a}(Q_j-\overline{Q})^2 + (N-a)\frac{1}{n-l}\sum_{i=l+1}^{n}(Q_i-\overline{Q})^2\right]} \quad (4.3.2)$$

$$\sigma_{n-l}^2 = \frac{\sum_{l+1}^{n}(Q_i-\overline{Q})^2}{n-l} \quad (4.3.3)$$

式中　$\overline{Q}$——洪峰流量均值；

C_v——洪峰流量变差系数；

Q_j——特大洪水的洪峰流量（$j=1$，2，…，a）；

Q_i——一般洪水的洪峰流量（$i=1$，2，…，$N-a$）；

a——特大洪水的总项数，其中包括发生在实测系列内的 l 项。

偏差系数 C_s 一般不作计算，可初选 $C_s=KC_v$ 作为适线法的第一次的近似值。对于变差系数值较小的流域（$C_v \leq 0.5$）：$C_s=(3\sim 4)C_v$；对于变差系数值较大的流域（$C_v \geq 1.0$）：$C_s=(2\sim 3)C_v$。

二、求矩适线法

初步估计可确定上述三个统计参数，然后就可利用适线法进行配线，即绘制理论频率曲线，并与实测流量经验频率点据进行比较，吻合程度不理想时，可调整 K 值，必要时可微调 C_v 值，使两者基本吻合，从而确定合理的统计参数。适线法中可采用目估法确定最优频率曲线，也可按下式计算误差，选定误差最小的频率曲线。这种基于历史洪水资料确定矩参数（平均值、变差系数），通过适线法确定频率曲线，并进一步推算洪水流量的方法，称为求矩适线法。

曲线误差：$F = \sum_{i=1}^{n}|Q_{mP} - Q_{mP}^*|^K = \min$ 　　（4.3.4）

式中　Q_{mP}^*——实测流量；

Q_{mP}——实测流量频率时曲线对应的流量；

K——敏感因子。

根据选定的频率曲线，可直接从图中确定不同频率对应的流量，也可根据流量公式（4.3.5）计算指定频率对应的洪水流量。

$$Q_P = \overline{Q}(1+\phi_P C_v), \phi_P = f(C_s) \tag{4.3.5}$$

或

$$Q_P = K_P \overline{Q} \tag{4.3.6}$$

式中　Q_P——设计洪峰流量；

　　　$\overline{Q}$——洪峰流量均值；

　　　ϕ_P——指定频率 P 所对应 P-Ⅲ 曲线的离均系数；

　　　C_v——变差系数；

　　　K_P——指定频率 P 所对应 P-Ⅲ 曲线的模比系数。

求矩适线法推求设计流量的一般步骤：

（1）将洪水流量资料递减排序，计算不同流量对应的经验频率。

（2）基于历史洪水资料估算矩参数（平均值 $\overline{Q}$ 和变差系数 C_v），进一步假定不同的偏差系数 C_s 取值。

（3）假定频率曲线的线型（如 P-Ⅲ 型），根据确定的矩参数，得到多条理论频率曲线。

（4）将多条理论频率曲线和第 1 步得到经验频率点绘制在同一张图中，目估选择误差最小的曲线，亦可通过定义误差函数对比确定误差最小的曲线。必要时可进一步调整偏差系数 C_s 或变差系数 C_v 取值，直至理论频率曲线和经验频率点据吻合良好。

（5）将最优理论频率曲线对应 $\overline{Q}$、C_v、C_s 代入流量计算公式（4.3.5），可计算得到任意设计洪水频率下对应的流量。

【例 4-3】某水文站有 1958—1987 年 30 年的实测洪峰流量资料（见表 4.3.1）。通过历史洪水调查与考证，在 200 年中历史洪峰流量最大是 1903 年的洪水，第二位是 1921 年的洪水，此外还调查到 1956 年的洪水是近 50 年中的第一位，但在 200 年考证期中序位无法得到，求 $Q_{1\%}$。

表 4.3.1　流量资料

年份	流量/（m³/s）	年份	流量/（m³/s）	年份	流量/（m³/s）
1903	12 600	1961	5 620	1966	4 390
1921	11 500	1972	5 300	1984	4 300
1956	10 500	1962	5 100	1976	4 230
1981	9 200	1978	5 100	1967	4 020
1963	8 670	1982	5 000	1985	4 010
1979	7 120	1964	4 900	1977	3 930
1970	6 830	1975	4 800	1973	3 800
1958	6 430	1968	4 690	1974	3 720
1971	6 120	1980	4 600	1986	3 620
1959	6 610	1965	4 540	1969	3 570
1987	5 700	1983	4 400	1960	3 100

【解】（1）计算经验频率。

考证期：N=1 987-1 903+1=85 年

实测期：$n=1987-1958+1=30$ 年
特大洪水总数量：$a=5$（1903，1921，1956，1981，1963 年）
实测期特大洪水数量：$l=2$（1981，1963 年）
① 方法一。
特大洪水序列计算经验频率，见表 4.3.2。

表 4.3.2　方法一计算特大洪水经验频率

考证期/年	排序	年份	流量/（m³/s）	经验频率/%
85	1	1903	12 600	1.16
85	2	1921	11 500	2.33
85	3	1956	10 500	3.49
85	4	1981	9 200	4.65
85	5	1963	8 670	5.81

实测序列计算经验频率，见表 4.3.3。

表 4.3.3　方法一计算实测洪水经验频率

实测期/年	排序	年份	流量/（m³/s）	经验频率/%
30	1	1981	9 200	3.23
30	2	1963	8 670	6.45
30	3	1979	7 120	9.68
30	4	1970	6 830	12.90
30	5	1959	6 610	16.13
30	6	1958	6 430	19.35
30	7	1971	6 120	22.58
30	8	1987	5 700	25.81
30	9	1961	5 620	29.03
30	10	1972	5 300	32.26
30	11	1962	5 100	35.48
30	12	1978	5 100	38.71
30	13	1982	5 000	41.94
30	14	1964	4 900	45.16
30	15	1975	4 800	48.39
30	16	1968	4 690	51.61
30	17	1980	4 600	54.84
30	18	1965	4 540	58.06
30	19	1983	4 400	61.29
30	20	1966	4 390	64.52

续表

实测期/年	排序	年份	流量/(m³/s)	经验频率/%
30	21	1984	4 300	67.74
30	22	1976	4 230	70.97
30	23	1967	4 020	74.19
30	24	1985	4 010	77.42
30	25	1977	3 930	80.65
30	26	1973	3 800	83.87
30	27	1974	3 720	87.10
30	28	1986	3 620	90.32
30	29	1969	3 570	93.55
30	30	1960	3 100	96.77

重复流量经验频率取小值。

② 方法二。

特大洪水经验频率，见表4.3.4。

表4.3.4 方法二计算特大洪水经验频率

考证期/年	排序	年份	流量/(m³/s)	经验频率/%
85	1	1903	12 600	1.16
85	2	1921	11 500	2.33
85	3	1956	10 500	3.49
85	4	1981	9 200	4.65
85	5	1963	8 670	5.81

条件概率计算实测期经验频率，见表4.3.5。

表4.3.5 方法二计算实测洪水经验频率

实测期/年	排序	年份	流量/(m³/s)	经验频率/%
30	1	1981	9 200	—
30	2	1963	8 670	—
30	3	1979	7 120	9.06
30	4	1970	6 830	12.31
30	5	1959	6 610	15.55
30	6	1958	6 430	18.80
30	7	1971	6 120	22.05
30	8	1987	5 700	25.30
30	9	1961	5 620	28.55

续表

实测期/年	排序	年份	流量/(m³/s)	经验频率/%
30	10	1972	5 300	31.79
30	11	1962	5 100	35.04
30	12	1978	5 100	38.29
30	13	1982	5 000	41.54
30	14	1964	4 900	44.79
30	15	1975	4 800	48.03
30	16	1968	4 690	51.28
30	17	1980	4 600	54.53
30	18	1965	4 540	57.78
30	19	1983	4 400	61.02
30	20	1966	4 390	64.27
30	21	1984	4 300	67.52
30	22	1976	4 230	70.77
30	23	1967	4 020	74.02
30	24	1985	4 010	77.26
30	25	1977	3 930	80.51
30	26	1973	3 800	83.76
30	27	1974	3 720	87.01
30	28	1986	3 620	90.26
30	29	1969	3 570	93.50
30	30	1960	3 100	96.75

③ 题目给定的经验频率，见表 4.3.6。

表 4.3.6　题目给定的经验频率

年份	流量/(m³/s)	描述	计算	经验频率/%
1903	12 600	200 年最大	1/(200+1)	0.50
1921	11 500	200 年第二	2/(200+1)	1.00
1956	10 500	50 年第一	1/(50+1)	1.96

④ 经验频率比较及最终取值，见表 4.3.7。

表 4.3.7　经验频率取值

年份	流量/(m³/s)	方法一/%	方法二/%	题目给定	经验频率取值/%
1903	12 600	1.16	1.16	0.50	0.50
1921	11 500	2.33	2.33	1.00	1.00

续表

年份	流量/(m³/s)	方法一/%	方法二/%	题目给定	经验频率取值/%
1956	10 500	3.49	3.49	1.96	1.96
1981	9 200	3.23	4.65		3.23
1963	8 670	5.81	5.81		5.81
1979	7 120	9.68	9.06		9.06
1970	6 830	12.90	12.31		12.31
1959	6 610	16.13	15.55		15.55
1958	6 430	19.35	18.80		18.80
1971	6 120	22.58	22.05		22.05
1987	5 700	25.81	25.30		25.30
1961	5 620	29.03	28.55		28.55
1972	5 300	32.26	31.79		31.79
1962	5 100	35.48	35.04		35.04
1978	5 100	38.71	38.29		38.29
1982	5 000	41.94	41.54		41.54
1964	4 900	45.16	44.79		44.79
1975	4 800	48.39	48.03		48.03
1968	4 690	51.61	51.28		51.28
1980	4 600	54.84	54.53		54.53
1965	4 540	58.06	57.78		57.78
1983	4 400	61.29	61.02		61.02
1966	4 390	64.52	64.27		64.27
1984	4 300	67.74	67.52		67.52
1976	4 230	70.97	70.77		70.77
1967	4 020	74.19	74.02		74.02
1985	4 010	77.42	77.26		77.26
1977	3 930	80.65	80.51		80.51
1973	3 800	83.87	83.76		83.76
1974	3 720	87.10	87.01		87.01
1986	3 620	90.32	90.26		90.26
1969	3 570	93.55	93.50		93.50
1960	3 100	96.77	96.75		96.75

（2）统计参数估算。

5次特大洪水，实测期内2次特大洪水 $N=200$，$n=30$，$a=5$，$l=2$。

$$\bar{Q} = \frac{1}{N}\left(\sum_{j=1}^{a}Q_j + \frac{N-a}{n-l}\sum_{i=l+1}^{n}Q_i\right) = \frac{1}{85}\left(52\,470 + \frac{85-5}{30-2}\times 135\,550\right) = 5\,173.6\text{ m}^3/\text{s}$$

$$C_v = \frac{1}{\bar{Q}}\sqrt{\frac{1}{N-1}\left[\sum_{j=1}^{a}(Q_j-\bar{Q})^2 + \frac{N-a}{n-l}\sum_{i=l+1}^{n}(Q_i-\bar{Q})^2\right]}$$

$$= \frac{1}{5\,173.6}\sqrt{\frac{1}{85-1}\left(151\,982\,001 + \frac{85-5}{30-2}\times 33\,163\,775\right)}$$

$$= 0.331$$

（3）分别假定不同的偏差系数，求出多条理论频率曲线。

分别假定 $C_s=4C_v$、$5C_v$、$6C_v$、$7C_v$，理论频率曲线与经验频率点的对比如图4.3.2所示，由图可见，当 $C_s=6C_v=1.99$ 时，理论频率曲线与经验频率点总体吻合较好。

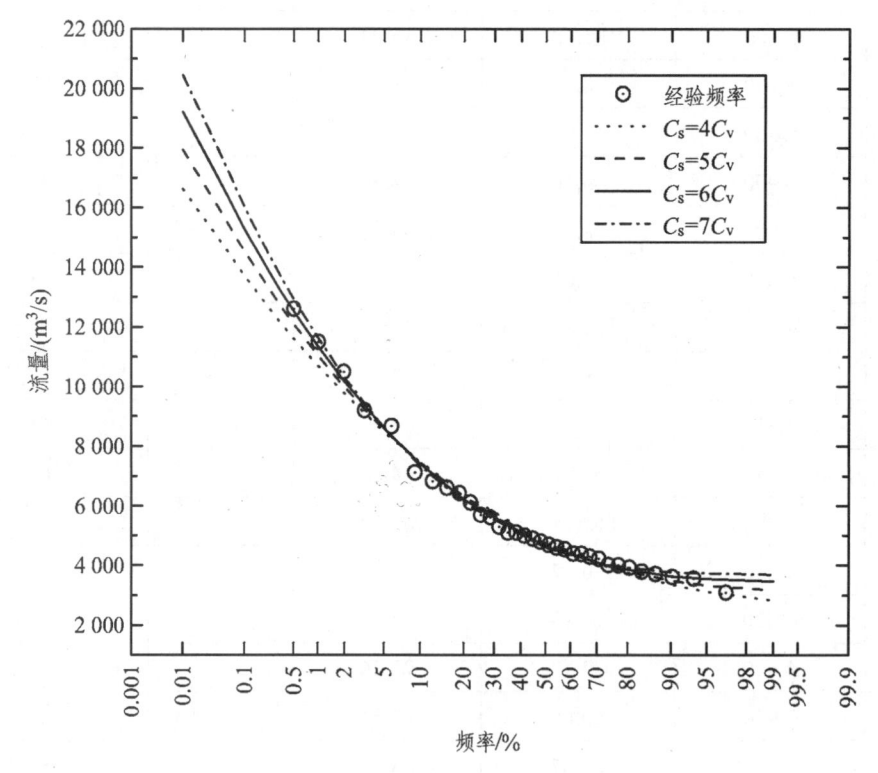

图4.3.2 理论频率与经验频率的比较

（4）将 $\bar{Q} = 5\,173.6\text{ m}^3/\text{s}$，$C_v = 0.331$，$C_s = 6C_v = 1.99$ 作为采用值。查表，$P=1\%$ 时，$\phi = 3.604$，则有：

$$Q_{1\%} = (3.604\times 0.331+1)\times 5\,173.6 = 11\,345\text{ m}^3/\text{s}$$

三、洪水流量推算的三点法

三点法的本质仍属于求矩法，根据已有洪水资料，选三个不同频率（间距尽量大一些）的洪水，代入流量公式，三个方程联合求解，确定三个矩参数：平均流量、变差系数和偏差系数，进一步代入流量计算公式，可计算得到任意设计洪水频率下对应的流量。

三点法是在经验频率曲线上取三个点，建立三个联系方程式，解出它们的数值，最后配出合适的频率曲线。具体做法为：先绘制经验频率曲线，在曲线上选三个点（p_1，Q_1）、（p_2，Q_2）、（p_3，Q_3），则有：$Q_1 = (\phi_{p1}C_v + 1)\bar{Q}$；$Q_2 = (\phi_{p2}C_v + 1)\bar{Q}$；$Q_3 = (\phi_{p3}C_v + 1)\bar{Q}$。以上三式联立解得：

$$S = \frac{Q_1 + Q_3 - 2Q_2}{Q_1 - Q_3} = \frac{\phi_{p1} + \phi_{p3} - 2\phi_{p2}}{\phi_{p1} - \phi_{p3}} \tag{4.3.7}$$

$$\bar{Q} = \frac{Q_3\phi_{p1} - Q_1\phi_{p3}}{\phi_{p1} - \phi_{p3}} \tag{4.3.8}$$

$$C_v = \frac{Q_1 - Q_3}{Q_3\phi_{p1} - Q_1\phi_{p3}} \tag{4.3.9}$$

式中，ϕ_{p1}、ϕ_{p2}、ϕ_{p3} 是 p_1、p_2、p_3 对应的离均系数。

根据已知的三个流量值按式（3.6.10）计算出 S，由 S 查附录 B 得出 C_s，再据此 C_s 查附录 C 得到 p_1、p_2、p_3 对应的 ϕ_{p1}、ϕ_{p2}、ϕ_{p3}，用式（4.3.1）、式（4.3.2）计算出 $\bar{Q}$ 及 C_v，根据这三个参数即可绘制理论频率曲线。当理论频率曲线与实测数据点吻合不理想时，可假定不同的偏差系数 C_s 取值，通过目估适线确定误差最小的频率曲线，此时又称为三点适线法。三点选取时，间距尽量大一些，一般选取 $p_{1\text{-}2\text{-}3} = 1\%$，$50\%$，$99\%$；$p_{1\text{-}2\text{-}3} = 3\%$，$50\%$，$97\%$；$p_{1\text{-}2\text{-}3} = 5\%$，$50\%$，$95\%$；$p_{1\text{-}2\text{-}3} = 10\%$，$50\%$，$90\%$，但不能超出实测范围太远。采用不同频率组合时计算结果会存在一定的波动，必要时可按多种组合分别计算流量，偏安全地取大值。

三点法计算简便，当 C_v 较小（$C_v < 0.5$ 或比 0.5 略大）时，三点法所得到的曲线与经验频率点匹配度较高；当 C_v 较大时，三点法往往与实际曲线出现较大偏差，因此当 C_v 较大时三点法不再适用。

【例 4-4】对上一例题，试用三点法求 $Q_{1\%}$。

【解】取 1%、50%、99% 经验频率流量计算，无对应频率流量时根据前后点线性插值得到：

$$Q_1 = 11\,500\,\text{m}^3/\text{s}, \quad Q_2 = 4\,733\,\text{m}^3/\text{s}, \quad Q_3 = 2\,775\,\text{m}^3/\text{s}$$

$$S = \frac{Q_1 + Q_3 - 2Q_2}{Q_1 - Q_3} = \frac{11\,500 + 2\,775 - 2 \times 4\,733}{11\,500 - 2\,775} = 0.55$$

根据 S 查表得：$C_s = 1.48$，$\phi_1 = 3.318$，$\phi_3 = -1.272$。

$$\bar{Q} = \frac{Q_3\phi_1 - Q_1\phi_3}{\phi_1 - \phi_3} = 5\,192.9\,\text{m}^3/\text{s}$$

$$C_\mathrm{v} = \frac{Q_1 - Q_3}{Q_3\phi_1 - Q_1\phi_3} = 0.366$$

$$Q_{1\%} = (3.318 \times 0.366 + 1) \times 5\,192.9 = 11\,499\,\mathrm{m^3/s}$$

取 10%、50%、90%经验频率流量计算，无对应频率流量时根据前后点线性插值得到：

$$Q_1 = 7\,036\,\mathrm{m^3/s},\quad Q_2 = 4\,733\,\mathrm{m^3/s},\quad Q_3 = 3\,628\,\mathrm{m^3/s}$$

$$S = \frac{Q_1 + Q_3 - 2Q_2}{Q_1 - Q_3} = \frac{7\,036 + 3\,628 - 2 \times 4\,733}{7\,036 - 3\,628} = 0.35$$

根据 S 查表得：$C_\mathrm{s} = 1.55$，$\phi_1 = 1.33$，$\phi_3 = -1.005$。

$$\overline{Q} = \frac{Q_3\phi_1 - Q_1\phi_3}{\phi_1 - \phi_3} = 5\,094.8\,\mathrm{m^3/s}$$

$$C_\mathrm{v} = \frac{Q_1 - Q_3}{Q_3\phi_1 - Q_1\phi_3} = 0.286$$

$$Q_{1\%} = (3.36 \times 0.286 + 1) \times 5\,094.8 = 9\,991\,\mathrm{m^3/s}$$

对比两种组合的计算结果，取大值 $Q_{1\%} = 11\,499\,\mathrm{m^3/s}$。

第四节　根据有限历史洪水资料推算设计流量

现实中，当桥梁跨越的是中小河流时，这些河流往往没有设水文站，或者设站的年代不够长，没有足够的流量资料，且不具备插补延长的条件。此时求矩适线法不再适用，可利用调查得到的有限数量的历史洪水资料通过试算法来推求设计流量。试算法的基本思路：首先假定变差系数和偏差系数的初始值，然后通过 C_s 以及每个洪水资料的出现频率求出对应的离均系数，再根据流量计算公式，若有 n 个历史洪水资料就可以得到 n 个平均流量，若这 n 个平均流量相近，则可认为选取的 C_v、C_s 是合适的。否则，重新假定 C_v、C_s 取值，重复上述过程，直至 n 个平均流量较为接近。通过上述多次试算，就可以确定出相应的矩参数 C_v、C_s 以及平均流量，然后根据流量计算公式，即可计算得到任意设计频率下的设计洪水流量。若通过调查考证得到三个可靠的历史洪水资料，试算法计算步骤如下：

（1）求三个洪水对应的经验频率。

$$P = \frac{m}{(N+1)},\quad m = 1,\ 2,\ 3$$

（2）基于水文手册或经验假定 C_v、C_s 取值，根据 C_s 查表得到不同洪水对应的 $\phi_p = f(C_\mathrm{s})$。

$$Q_m = \overline{Q}(\phi_{pm} C_\mathrm{v} + 1) = \overline{Q} K_{pm}$$

（3）根据上式得到三个洪水对应平均流量。

$$\bar{Q}_m = \frac{Q_m}{K_{pm}} \quad (4.4.1)$$

（4）如果参数假定合理，则三个洪水对应的平均流量应较接近。否则，重新假定 C_v、C_s 取值，重复上述过程，不断试算，直至三个平均流量较为接近。

同一条河、同一测站的 C_v、C_s 值是相对固定的，可根据河段特征选取或利用经验公式计算。当邻近河流有较长期的流量资料，且流域特征和降雨情况差别不大时，则可参考采用邻近河流的 C_v、C_s 值。若差别较大，可根据 C_v、C_s 地区变化规律，适当调整后采用。

【例 4-5】三个洪水资料如表 4.4.1 所示。

表 4.4.1 洪水资料

序号	年份	流量	频率
1	1903	12 600	0.5
2	1921	11 500	1
3	1956	10 500	1.96

（1）假定统计参数的初试值。

$$C_v = 0.35；K = 4$$
$$C_s = KC_v = 4 \times 0.35 = 1.4$$

（2）计算对应洪水流量下的离均系数。

$p_1 = 0.5\%$；$\phi_1 = 3.828\,0$

$p_2 = 1\%$；$\phi_2 = 3.271\,3$

$p_3 = 1.96\%$；$\phi_2 = 2.722\,2$

$K_p = 1 + \phi C_v$

$K_{p1} = 1 + 3.828\,0 \times 0.35 = 2.339\,8$

$K_{p2} = 1 + 3.271\,3 \times 0.35 = 2.145\,0$

$K_{p3} = 1 + 2.722\,2 \times 0.35 = 1.952\,8$

（3）计算对应洪水流量下的均值流量。

$$\bar{Q} = \frac{Q}{K_p}$$

$$\bar{Q}_1 = \frac{12\,600}{2.339\,8} = 5\,385.1$$

$$\bar{Q}_2 = \frac{11\,500}{2.145\,0} = 5\,361.4$$

$$\bar{Q}_1 = \frac{10\,500}{1.952\,8} = 5\,377.0$$

（4）计算百年一遇洪水设计值。

三个均值很接近，因此 C_v 以及 C_s 的假设是合理的。

取大值 $\bar{Q} = 5385.1$，$p = 1\%$，$\phi = 3.2713$。

故 $Q_{1\%} = 5385.1 \times (1 + 0.35 \times 3.2713) = 11551$

第五节 根据地区性经验公式推算设计流量

水文现象受气候和自然地理因素的影响，具有明显的地区性，可以依据地形、地貌、地理位置、气象等条件的差异将河道划分为不同的分区，进一步确定反映各分区河道特征的代表性水文经验参数。1979 年 4 月，在交通部公路规划设计院主持下，28 个省交通厅和 3 个部属设计院参加，根据全国 1785 个水文站 34041 站年的观测资料和 2198 站年的历史洪水调查资料，制定了《我国公路大中桥流量经验公式汇总报告》。报告中包含 3 个表，即全国水文分区流量计算参数表、全国水文分区 C_v 值表和全国水文分区 C_s/C_v 经验关系表。

跨越中小河流的桥梁，若缺少水文站观测资料，推算设计流量时，就可以应用根据地区水文资料制定的经验公式来计算水文参数和流量等水文要素。

由全国水文分区流量计算参数表（见附录 D），可计算平均流量，即：

$$\bar{Q} = CF^n \tag{4.5.1}$$

式中 F——流域面积；

C、n——计算参数，可根据所在分区查表确定。

频率 $P = 2\%$（50 年一遇）的流量为：

$$Q_{2\%} = KF^{n'} \tag{4.5.2}$$

式中，K、n' 为计算参数，可根据所在分区查表确定。

由 $Q_{2\%}$ 乘上修正系数可计算 $Q_{1\%}$，即：

$$Q_{1\%} = \alpha Q_{2\%} \tag{4.5.3}$$

式中，α 为计算参数，可根据所在分区查表确定。

基于全国水文分区直接查表法，根据桥位所处的分区可直接查表确定计算参数，根据经验公式可非常方便地得到 50 年、100 年重现期的设计洪水流量。当洪水频率不是 50 年或 100 年一遇时，在查表得到矩参数 C_v、C_s，根据公式 $Q_P = \bar{Q}(1 + \phi_p C_v)$，可计算得到任意频率的洪水流量。

【例 4-6】某桥梁位于图们江，流域面积 2300 km²。在全国水文分区图中其位于第 5 分区，查表得：$C=0.33$、$n=0.88$、$C_v=1.14$、$C_s/C_v=2.5$。代入式（4.5.1），计算得到该桥平均洪水流量 300 m³/s。查表得到 $\phi_{2\%}$、$\phi_{1\%}$、$\phi_{0.33\%}$ 分别为 3.12、3.99、5.40，根据公式 $Q_P = \bar{Q}(1 + \phi_p C_v)$，该桥 50 年、100 年、300 年一遇洪水流量分别为 1367 m³/s、1665 m³/s、2147 m³/s。根据全

国水文分区直接查表计算［见式（4.5.2）、式（4.5.3）］得到 50 年、100 年一遇洪水流量分别为 1 556 m³/s、1 696 m³/s。两种方法得到的结果存在差异，建议对 50 年、100 年一遇洪水流量使用两种方法分别计算，按保守考虑取大值。

第六节　小流域暴雨洪峰流量推算方法

一、降水三要素

降水三要素包括：降水量 h、降水历时 t（Δt）、降水强度，其中降水强度又分为平均强度和瞬时强度。

$$\text{平均强度 } \bar{l} = \frac{h}{\Delta t}, \text{ 瞬时强度 } i = \frac{\mathrm{d}h}{\mathrm{d}t} \qquad (4.6.1)$$

降水量随时间变化如图 4.6.1 所示。降水和洪峰是有密切相关性的，如图 4.6.2 所示。

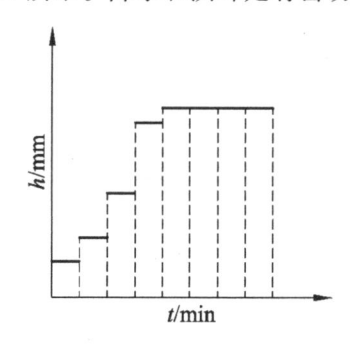

图 4.6.1　时间-降水量关系

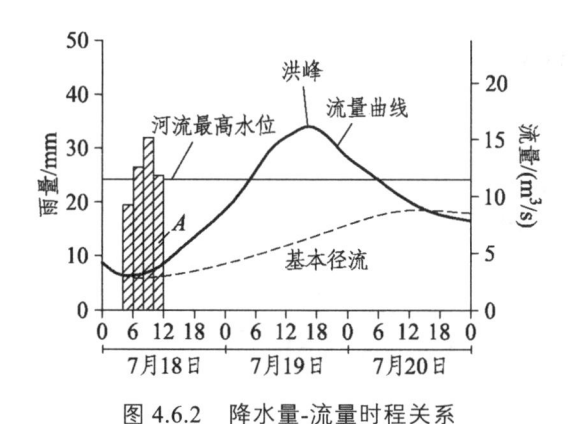

图 4.6.2　降水量-流量时程关系

降水强度曲线 $i = f(t)$ 是重要的降水资料，降水强度随时间快速下降［见图 4.6.3（a）］，降水强度曲线在对数坐标纸中呈直线或曲线［见图 4.6.3（b）］。

降水强度曲线 $i = f(t)$，在对数坐标纸中呈直线时：

$$i = \frac{A}{t^n}, \quad A = A_1 + B\lg T \tag{4.6.2}$$

在对数坐标纸中呈曲线时：

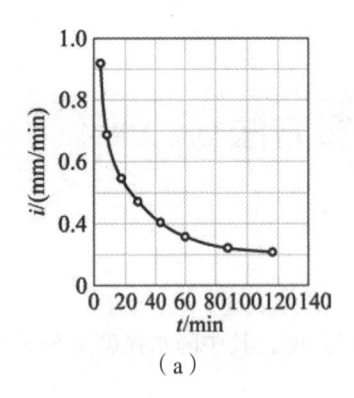

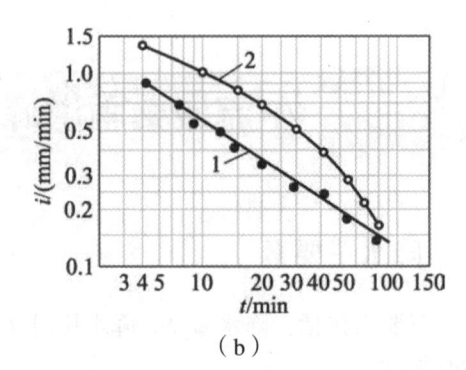

图 4.6.3　降水强度曲线

$$i = \frac{A}{(t+b)^n}, \quad A = A_1 + B\lg T \tag{4.6.3}$$

式中　A，n，A_1，B，b——暴雨参数，由降雨资料统计分析得到；

　　　T——重现期。

二、基于小流域暴雨资料推求设计流量

小流域暴雨的基本特点：面积小，$F < 100 \text{ km}^2$；汇流历时短；降水强度和损失强度全流域平均；影响洪峰流量的主要因素是降雨强度和流域面积，设计洪水以"洪峰"控制；洪峰流量与降水强度具有相同的发生频率。

暴雨洪峰流量公式的推导方法有：量纲分析法、等流时线原理。

1. 按量纲分析法推论

Q_m 表达式：

$$\begin{cases} Q = f(i, F) \\ Q = K i^a F^b \end{cases} \tag{4.6.4}$$

洪峰流量公式：

由 $[L]^3[T]^{-1} = ([L][T]^{-1})^a([L]^2)^b$，得 $a = b = 1$，则：

$$Q = KiF \tag{4.6.5}$$

式中　K——单位换算系数。若 $[i] = [\text{mm/h}]$，$[F] = [\text{km}^2]$，$Q = [\text{m}^3/\text{s}]$，$K = 0.278$；若 $[i] = [\text{mm/min}]$，$[F] = [\text{km}^2]$，$Q = [\text{m}^3/\text{s}]$，$K = 16.68$。

式（4.6.5）即暴雨洪峰流量的基本形式。

2. 按等流时线原理论证

研究雨水在地面上的汇集过程可以发现一些规律，并加以利用。如图 4.6.4 所示，将地面上雨水流至流域出口断面汇流时间相等的各点连成线，就得到图 4.6.4 中的 1-1～5-5 等线，称为等流时线。等流时线间所夹面积为 f_1、f_2、f_3、f_4、f_5，称为共时径流面积。全流域有：

$$f_1+f_2+f_3+f_4+f_5=F \tag{4.6.6}$$

式中　等流时线——地面上雨水至流域出口断面汇流时间相等的点的连线；
　　　共时径流面积 f_i——等流时线与流域分水岭合围的面积。

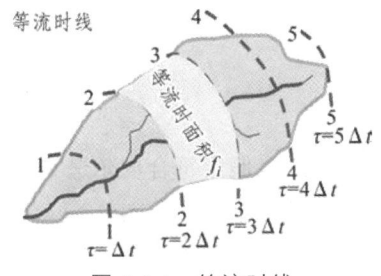

图 4.6.4　等流时线

按等流时线的定义，f_1 内的净雨量经 Δt 后将全部流出流域的出口断面，f_2 内的净雨量则需要 $2\Delta t$ 才全部流出流域出口断面，f_3 内的净雨量则需经 $3\Delta t$ 才能全部流出流域出口断面。按此规律，一场雨的地面径流过程线及形成的洪峰流量就可以求出。

当各时段均匀降水，而当净雨历时 $t_c \geqslant \tau$ 时，流域出口形成的流量最大，流量过程曲线呈三角形或梯形，如图 4.6.5 所示。因此，暴雨洪峰流量的计算公式可表达为：

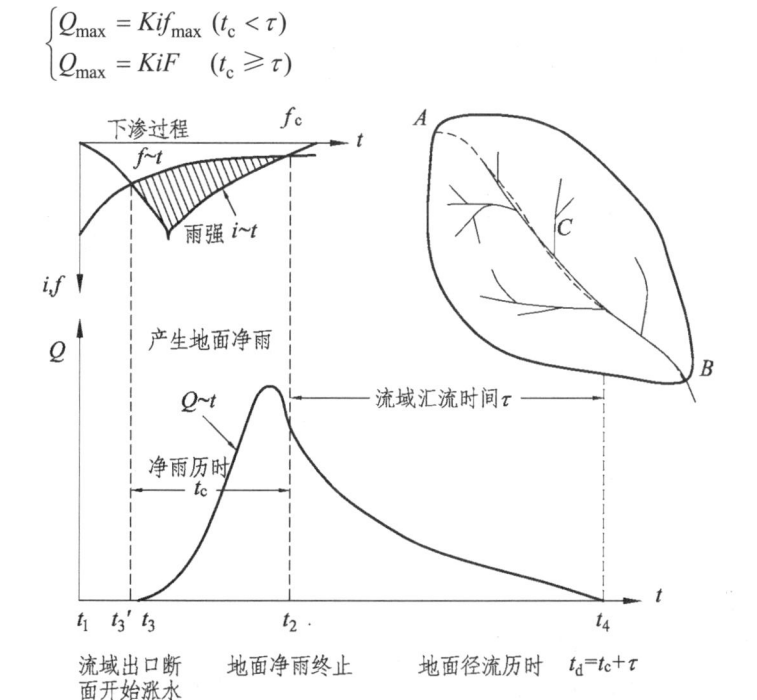

$$\begin{cases} Q_{\max} = Kif_{\max} & (t_c < \tau) \\ Q_{\max} = KiF & (t_c \geqslant \tau) \end{cases} \tag{4.6.7}$$

图 4.6.5　流域汇流（f 代表下渗能力）

等流时线法推算设计流量的基本思路为：基于全国年最大雨量等值线图，确定均值和变差系数，偏差系数取值为 3.5 倍变差系数，基于皮尔逊Ⅲ型曲线，得到任意设计洪水频率时的雨量，进一步考虑流域面积及洪峰径流系数或损失雨量，得到设计流量。

以下介绍两种暴雨推理公式：

（1）推理公式 1（水科院）。

$$\begin{cases} i = \psi i_p = \dfrac{\psi A_{24.p}}{\tau^n} \\ Q_p = 0.278 \dfrac{\psi A_{24.p}}{\tau^n} F \end{cases} \quad (4.6.8)$$

式中　Q_p——设计流量（m³/s）；

　　　ψ——降雨损失参数（mm/h）；

　　　$A_{24.p}$——设计 24 h 雨力（mm/h），假定符合皮尔逊Ⅲ型分布；

　　　τ——汇流时间（h）；

　　　F——汇水面积（km²）。

$$H_{24} = \bar{H}_{24}(\Phi_p C_{v24} + 1) \quad (4.6.9)$$

（2）推理公式 2（交通部公路科研所）。

$$Q_p = 0.278\left(\dfrac{S_p}{\tau^n} - \mu\right)F \quad (4.6.10)$$

式中　S_p——设计雨力（mm/h）；

　　　n——暴雨递减指数，可查阅《公路涵洞设计规范》（JTG/T 3365-02—2020）；

　　　τ——汇流时间（h）；

　　　μ——损失参数（mm/h）；

　　　F——汇流面积。

汇流时间可按下式计算：

$$\tau = k_3 \left(\dfrac{L}{\sqrt{I_Z}}\right)^{\alpha_1} \quad (4.6.11)$$

或

$$\tau = k_4 \left(\dfrac{L}{\sqrt{I_Z}}\right)^{\alpha_2} S_p^{-\beta_3} \quad (4.6.12)$$

式中　k_3，k_4——系数；

　　　L——主河沟长度（km）；

　　　I_Z——主河沟平均坡度（‰）；

　　　α_1、α_2、β_3——指数，可查阅《公路涵洞设计规范》（JTG/T 3365-02—2020）。

损失参数按下式计算：

$$\mu = k_1 S_p^{\beta_1} \tag{4.6.13}$$

或

$$\mu = k_2 S_p^{\beta_2} F^{-\lambda_1} \tag{4.6.14}$$

式中 k_1、k_2——系数；

β_1、β_2、λ_1——指数，可查阅《公路涵洞设计规范》（JTG/T 3365-02—2020）。

【例 4-7】 已知湖南省某河沟桥位断面处的流域面积 $F=25 \text{ km}^2$，流域内土壤含沙率经试验分析为 60%，是冲击性土壤，主河沟长度为 4 km，主河沟平均比降 $J=19‰$，流域内大部区域生长有密草，高度小于 1 m，求设计频率 $P=2\%$ 的流量。

【解】 采用推理公式 2 计算，查全国雨力等值线图得设计频率为 2%时的暴雨雨力为 90 mm/h。损失参数分区属于湘资流域，$k_1=0.697$、$\beta_1=0.567$，有：

$$\mu = 0.697 \times (90)^{0.567} = 8.939 \text{ mm/h}$$

汇流时间分区属于湘资水系，$k_3=5.59$、$\alpha_1=0.380$，有：

$$\tau = 5.59 \times \left(\frac{4}{\sqrt{19}}\right)^{0.38} = 5.41 \text{ h}$$

暴雨指数分区属于Ⅲ区，暴雨递减指数 n 取值范围为 0.55～0.60，取 0.55，有：

$$Q_p = 0.278 \times \left(\frac{90}{5.41^{0.55}} - 8.938\right) \times 25 = 185 \text{ m}^3/\text{s}$$

第七节 设计水位的确定方法

设计水位一般用 H_p 表示，是指桥位设计断面上相应于设计流量的水位。由于设计流量 Q_p 是通过频率曲线求得的，与其相应的水位一般也不可能直接测量获得，通常通过延长 Q-H 曲线的方法获得。

一、水位与流量的关系

（1）较稳定的水位与流量关系曲线。

河道的平均流速，随着河道过水断面、水力半径、糙率、比降等特征而变化。如果河段水流稳定均匀，其 Q-H 曲线就有很好的稳定关系，如图 4.7.1 所示。

（2）不稳定的水位与流量关系曲线。

在河道冲淤、回水变化、洪水涨落等因素影响下，天然河道的水位和流量的关系往往呈散乱状态。如果出现河床冲淤，同一水位下过水断面面积将不再一致，洪水上涨时，上游先涨，下游后涨，故比降增大，流速增大，流量也增大。落水时相反，这样 $Q\text{-}H$ 曲线就呈"绳套"形，如图 4.7.2 所示。

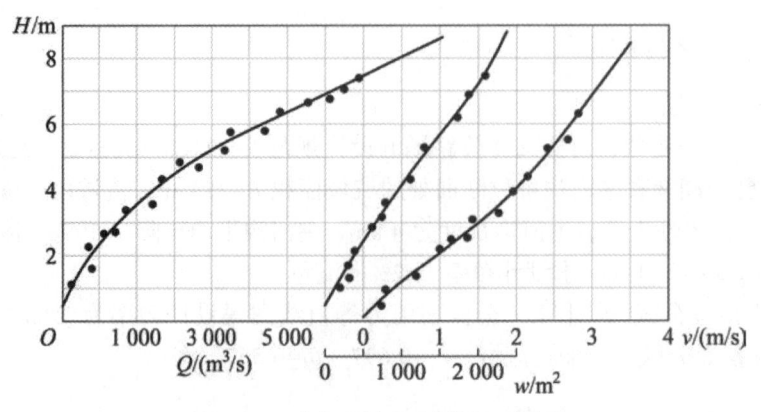

图 4.7.1　稳定的流量-水位关系曲线

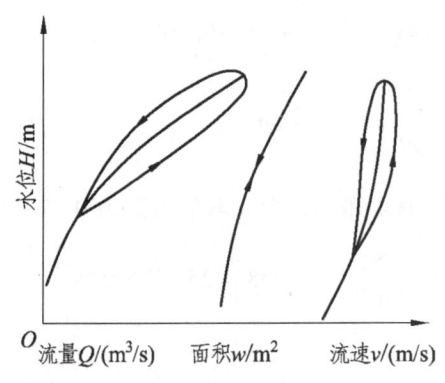

图 4.7.2　稳定的流量-水位关系曲线

二、设计水位的推求

若有桥位断面处实测的水文资料，则可以直接绘制桥位断面的 $Q\text{-}H$ 曲线，如图 4.7.3 所示。当 $Q\text{-}H$ 关系稳定时，直接延长 $Q\text{-}H$ 曲线可求得设计流量对应的设计水位。但需要延长的水位变幅应小于总水位变幅的 20%，且应结合上、下游的历史洪水位和河段洪水比降调查资料进行一定的分析和修正。

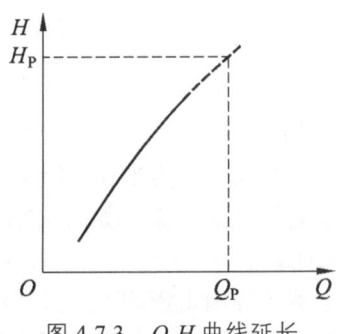

图 4.7.3　$Q\text{-}H$ 曲线延长

在河床比较稳定的前提下，也可以先延长水位面积曲线和水位流速曲线，再根据延长了的流速及面积得到流量，进一步延长流量-水位关系曲线，如图 4.7.4 所示。

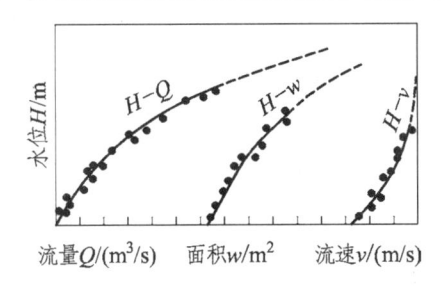

图 4.7.4　外延水位面积曲线和水位流速曲线

若桥位附近河道断面有实测的水文资料，与桥位断面之间的河段顺直，河床断面规整，河底纵坡均一，且与桥位断面的流域面积差不超过 5%时，可通过该水文断面的设计水位，并结合洪水比降来推算桥位断面的设计水位：

$$H_p = H'_p \pm i\Delta L \tag{4.7.1}$$

式中　ΔL ——水文断面至桥位断面沿河流中泓线上的水平投影距离；

i ——洪水比降，以小数计。当水文断面在上游，桥位在下游时，取负号；

H'_p ——桥位附近已有实测水文资料河道断面的设计水位。

当桥址附近河床断面规则并有多年历史洪水资料时，可利用水位频率曲线推求设计频率洪水对应的设计水位。

思考与练习

1. 什么是设计流量？设计流量常用的推求方法可分哪三类？
2. 洪水资料审查基本要求是什么？有哪些注意事项？
3. 洪水资料的插补延长应满足哪些条件？
4. 洪水资料分为哪三个时期？
5. 如何计算特大洪水的经验频率？
6. 如何确定缺测年份资料的统计参数？
7. 简述求矩适线法推求设计流量的过程。
8. 简述三点法推求设计流量的过程。
9. 简述基于有限历史洪水资料采用试算法推算设计流量的过程。
10. 如何基于全国水文分区推算任意频率的洪水流量？
11. 降水的三要素是什么？
12. 如何基于小流域暴雨计算洪峰流量？
13. 水位和流量间关系如何？
14. 如何确定设计水位？
15. 某一级公路上拟修建一座大桥，在桥位上游附近的一个水文站能收集到 14 年断续的流量观测资料，经插补和延长后，获得 1963—1982 年连续 20 年的最大流量资料（表 4.7.1）；

又通过洪水调查和文献考证得知，1784 年、1880 年、1948 年、1955 年为前 4 次特大洪水；1975 年在实测期内也出现过一次特大洪水。求该桥的设计流量。

表 4.7.1　流量资料

年份	流量/(m³/s)	年份	流量/(m³/s)	年份	流量/(m³/s)	年份	流量/(m³/s)
1784	3 900	1965	1 750	1971	1 680	1977	1 310
1880	3 800	1966	1 600	1972	1 710	1978	1 550
1948	3 350	1967	1 490	1973	1 580	1979	1 840
1955	3 550	1968	2 270	1974	1 960	1980	840
1963	2 570	1969	1 280	1975	3 470	1981	1 510
1964	3 025	1970	2 806	1976	1 100	1982	1 460

16. 某水文站在 1936—1991 年的实测水文资料中，1948 年的洪水最大，1952 和 1986 年洪水相近，分居 2、3 位；又通过历史洪水调查得知，自 1904 年以来的 88 年中，为首的 3 个大水年是 1923 年、1948 年和 1904 年，并断定不会遗漏比 1904 年更大的洪水。又在 1904 年以前，从参考文献中考证到比 1923 年更大的洪水有 2 次，其大小顺序是 1867 年、1846 年、1923 年，其间不会遗漏比 1923 年更大的洪水，而小于 1923 年的洪水则无法查清。求上述各洪水年的洪水经验频率。

第五章 桥位选择与桥孔布置

桥位是指公路或铁路跨越河流的桥涵构造物的位置。桥位选择是为了选定合适的跨过障碍的位置，是桥渡设计的首要工作。桥梁是公路或铁路的关键节点，桥位选择需要综合考虑线路、经济、环境等多方面因素的影响。

第一节 桥位选择

一、桥位勘测

桥位勘测是桥位选择的基础和支撑，详细可靠的原始数据可以帮助设计者制定不同的桥位比选方案，并计算不同方案的孔径布置、桥面标高、基础埋深的具体参数。桥位勘测的工作流程包括：桥位勘测前准备工作、桥位勘测的外业工作和桥位勘测的内业工作。

1. 桥位勘测前准备工作

该工作主要是收集桥位处必要的资料，包括地形和测量资料、地质资料、水文资料、气象资料、通航资料、流冰流木资料等。这些资料包括但不限于当地水利、铁路、城建、气象、规划和环保等部门的技术资料和设计规范资料。另外，县志等地方志也可作重要参考。

2. 桥位勘测的外业工作

该工作主要是通过现场实测的方式进行桥位比选，其中涵盖了对水文情况的调查与测量、地形测绘以及工程地质的详细勘察等多个方面。桥位比选要求结合线路走向、城市规划进行实地勘测，确定两个以上桥位方案比选。水文调查和测量是测量和调查水文计算断面、河道或洪水比降、洪水痕迹和河床演变等，以补充收集到的水文气象资料。

桥位地形测绘包括桥位总平面图、桥位地形图、桥轴纵断面图和引道测绘。桥位总平面图要尽量将各桥位方案都测绘在一张图内，以便于比选，比例一般为 1∶2 000～1∶20 000。桥位地形图的比例尺一般为 1∶500～1∶5 000，并确保所采集的地理空间数据和相关信息详尽完备，以全面符合桥梁孔径设计、桥头引道布局以及调治结构物设计的技术规范和要求。

桥轴纵断面和引道测量应根据线路和规范要求与线路中线测量一起完成。

桥位工程地质勘察旨在探明桥位范围内的地层、岩性、地质构造和水文地质等工程条件，一般分为两阶段勘察，包括初步设计阶段勘察和施工图设计阶段勘察。

3. 桥位勘测的内业工作

该工作主要包括水文资料整理和水文计算、地质资料整编、测量资料整编、统计分析水文要素，完成桥孔长度、桥面高程、基础埋深的计算，完成外业资料的整理、绘图，编写工程地质勘察报告等，不包括结构工程图设计的编写。

二、桥位选择的一般要求

桥位选择需考虑水文、地质、地形、地貌、航运、经济、环保等多方面的要求，桥位选择以避开不良桥位条件为上策；若不能完全避开，则以选择条件相对较好的桥位为中策；若完全不能避开，则需在结构设计、防护措施等方面增加投入，以保障结构安全或快速修复。

1. 水文

桥位应选在河道顺直、稳定、狭窄、河槽明显的河段，不宜选在不稳定的汇合、分汊、急弯或流冰、流木阻塞等河段。桥轴线应该与中、高水位的水流垂直，若不能，则斜交角不宜超过5°，当斜交角超过5°时，会影响桥孔长度和墩台冲刷的计算。另外，桥位选择必须考虑洪水水势变化和未来河床变形对桥的影响。

2. 地形、地貌

在选择桥梁位置时，应优先考虑两岸有山嘴、高地等地理特征，且河岸稳定的河段，同时选择两岸地形开阔、便于道路连接的地方。应避免在桥梁上游或下游有山嘴、沙滩、石梁等可能对水流造成显著干扰的河段建造桥梁。

3. 地质

桥梁的位置应尽可能选择在基岩和坚硬土层外露或埋藏较浅、地质结构简单且地基稳固的地方。应避免选择活动断层、滑坡、泥石流、强烈岩溶等地质灾害风险较高的地区。

4. 通航

桥梁的位置通常应选择在航道条件良好、河流通直、水深足够的河段。桥梁的轴线应尽量与通航时的水流方向正交，如果无法实现正交，那么斜交角度应尽量不超过5°。在选择桥位时，应避免险滩、浅滩、水流急弯、狭窄段、河流交汇处、水利工程设施、港口作业区域、船舶锚地等可能影响航行安全的区域。

5. 政治

桥位选择应适应国家地方规划，满足国防、经济开发等需要。一般情况下，桥服从路，保证路线顺畅，行车快速。对于特大桥、大桥，路服从桥。

6. 经济

尽量选择造价与使用费（维护、运营）都最低的方案，难以兼顾时，可选择造价高、使用费较低或造价低、使用费较高的方案，这时需要计算补偿年限，以营运期多年节约的使用经费补偿建设期的高造价。如果补偿年限小于 20 年，那么可以采用造价高、使用费较低的方案。同时，由于工期缩短，提前运营所得的效益也应考虑。

7. 环保

桥位选择时，应综合考虑桥梁与周围环境的和谐共生，确保桥梁工程与生态环境的相互协调。这不仅有助于保护自然环境，而且可以减少或避免因洪水和地质灾害对桥梁及公路造成的潜在风险。

第二节　桥孔布置

桥孔布置，也称为桥梁分孔或孔跨布置。与桥位选择有所不同，桥孔布置是确定桥梁长度、桥墩位置和跨度布置等，是桥渡设计的一项重要内容。好的桥孔布置方案可节约造价、缩短工期、避免水害。需结合桥址工程条件，包括地形、地貌、地质、水文、通航、材料、施工方法等方面，综合确定桥孔布置，确保设计洪水及其携带的泥沙能够顺畅通过，并满足通航、流冰和漂浮物安全通过的要求。桥孔布置的一般要求如下：

（1）桥孔的设计需要确保在设计洪水标准下，各级洪水及其携带的泥沙能够安全通过，同时还要满足船只通航、流冰及其他漂浮物安全通过的条件。

（2）在进行桥孔布局时，应充分考虑不同河段的自然特性和演变趋势，以预防河床发生不利的变化，并且要确保设计方案在经济上是合理可行的。

（3）建桥后引起的桥前壅水高度和河床变化，应在安全允许范围之内。

（4）在选定桥位的河段，应避免对天然河道进行开挖或改道。在规划桥孔时，必须考虑桥位上游和下游已有或计划建设的水利工程、航道、码头以及管线等设施对设计流速、流量和水位的影响，确保桥孔设计能够适应这些变化。

（5）在河口、海湾和海岛间架设桥梁时，必须确保桥梁能够在潮汐、海浪、风暴潮、海流以及海底泥沙运动等海洋水文环境的作用下，维持正常运作并保障通航需求得到满足。而在内河通航河段建造桥梁时，通航孔的设置应遵循通航净空的规范，并考虑到河床的变化及不同水位对航道造成的影响。

（6）桥孔的布设应与河流断面的流量分布相匹配。在河流稳定段，桥梁左右两侧河滩上的桥孔长度比例应与实际流量比例相近；对于次稳定和不稳定河段，桥孔的布置需要预见到河床可能的变化和滩地水流分配的变化趋势。在设计桥孔时，应避免对河槽造成压缩，对于河滩部分则可以适度调整，同时确保设计的经济效益。

（7）对设有防洪堤的河段，桥孔布置应避免扰动现有河堤，与堤防交叉处宜留有防汛抢险通道。

（8）当桥位处于不良地质地段时，桥墩应避开断层、陷穴、溶洞、滑坡等地段。

（9）在冰凌严重河段，桥孔应适当加大，以保障流冰通过，并应增设防冰撞措施。

在选择桥梁位置、设计桥孔以及进行水文计算时，必须深入了解河流各段的特性。河流的每个部分既有共同的性质，又有其独特的规律，这些规律受到多种因素的影响。因此，需要了解桥梁所在河段的自然条件和规律，以便提出切合实际的桥孔布置方案。

第三节　不同河段桥位选择和桥孔布置

不同类型河段形态各异、水流特性差异显著，在进行桥梁位置的确定和桥孔的布局时，必须考虑到河流各段的独特性质和发展趋势，以防止河床发生对桥不利的变化。

1. 山区峡谷河段

山区峡谷河段属于稳定河段，河床窄深，床面岩石裸露或为大漂石覆盖，河床比降大，多急弯和卡口。在山区峡谷的河流中，如果水流湍急且水深较大，应优先选择能够通过单孔桥梁跨越的地点作为桥位。否则，宜选择河谷较宽、水深较浅且流速较慢的区域来设置桥位。

山区峡谷河段宜单孔跨越。桥面的设计高度，则需要基于设计洪水位、两岸地形以及路线的标高等因素来综合确定，但实际中也存在多跨高墩的情况。

2. 山区开阔河段

山区开阔河段属于稳定河段，开阔河段岸线整齐，河槽稳定，断面多呈 U 形，滩槽分明，各级洪水流向基本一致。在山区开阔河段上，桥位宜选在河槽稳定、流速缓和处。

在宽阔的河段设计桥孔时，可以适度减小河滩的宽度。此时，河滩上的堤坝宜与洪水的主要流向正交。如果堤坝与流向斜交，则应考虑增加调整和控制水流的调治措施。同时山区沿河纵向桥（即沿河谷桥梁）宜提高线位，设置在山坡坡脚，避开水面或少占水面。桥梁平面线形宜顺着河道布置，不宜开挖边坡。

3. 平原顺直微弯型河段

平原顺直微弯型河段属于稳定河段，岸线整齐，河槽稳定，断面多呈 U 形，滩槽分明。桥位应选在河道顺直、槽深、主流稳定、河槽通过设计流量较集中的河段上，桥轴线宜与河道及河谷正交，不能正交时应尽可能减小斜交角度。

在顺直微弯河段上建桥，应预估河湾的发展和深泓线的摆动，在摆动范围内布置桥孔，以避免深泓线摆动影响路堤安全。

4. 平原弯曲型河段

平原弯曲型河段属于次稳定河段，由于周而复始的凹冲凸淤，随着凹岸侧冲刷下切和侵蚀，凸岸形成鬃岗地形并扭曲弯向下游，洪水时发生裁弯取直。桥位一般应选在主槽流向与河流总趋势一致的较长河段上，当河湾发展已逼近河床的基本岸边时，桥位宜选在河湾顶部的中间位置。

在进行弯曲河段的桥梁设计时，应首先通过河床演变的调查研究，预测河湾的发展和深泓线位置的变化趋势。同时，需要特别考虑河槽凹岸的水流集中冲刷和凸岸的淤积现象，这些因素都可能对桥孔和桥墩台产生影响。

5. 平原分汊型河段

平原分汊型河段属于次稳定河段，河槽分汊，两汊可能有周期性的交替变迁趋势。桥位一般应选在深泓线分汊点以上；在江心洲稳定的分汊河段上，桥位也可选在江心洲或洲尾两汊深泓线汇合点以下。

在分汊河段的滩槽相对稳定，且各支流的流量分配长期保持均衡的情况下，可以考虑布置一河多桥。在进行桥孔布局时，需要预先考虑到各支流流量分配比例可能发生的变化，并根据这些变化设计相应的导流结构，以适应不同的流量分配情况，确保桥梁在各种水文条件下的安全和稳定。

6. 平原游荡型河段

平原游荡型河段属于不稳定河段，河槽宽窄，沙洲众多，且变化迅速，主流支汊变化无常。桥位应选在两岸有固定依托的较长束狭段上，如岸壁是崖坎，人工建筑物或有抗冲能力的土质河段，桥轴线应与河段正交（见图5.3.1）。

在游荡型河段，应结合当地的河流治理规划，在游荡区域内采取适当的整治措施。设计桥梁时，应在预测的深泓线摆动范围内预留足够的空间来布置桥孔，以适应河流可能的变化。

7. 平原宽滩型河段

平原宽滩型河段属于次稳定河段，河滩宽广，滩槽分明。桥位应在河滩地势高，河槽稳定居中，河滩流量较小的河段。

在宽滩河段，可依据桥位上下游主流趋势及深泓线摆动范围布设桥孔，并可适当压缩河滩，但需要考虑壅水对桥梁上游的影响。当河汊稳定又不适合导入桥孔时，可考虑修建一河多桥。

8. 山前区变迁型河段

山前区变迁型河段属于不稳定河段，多出现在较开阔的地面，坡度较平缓，河段距山口较远，其下多是比较稳定的平原河流，水流多支汊，主流迁徙不定，河槽岸线不稳。此时桥轴线应与洪水总趋势正交（见图5.3.2）；桥位应选在两岸河槽稳定的束窄段上，或河槽摆动范围较小的河段上。

在山前变迁河段，河流经常发生变迁，通过设置适当的调治构造物，可以有效减小河滩的宽度。桥梁的轴线应尽量与河岸线或洪水的主要流向垂直。在河滩上的路堤设计中，应避免设置小型桥梁和涵洞。当选择采用一河多桥方案，即在一条河流上建造多座桥梁，应堵截临近主河槽的支汊。

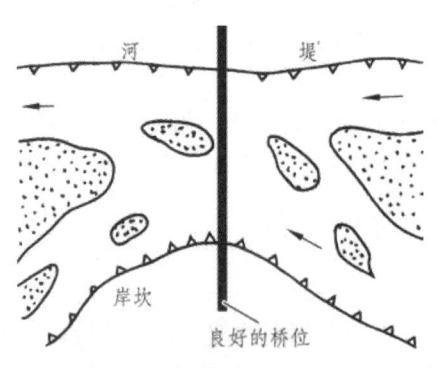

图 5.3.1 游荡型河段桥位选择 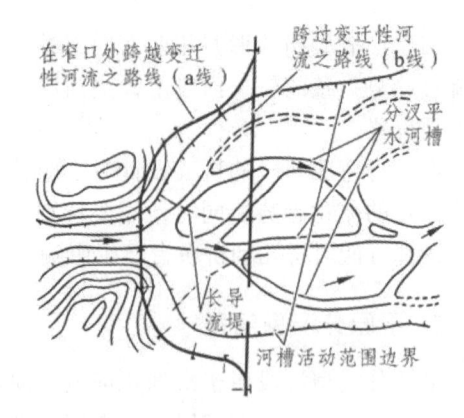　　　　图 5.3.2 变迁型河段桥位选择

9. 冲积漫流型河段

冲积漫流型河段属于不稳定河段，通常位于山区与平原的过渡地带，由于地形的急剧变化，河流在流出山口后河床坡度较为陡峭。由于地势突然变得平坦，水流速度和深度会迅速降低，导致携带的大量泥沙沉积。这种河段的河床不稳定，容易形成冲积扇，水流在山口外呈扩散状展开，形似喇叭口，是典型的山区河流出山口后的地貌特征。桥位应尽量避开冲积扇，或在冲积扇顶部或沉积区的下游；当必须跨越冲积扇时，桥轴线应与洪水总趋势正交；若采用一河多桥方案，应使各桥桥位大致在同一等高线处。

在冲积漫流河段，桥孔宜在河流上游狭窄或下游收缩段布设，同时应分别按照山区峡谷河段和开阔河段办理。在中游扩散的河段，如果遇到河床较宽、水流分散明显的情况，可采用一河多桥方案来跨越河流。在这些桥梁之间，应该实施适当的分流措施和防护工程，以确保水流的稳定和桥梁的安全。同时，在设计桥梁时，还应考虑到河床可能的淤积情况，确保桥下有足够的净空，以适应河床变化带来的影响。

10. 城镇附近桥位

城镇附近的桥位，需考虑城镇规划，尽量避免通过市区，且桥位最好选在城镇上游。若是市区桥梁，则要避开文物、高压管线或不宜拆迁的设施或建筑，应注意各桥之间的交通量的合理分配，并与干道连接。

11. 既有桥附近的桥位

为确保既有桥安全（新桥设在上游，有可能引起既有桥的冲刷加剧）或充分利用既有调治构筑物等，既有桥附近的桥位宜选在既有桥的下游，此时要注意新桥壅水对既有桥的影响。若既有桥下抛有片石或落梁等障碍物，则桥位宜选在既有桥的上游。

12. 车站范围内的桥位

车站范围内的桥位选择应符合下列规定：

① 车站范围内的桥涵，必须与站房、股道、排洪系统密切配合，不宜将天然水流一律改至站外。站内改沟合并应全面规划，务必使水流顺畅。

② 在站内泥石流沟或流量较大的河沟上建桥时，桥上应尽量减少站房和股道的设置。

③ 车站范围内应考虑当地交通部门的合理需要，适当设置农业机械、人畜车辆通行的立交桥。季节性的排洪桥涵，有条件时可兼作立交桥使用。

第四节　实例分析

一、成昆线大渡河铁路大桥桥位选择

大渡河是岷江最大的支流，两岸山势陡峻，洪水湍急。成昆线在乌斯河附近跨越大渡河，成昆线大渡河铁路大桥提出了 4 个渡河方案，如图 5.4.1 所示。

方案一桥位位于牛日河汇合口下游，河面窄、基岩外露，水文条件一般，但由于此处桥位高，工程量大，故未采用。

方案二铁路桥在乌斯河车站中部跨河，两岸工程简易，右岸基岩外露，桥位甚佳，但由于与区段站位置干扰，也未能采用。

方案三桥位位于乌斯河车站南侧，左岸有长 200 m、深 30 m 的卵漂石挟沙的挖方，与河流斜交角度大，桥墩多、水深湍急，基础施工困难，故未能采用。

最后，新选择了一个合理桥位，位置详见图 5.4.1。采用桥位处的两岸基岩均有露头，与河流斜交角度小，河面窄，采用一孔大跨梁，免除了水下工程。

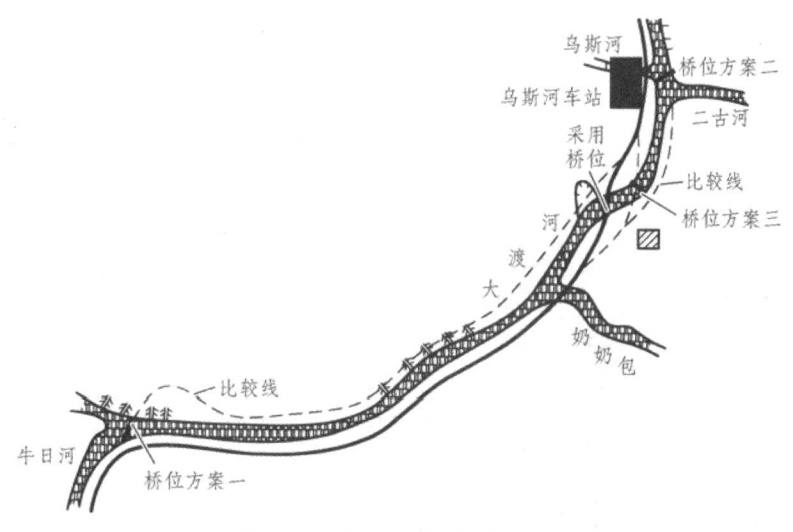

图 5.4.1　大渡河大桥桥位选择

二、某桥位的比选实例

某公路干线初拟三个桥位方案，如图 5.4.2 所示，其各项指标见表 5.4.1，其中以第Ⅲ桥位为佳，占田少，拆迁少，工程费及运营费之和最低，符合推荐桥位的基本要求，故作推荐桥位。

表 5.4.1　某干线大桥桥位方案比较

序号	项目	Ⅰ桥位	Ⅱ桥位	Ⅲ桥位
1	拆迁/m²	15 160	28 765	10 678
2	占田/亩	98.4	67.2	24.5
3	河槽宽/m	520	760	740
4	覆盖层厚/m	>100	>100	24
5	河槽基础施工水深/m	17	18	20
6	全长/m	500	710	760
7	工程运营费/万元	−120.2	98.6	116
8	建桥工程费/万元	588.7	630.8	564.2
9	配合城市规划	好	较好	较好
10	水文地形条件	①河道顺直，水流稳定；②河面最窄，桥长最短；③拆迁、占田数目较大；④与老路接线长	①与老路接线好；②距离下游沙洲近，不能满足通航要求；③拆迁面积大；④工程费用高	①符合线路总方向；②与老路接线长；③拆迁、占田少；④河槽基本顺直稳定；⑤与下游沙洲距离符合通航要求；⑥工程费用最低；⑦桥长较长，施工水深较大

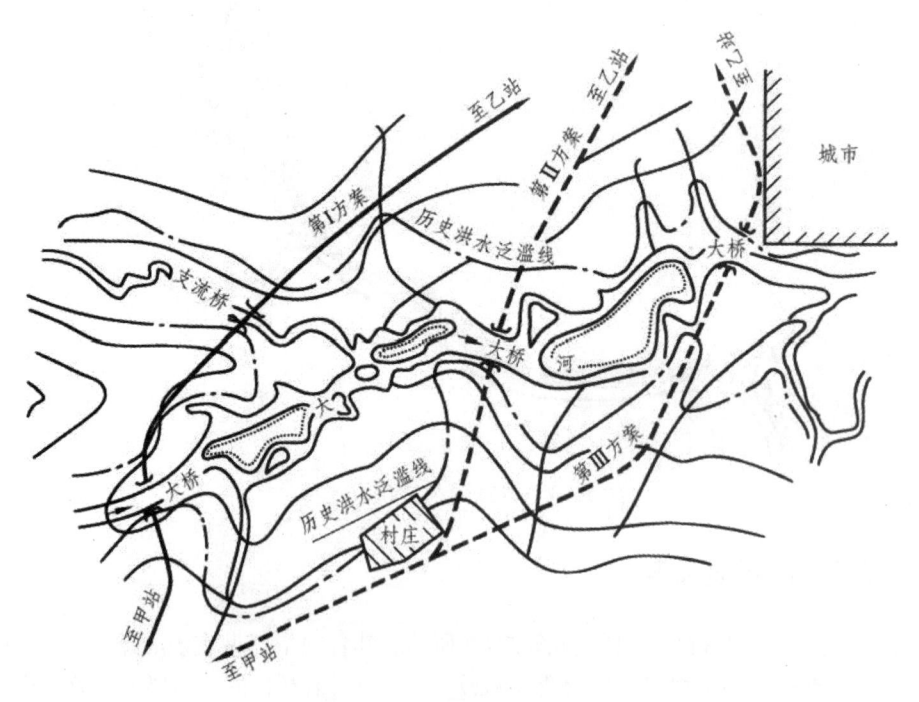

图 5.4.2　某大桥桥位比选方案

思考与练习

1. 简要说明桥位勘测基本内容。
2. 桥位选择的一般要求是什么？
3. 桥位选择时水文要求是什么？
4. 桥位选择时地形、地质要求是什么？
5. 桥位选择时航运要求有哪些？
6. 桥孔布置的一般要求有哪些？
7. 不同河段桥位应该如何选择？
8. 桥位在游荡型河段应注意哪些问题？
9. 桥位在城镇附近应注意哪些问题？
10. 山区河流桥孔布置的原则有哪些？
11. 平原区河流桥孔布置应注意哪些问题？
12. 山前区河流桥孔布置的原则有哪些？

第六章 大中桥孔跨设计

大中桥的孔径设计是为了确保桥位断面在设计流量和设计水位条件下，桥梁能够顺利排洪，防止洪水泛滥。此设计需要计算出桥孔最小长度和桥面最低高程，以确保桥梁在洪水期间能够安全有效地排水，为桥梁的总体设计提供科学依据。

桥梁的修建一般会改变泥沙和水流的天然状态，这主要是由于桥墩桥台的阻水作用和桥头引道的压缩作用引起的，进而引起河床的冲淤演变，影响河流正常排洪。掌握河道水流的一般特性，并明确桥位河段水流图式，是计算桥孔长度和桥面高程的基础。

第一节　河道水流

一、河道水流的结构形式

1. 层流与紊流

水力学中，将液流运动分为紊流与层流两种形态（见图6.1.1）。观察某一点的水流运动可以发现，流速是随时间变化的，在不同方向上流速也是不同的。任取一个水质点，做平滑直线运动，相互之间不混掺，呈现一种层状的流动，这种流动形态称为层流。若水质点的运动轨迹不停变化，且水流依旧稳定地流向出口，这种现象称为水流的紊动现象。具有紊动现象的水流称作紊流。实际上，天然河道中的水流一般都是紊流。

（a）层流　　　　　　　　　　（b）紊流

图6.1.1　层流、紊流示意图

由层流到紊流的临界转变点处的雷诺数称为临界雷诺数。临界雷诺数可作为判别流动状态的依据。临界雷诺数 Re_c 计算公式如下：

$$Re_c = \frac{V_c R}{v} \qquad (6.1.1)$$

式中　V_c——临界速度；

　　　v——运动黏性系数；

　　　R——特征尺寸，假定河道为明渠流时，R 取为水力半径。当河道为明渠流时，Re_c 取 500。

【例 6-1】某河道为矩形断面，宽 1 m、水深 1 m、流速 1 m/s，水运动黏性系数为 1.14×10^{-6} m²/s，试判断水流状态。

【解】雷诺数 $Re = \dfrac{V_c R}{v} = \dfrac{1 \times \dfrac{1 \times 1}{1+1+1}}{1.148 \times 10^{-6}} = 2.9 \times 10^5 > Re_c$

故该河流为紊流。

2. 缓流与急流

缓流和急流是明渠中由于流速与波速的比值不同而出现的两种不同性质的水流形态，如图 6.1.2 所示。缓流的特点是水势平稳，水流速度较慢，当遇到干扰，这种干扰可以沿着水流方向向下游扩散，也能逆着水流方向向上游扩散。急流的特点是水势湍急，水流速度较快，受到干扰时，干扰的影响不能向上游传播，只能向下游传播。

水力学中一般可以通过弗劳德数，即流速与波速之比 Fr 判断。缓流河段，$Fr<1$；急流河段，$Fr>1$；当临界流时，$Fr=1$。现实中可以通过河流的流速、水面的波动以及它们对障碍物的反应区分缓流和急流。当缓流遇到障碍物时，水面下跌，但障碍物对水的影响仅限于其附近的水面。急流对障碍物的反应与缓流截然不同，当急流遇到障碍物时，水面隆起，一跃而过，形成旋涡和泡沫。

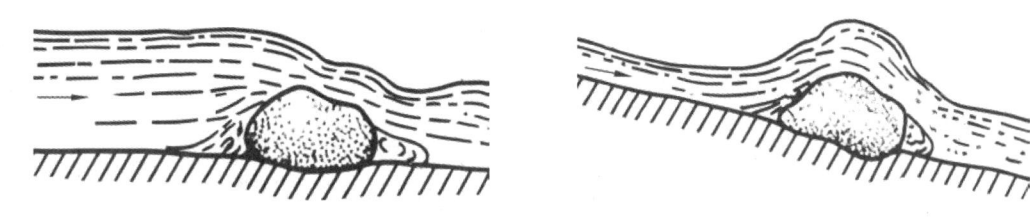

图 6.1.2　急流与缓流现象

3. 主流与副流

主流是指河流中沿着河床方向流动的主要水流，它的流动方向和速度受到河床的形状和走向的影响。副流则是在主流内部，由于河道宽度和弯曲等因素而形成的较大规模的旋转水流。副流是一种旋转位置和旋转中心相对稳定的、尺度较大的漩涡或环流。副流的存在会导致河床的侵蚀和冲淤变化，应当注意河床中因堤坝、桥梁等引起的各种副流对冲刷的影响，必要时可采用一定防护措施。

1）平轴副流（滚流）

平轴副流（见图 6.1.3）水流旋转轴在总体上与河道纵断面垂直。在小桥或涵洞的出口河槽处，快速流出的水流与河流中较慢的水流相遇时，会在交界处形成水跃现象，其表面滚流部分为平轴副流。如果出口河槽的末端没有妥善处理,那么在垂裙的下游,水流可能会形成底部滚动,这会导致垂裙受到严重冲刷,进而造成小桥或涵洞的损毁。

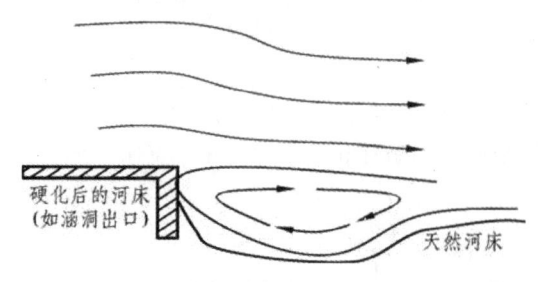

图 6.1.3　平轴副流(河道纵断面图)

2)立轴副流(回流)

立轴副流旋转轴的方向总体上与水面垂直。水流在桥台前后、丁坝头或河槽宽度急剧变化的小范围内,存在着与主流分离的漩涡(回流),如图 6.1.4 所示。水流在桥台、坝头等处绕流,产生边界层分离,在分离点靠近边界一侧不断地生成旋转的立轴旋涡,在下游形成回流区,在桥台前、丁坝顶等分离点附近形成冲刷坑,泥沙被携带到下游回流区内沉积。

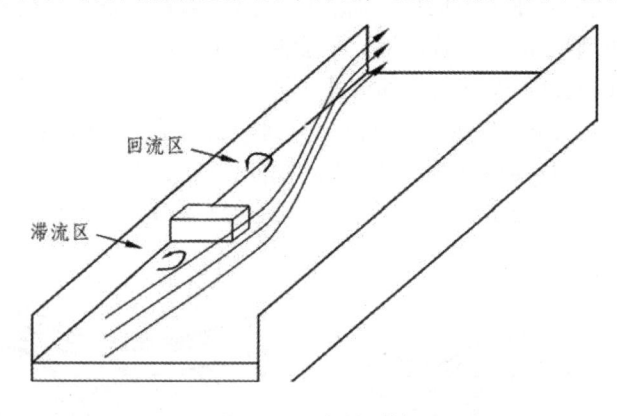

图 6.1.4　立轴副流

3)顺轴副流(螺旋流)

当水流螺旋形向前运动且旋转轴方向与主流流向一致时,称为顺轴副流(又称螺旋流)。螺旋流同时存在轴向和切向速度分量,且切向速度分量不可忽略。在弯道河流和流量急剧变化的河道中,螺旋流十分明显。

(1)弯道螺旋流。

通过弯道的水流在重力和离心力的共同作用下,水面水流流向凹岸,河底水流流向凸岸,形成向前流动的螺旋流,水面出现横向比降,凹岸水面较凸岸高(见图 6.1.5)。弯道螺旋流将使凹岸冲刷,凸岸淤积,河湾不断发展,凹岸冲刷最深出现在弯道出口断面附近。

(2)洪水涨落引起的螺旋流。

河道中流量急剧变化而产生的螺旋流(见图 6.1.6)主要有两种:当河流水位上升时,河岸两侧的水位相对较低,而河中心的水位较高,这会导致水流在河底形成两个向中心汇聚的环流,会使得河岸两侧发生冲刷,而河中心发生淤积。当河流水位下降时,河底的水流会形成两个向河岸分散的环流，这时河底的水流会冲刷河床，河岸两侧则会发生淤积。洪水涨落时螺旋流旋转的方向相反，冲淤位置互换。

图 6.1.5　弯道螺旋流

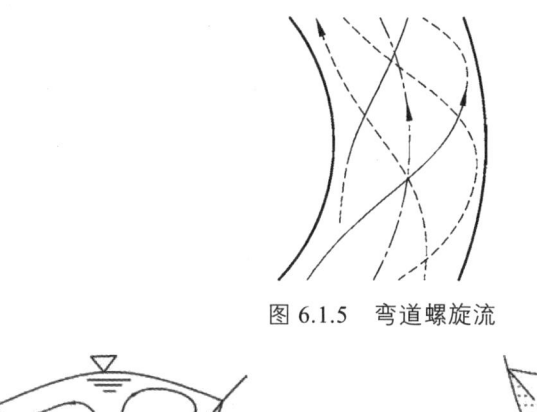

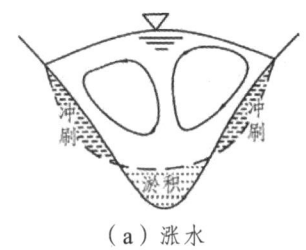

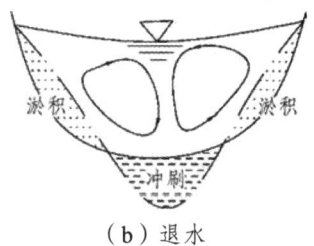

（a）涨水　　　　　　　　　　　（b）退水

图 6.1.6　洪水涨落时的顺轴副流

二、河道水流的一般特性

河道水流由上至下，向低处流动，总是沿着阻力最小的方向流动。受季节、地形、河床等因素的影响，河道水流具有两相流、三维性、非恒定性、非均匀性与不平衡性等特征，分述如下：

1. 两相流

水流推动的泥沙可能扩散到水流之中，形成水沙两相混合的挟沙水流，属于固-液两相流。这种混水的运动规律与清水（单相流）运动不完全相同。泥沙在天然河道中的存在是普遍的，天然河流为两相流。

2. 三维性

实际天然河床断面是不规则的，在天然河道中不存在理想的二维流，河道水流除沿河道的纵向流动外，在水流流动的垂直方向（横向和竖向）还有一定速度，具有三维性。弯曲河段的螺旋流是典型的三维流动现象。

3. 非恒定性

水流塑造和适应河道，同时河道改变和适应水流，两者相互依存和制约。我国绝大多数河流中来沙量及沙质均受降雨影响，随季节和年份变化大，是河道水流非恒定性的根本原因。由于河道水位、流量、断面、比降等随时间而变化，河道水流具有明显的非恒定性。

4. 非均匀性

河流的路径通常不是直线，河道横截面（河道断面）的大小、形状及河床的粗糙程度（糙率）会随着河流的流动而发生变化。此外河床的纵剖面沿程是有起伏的，河流的底坡也是不断变化的，河流流量沿程多变，天然河道中没有严格的稳定的均匀流动存在。但对于比较顺直的河段，水流和泥沙的输入保持相对稳定，河床通常会保持在不冲不淤的相对平衡状态，沿程过水断面变化小，水面坡、床面坡基本平行，可近似看作均匀稳定的。实际中，通过分段的方式，可将非均匀流动的河流分割为近似均匀流动的河段来进行分析。

5. 不平衡性

河道水流是两相流，河道水流水沙不平衡是绝对的，而是处于相对平衡状态和自我调整的过程，具有非平衡性。恒定性河道水流处于水沙平衡状态，河床保持不冲不淤、且没有糙化或细化现象，这几乎是不可能的。

三、河相关系

水流作用下，床面泥沙能够自由地运动，床面形态随着冲刷和淤积不断地演变，这种河床称为冲积河床。冲积河床均衡形态的几何因素与来水、来沙条件等构成近似的函数关系，将河床几何形态与水流、泥沙及河床边界条件间的关系称为河相关系。河相关系是建立河槽宽度与水深、粒径、造床流量等的相关关系，影响因素包含水流（流量、流速、比降等）、泥沙（粒径、含沙量、床面泥沙等）以及河床（河宽、深度、坡度等）。我国公路桥孔长度的确定和桥墩冲刷计算，都应用了河相关系式。

河床形态是在无数次洪水过程中水沙相互作用下连续演变的结果。为分析河相关系，将多年连续造床作用相当的流量作为代表流量，或称为造床流量。造床流量对河床形态的塑造作用最大，桥梁工程中，常取水位与平滩水位齐平时的河槽流量作为造床流量，平滩水位为刚好淹没边滩的水位（见图 6.1.7）。对于河滩、河槽难以划分的，可以年最大流量的平均值作为造床流量。

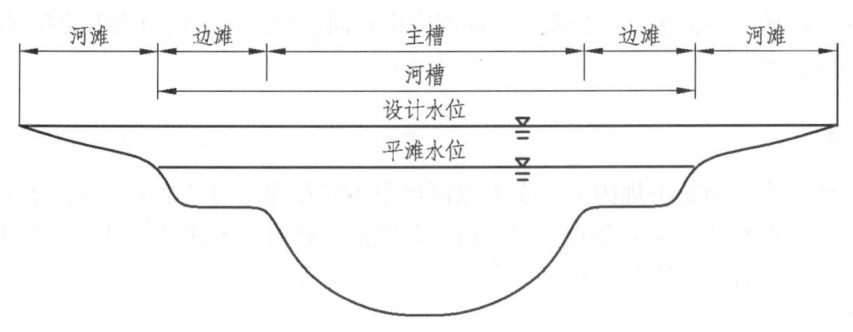

图 6.1.7 河床形态及水位示意图

（1）基本河宽。

根据我国西北、内蒙古、东北、华北等地区滩槽难分的变迁型河段和游荡型河段的现场资料，分析得到基本河宽 B_0 和造床流量 Q、床沙粒径 d 之间的关系为：

$$B_0 = 16.07 \frac{Q^{0.24}}{d^{0.3}} \tag{6.1.2}$$

式（6.1.2）是拟定滩槽难分的变迁型、游荡型河段桥孔长度的主要依据。

（2）河槽宽度和平均水深间的关系，可用断面河相系数来表示。

$$\psi = \frac{\sqrt{B}}{\overline{H}} \tag{6.1.3}$$

式中　B——平滩水位（造床流量）时的河槽宽度（m）；

　　　$\overline{H}$——平滩水位（造床流量）时的河槽平均水深（m）；

　　　ψ——断面河相系数。

湖北境内长江的断面内河相系数为 2.23~1.45；河南境内黄河的断面内河相系数为 19~32。ψ 值越大，河槽越宽浅，河槽稳定性越差，水流的摆动越大，股流集中产生的冲刷越严重。在桥下河槽一般冲刷深度计算中，引入单宽流量集中系数 ξ，以反映河流横断面不同位置水深的差异。

$$\xi = \psi^{0.15} = \left(\frac{\sqrt{B}}{\overline{H}}\right)^{0.15} \tag{6.1.4}$$

四、桥位河段水流图式

桥位河段的水流图式展示了桥梁建成后，桥梁附近水流和泥沙的动态及河床的变化情况，它揭示了桥孔长度、桥前水位上升（壅水）以及桥下冲刷现象之间的相互关系。明确建桥后桥位河段的水流和泥沙运动状态是桥孔计算的基础。

桥位河段的水流和泥沙运动复杂，主要有两种水力性质完全不同的状态：急流和缓流。在少数山区峡谷或易变的河段中，设计洪水期间的水流可能会达到或接近急流状态（$Fr>1$），但大多数桥梁的位置都处于水流较为平缓的河段。基于一些假设和实验数据，对于这些缓流河段（$Fr<1$），已经提出了一种简化的水流图式。

假设河流的水面宽度是 B［见图 6.1.8（a）］，并且每个桥孔的长度是 l，那么在正常水位下（也就是均匀水深）的深度是 h_0。对于水流平缓的河段（$Fr<1.0$）［见图 6.1.8（c）］，由于桥孔的存在，水流会被压缩，导致从桥梁上游较远的断面①开始，水面就开始壅高。如果没有导流堤，那么在桥梁上游大约一个桥孔长度 l 处的断面②，水面会达到最大壅水高度 Δz，由于流速的降低，水流携带泥沙的能力也会减弱，这会在桥梁前方造成泥沙的淤积。收缩最窄处位于桥位下游附近的断面③′，此时流速最大，形成桥位河段的"颈口"，称为收缩断面。在收缩断面附近，流速增加，水流挟沙能力增大，从而产生冲刷。收缩断面下游，水流又逐渐扩散，到断面④才恢复天然状态，③′~④范围，水流逐渐扩散至天然河宽，流速逐渐恢复至天然河道流速，水流的携沙能力由大变小，在河床上从冲刷变小到出现淤积，又从淤积逐渐减小到恢复天然河道的河流状态。由于在水流收缩段主流与河岸会发生水流分离的现象，桥台上下游两侧将形成回水区。

对于有导流堤时，最大壅水高度 Δz 出现在上游堤端附近［见图 6.1.8（b）］，水流接近桥孔时，急剧收缩而呈"漏斗"状，收缩最窄处位于桥位中线断面③，此时流速最大。

对于急流河段（$Fr>1.0$）[见图 6.1.8（d）]，桥前水深和桥下水深均为正常水深 h_0，但冲击波浪将冲击在桥墩的迎水面上。

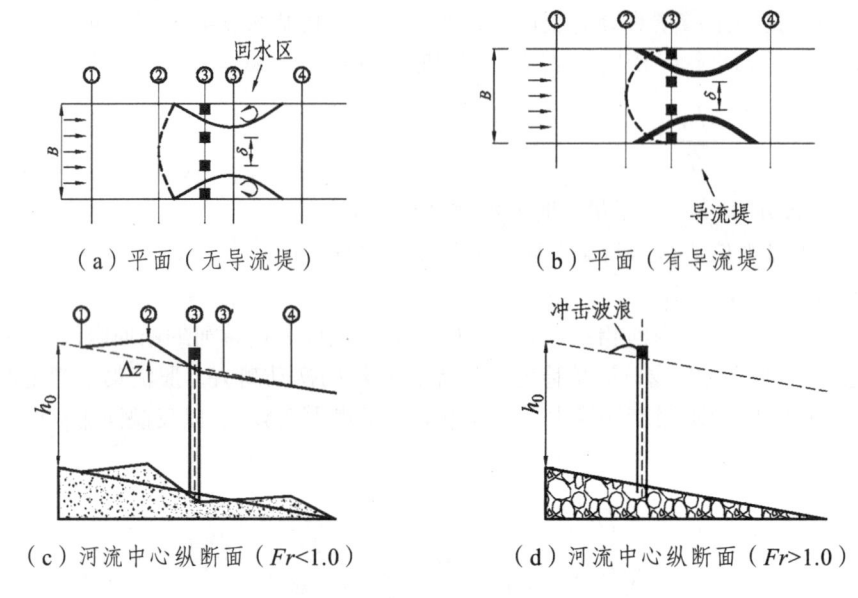

（a）平面（无导流堤）　　　　（b）平面（有导流堤）

（c）河流中心纵断面（$Fr<1.0$）　　　　（d）河流中心纵断面（$Fr>1.0$）

图 6.1.8　桥位河段水流图式

第二节　桥孔长度计算

在设计桥梁时，必须确保桥孔的长度能够满足洪水排放和泥沙输送的需求，以确保在设计洪水期间，洪水及其携带的泥沙能够顺利地流过桥下。同时，设计时还应考虑到桥孔长度与桥下冲刷的相互作用。实际设计中，铁路桥梁主要采用冲刷系数法，公路桥梁主要采用经验公式法进行计算。

一、冲刷系数法

如图 6.2.1 所示，桥孔长度 L 是指在设计水位高度下两桥台前缘之间的水面宽度，扣除顺桥方向全部桥墩宽度后为桥孔最小净长度（l_j），桥位断面的设计流量为 Q_p，设计水位为 H_s。冲刷系数法是在设计洪水条件下，确保桥下水流顺畅通过所需要的最小过水面积，进而推算出的桥孔最小长度。

在河道建桥后，桥孔的存在会减小河流的过水断面，导致桥下水流速度加快，随着桥下水流速度的提高，桥下的河槽开始冲刷，冲刷后桥下的水深会逐渐加深，使得桥下的过水面积也随之扩大。当桥下的水流速度逐渐减慢时，河槽的冲刷减缓，并最终趋于停止，如图 6.2.1 所示。设计流量在建桥前后是不变的，确定桥下冲刷停止时的流速是关键，可以依据别列柳伯斯基的假设来使用天然河槽的平均流速。别列柳伯斯基假定是指桥下流速达到天然河槽平均流速时，桥下冲刷即停止，而且同一垂线处，冲刷后的水深与冲刷前的水深成正比，该假定适用于稳定性河段的河槽。

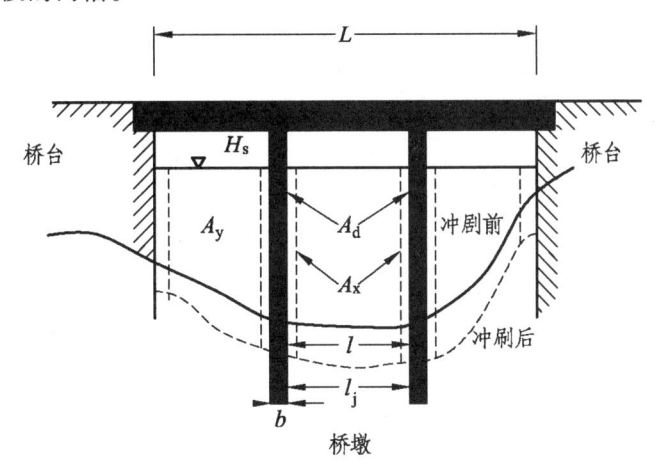

图 6.2.1　桥下过水面积示意图

建桥后，桥墩将阻挡水流通过，因桥墩阻水导致桥下过水面积的折减率（也称挤束系数）用 λ 表示：

$$\lambda = \frac{A_\mathrm{d}}{A_\mathrm{m}} \tag{6.2.1}$$

式中　A_d——冲刷前桥墩所占过水面积；

A_m——冲刷前桥下毛过水面积，为冲刷前两桥台间河床与设计水位围成的面积。

对于一般宽浅河流，可认为各桥墩处的水深近似相等，此时挤束系数为：

$$\lambda = \frac{b}{l} \tag{6.2.2}$$

式中　b——为桥墩宽度；

l——为相邻桥墩中心间距。

水流通过墩台侧面时，墩周水流的绕流在墩台侧面分离而形成的尾流区（也称为涡流阻水区），占据了水流通过面积，其对桥下过水面积的折减采用压缩系数 μ 表示：

$$\mu = \frac{A_\mathrm{y}}{A_\mathrm{j}} \tag{6.2.3}$$

式中　A_y——冲刷前桥墩下有效过水面积，不包括桥墩及墩周涡流所占过水面积；

A_j——冲刷前桥下净过水面积，$A_\mathrm{j} = A_\mathrm{m} - A_\mathrm{d} = (1-\lambda)A_\mathrm{m}$。

压缩系数 μ 与流速和桥墩净间距有关，可用以下公式计算：

$$\mu = 1 - 0.375 \frac{v_\mathrm{p}}{l_\mathrm{j}} \tag{6.2.4}$$

式中　l_j——单孔桥墩净距离，$l_\mathrm{j} = l - b$。

v_p——设计流速，一般采用天然河槽平均流速v_c。

为确定冲刷完成后的桥下过水面积，定义冲刷系数P为：

$$P = \frac{A_{\text{冲后}}}{A_y} \tag{6.2.5}$$

式中 　$A_{\text{冲后}}$——冲刷完成后桥下有效过水面积。

不同河道冲刷特性有所差异，冲刷系数取值不一样，桥梁的孔径计算中冲刷系数值不宜超过表6.2.1中所列容许值。

表6.2.1 　容许冲刷系数

河流类型		冲刷系数	附注	河流类型	冲刷系数	附注
山区	峡谷区	≤1.2	无滩	山前区 稳定河段	≤1.4	—
	开阔区	≤1.4	有滩			
平原区		≤1.4	—	变迁性河段	按地区经验确定	—

冲刷系数是指在桥址处所需的最小过水断面面积与未发生冲刷前桥址处过水断面面积的比值，桥梁的存在会压缩河道，通过河床的冲刷作用来增加过水断面面积。冲刷系数越高，意味着桥梁对河道的压缩作用越强，河床受到的冲刷程度也就越严重。当桥下河床土质分布不均匀时，抗冲刷能力较弱的地方冲刷将加剧。

建桥后会压缩河道，但设计流量不变，根据别列柳伯斯基假定，得：

$$Q_p = A_{\text{冲后}} v_p = P A_y v_p \tag{6.2.6}$$

所以，桥下需要的冲刷前过水净面积：

$$A_j = \frac{A_y}{\mu} = \frac{Q_p}{\mu P v_p} \tag{6.2.7}$$

需要的冲刷前毛过水面积：

$$A_m = \frac{Q_p}{\mu(1-\lambda) P v_p} \tag{6.2.8}$$

实际计算时，可通过试算桥轴线处河床断面过水面积得到桥长，或采用过水断面累积曲线得到桥长。具体方法如下：

1）试算法

① 计算设计水位下所取桥孔方案所需的毛过水面积A_m[见式(6.2.8)]；
② 在实测桥位断面图上布设桥孔方案，确定实际毛过水面积A；
③ 采用$A \geq A_m$（略大于）且水面宽度最小的布设方案，此时最小水面宽度即为所求桥孔长度L；
④ 综合水文地质等要求，按照标准跨径来确定桥孔长度，并规划桥孔的数量。桥孔的长度通常应取整，为了确保安全，实际的过水面积应略大于理论计算得到的过水面积。

2）过水断面累积曲线法

① 在实测桥位断面上绘制过水面积累计曲线（见图 6.2.2）；
② 在过水面积累积曲线斜率较大的区段布设桥孔；
③ 根据桥孔两侧过水面积之差 A 略大于计算毛过水面积 A_m，确定桥孔长度及起终点，可采用计算机程序确定最优桥孔布置位置；
④ 综合水文地质等要求，按照标准跨径来确定桥孔长度，并规划桥孔的数量。桥孔的长度通常应为整数米，为了确保安全，实际的过水面积应略大于理论计算得到的过水面积。

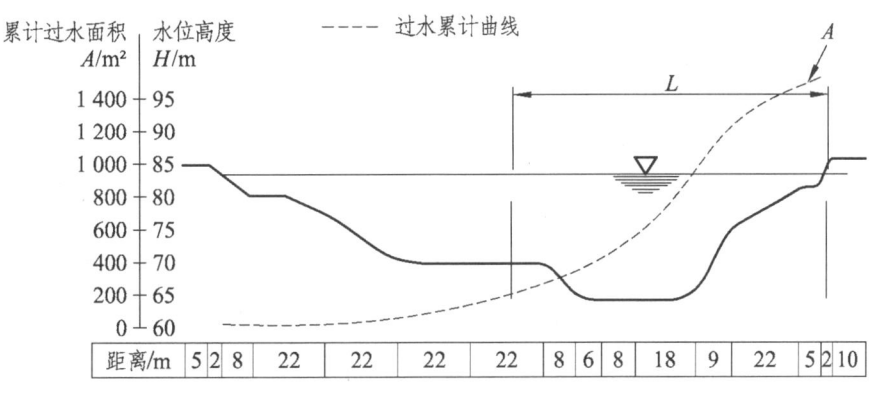

图 6.2.2 基于过水面积累积曲线进行桥孔布置

二、经验公式法

经验公式法主要在公路桥梁设计中使用，是按不同河段类型分别给出的。根据《公路工程水文勘测设计规范》（JTG C30—2015），计算桥梁孔径的方法如下：

（1）峡谷河段，不宜压缩河槽，采用一孔跨越峡谷，可不作桥孔最小净长的计算。
（2）开阔、顺直微弯河段和分汊、弯曲河段及滩、槽可分的不稳定河段，宜按下式计算桥孔最小净长度：

$$L_j = K_q \left(\frac{Q_p}{Q_c} \right)^{n_3} B_c \qquad (6.2.9)$$

式中　L_j——桥孔最小净长度（m）；
　　　Q_p——设计流量（m³/s）；
　　　Q_c——河槽流量（m³/s）；
　　　B_c——河槽宽度（m）；
　　　K_q、n_3——系数和指数，参见表 6.2.2。

表 6.2.2　K_q、n_3 取值

河段类型	K_q	n_3
开阔、顺直微弯河段	0.84	0.90
分汊、弯曲河段	0.95	0.87
滩、槽可分的不稳定河段	0.69	1.59

式（6.2.9）中影响最小净桥长计算的主要因素有三方面，河槽宽度B_c是最重要的因素，其次是河槽、河滩流量的分配比Q_p/Q_c，反映河床稳定性的系数K_q和指数n_3。式（6.2.9）可理解为在河槽宽度的基础上乘以一个放大的修正系数，以考虑河床稳定性和流量分布不均匀的影响。

（3）宽滩河段，宜按下列公式计算桥孔最小净长度：

$$L_j = \frac{Q_p}{\beta q_c} \quad (6.2.10)$$

$$\beta = 1.19 \left(\frac{Q_c}{Q_t}\right)^{0.10} \quad (6.2.11)$$

式中　β——水流压缩系数；
　　　q_c——河槽平均单宽流量（m³/s·m）；
　　　Q_t——河滩流量（m³/s）。

宽滩河段主槽不明确，单宽流量起主导作用，采用河槽与河滩流量的比值进行修正。

（4）滩槽难分的不稳定河段，宜按下列公式计算桥孔最小净长度：

$$L_j = C_p B_0 \quad (6.2.12)$$

$$B_0 = 16.07 \frac{\overline{Q}^{0.24}}{\overline{d}^{0.3}} \quad (6.2.13)$$

$$C_p = \left(\frac{Q_p}{Q_{2\%}}\right)^{0.33} \quad (6.2.14)$$

式中　B_0——基本河槽宽度（m），可通过河相关系确定；
　　　$\overline{d}$——河床泥沙平均粒径（m）；
　　　$\overline{Q}$——年最大流量平均值（m³/s）；
　　　C_p——洪水频率系数；
　　　$Q_{2\%}$——频率为2%的洪水流量（m³/s）。

对于滩槽难分河段，桥孔净长是以河相关系中基本河槽宽度进行修正得到，修正中考虑了设计流量频率大小的影响。

上述公式得到的为净桥长，实际桥长需加上桥墩的宽度，可写为：

$$L = L_j + nb \quad (6.2.15)$$

式中　n——桥墩数量。

桥孔设计长度除应满足计算的最小净长外，还应该结合冲刷深度、河床地质、桥位地形、桥梁及引道纵坡和台后填土高度等情况，开展不同桥长的方案比选，综合论证后确定。

三、算例

某铁路桥梁跨越一平原河流，设计流量$Q_p = 6\,200$ m³/s，设计水位$H_s = 108.00$ m，平滩水位 105.00 m，对应的主槽宽度为 460 m，主河槽天然平均流速 v_c=2.0 m/s，河滩天然平均流速 v_t =1.0 m/s。河床断面如图 6.2.3 所示。通航等级：五级航道，桥孔标准跨径 30.0 m，墩宽 2.0 m，最小净空 5.5 m，通航水位 106.0 m。试确定桥孔布置。

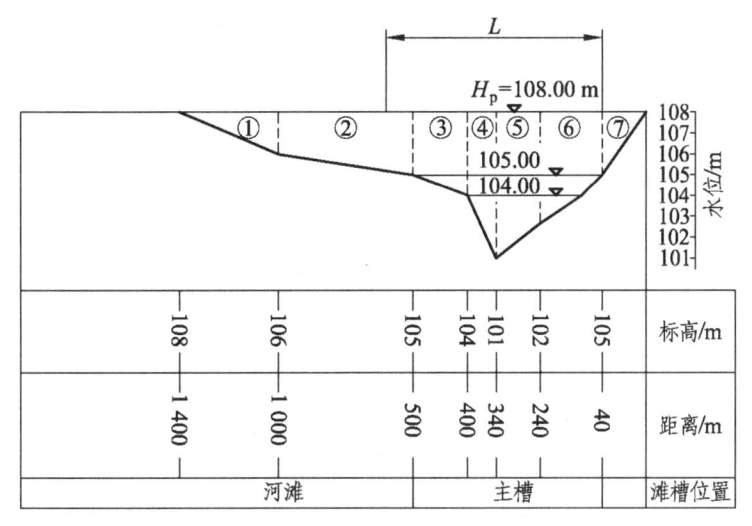

图 6.2.3 河流断面图

【解】分别使用冲刷系数法和经验公式法计算桥孔位置。

1. 冲刷系数法

（1）冲刷系数及设计流速。

根据表 6.2.1，冲刷系数 P=1.4。设计流速采用主槽平均流速，v_p = 2.0 m/s。

（2）所需的毛过水面积 A_m。

已知桥墩宽度 b = 2 m，桥孔标准跨径 l=30 m，桥墩中心净间距 l_j = 30 − 2 = 28 m。

对于宽浅河流，挤束系数采用近似算法：$\lambda = \dfrac{b}{l} = \dfrac{2}{30} = 0.067$。

压缩系数：$\mu = 1 - 0.375 \dfrac{v_p}{l_j} = 1 - 0.375 \times \dfrac{2}{28} = 0.973$。

需要的毛过水面积：

$$A_m = \dfrac{Q_p}{\mu(1-\lambda)Pv_p} = \dfrac{6\,200}{0.973 \times (1-0.067) \times 1.4 \times 2.0} = 2\,439.2 \text{ m}^2$$

（3）桥下各部分面积从左至右分别为：

① $\dfrac{1}{2} \times 2 \times 400 = 400 \text{ m}^2$

② $\dfrac{1}{2} \times (3+2) \times 500 = 1\,250 \text{ m}^2$

③ $\dfrac{1}{2} \times (4+3) \times 100 = 350 \text{ m}^2$

④ $\frac{1}{2} \times (7+4) \times 60 = 330 \text{ m}^2$

⑤ $\frac{1}{2} \times (6+7) \times 100 = 650 \text{ m}^2$

⑥ $\frac{1}{2} \times (3+6) \times 200 = 900 \text{ m}^2$

⑦ $\frac{1}{2} \times 40 \times 3.0 = 60 \text{ m}^2$

（4）桥孔布置。

桥孔标准跨径 30.0 m，右侧桥台起点若取+40 m 处，假定需布设 18 跨桥梁，故桥梁全长为：

$$L = 18 \times 30 = 540 \text{ m}$$

此时右侧桥台位于+40 m 处，总过水面积 $900+650+330+350+232 = 2462 \text{ m}^2$，略大于要求的毛过水面积 $A_m = 2439.2 \text{ m}^2$ 的要求。若不符合要求，重新假定跨数和起终点位置，重复上述过程。

2. 经验公式法

若河段为顺直微弯稳定河段，主槽宽度为 $B_c = 460$ m。

$$Q_c = 2 \times 2230 = 4460 \text{ m}^3/\text{s}$$

按式（6.2.9）计算桥孔净长为：

$$L_j = K_q \left(\frac{Q_p}{Q_c}\right)^{n_3} B_c = 0.84 \times \left(\frac{6200}{4460}\right)^{0.9} \times 460 = 519.7 \text{ m}$$

式中 K_q 和 n_3 查表 6.2.2，分别取为 0.84 和 0.90。
桥墩中心净间距为 28.0 m，因此 $n = 519.7/28 = 18.6$。
取 19 跨，桥长为：

$$L = L_j + nb = 19 \times 28 + 18 \times 2 = 568 \text{ m}$$

若河段为不稳定河段，则净桥孔长为：

$$L_j = K_q \left(\frac{Q_p}{Q_c}\right)^{n_3} B_c = 0.69 \times \left(\frac{6200}{4460}\right)^{1.59} \times 460 = 535.9 \text{ m}$$

式中 K_q 和 n_3 查表 6.2.2，分别取为 0.69 和 1.59。
桥墩中心净间距为 28.0 m，$n = 535.9/28 = 19.1$。
取 20 跨，桥长为：

$$L = L_j + nb = 20 \times 28 + 19 \times 2 = 598 \text{ m}$$

第三节　桥面高程计算

桥面沿顺桥向通常有一定纵坡，每个断面处的高程均有所不同，在水文计算中，桥面高程是指桥梁中心线最低点的高程，这通常位于桥台附近。桥面高程必须确保桥梁在设计洪水、流冰、流木以及通航等情况下能够安全运营，并且需要考虑波浪、壅水、水拱、河湾凹岸水面超高以及河床淤积等因素导致的水位上升。

一、引起桥下水位升高的因素

导致桥下水位上升的因素有多种，主要包括：壅水、波浪、河湾超高、急流河槽中桥墩的水流冲击高度和水拱高。

1. 壅水

在桥梁建成后，水流会因桥孔的压缩而受阻，导致桥前水位上升，形成壅水现象。壅水高度是指在天然水面以上因壅水而增加的高度[见图6.1.8（c）]。由于桥梁附近水流和河床变化复杂，以及能量损失等因素难以精确计算，铁路和公路工程分别提供了基于经验的壅水高度计算公式。

1）铁路桥梁采用的计算方法

根据《铁路工程水文勘测设计规范》（TB 10017—2021），桥下壅水高度可以按照桥前最大壅水高度的1/2计算。对于山区和山前河流，洪水涨落较快、历时较短，且河床质坚实不易冲刷时，桥下壅水高度可采用桥前最大壅水值。对于平原河流，洪水涨落缓慢、河床松软，且易于冲刷时，桥下壅水可以不计。

根据能量守恒，可得到桥前壅水的经验公式：

$$\Delta Z = \eta(\bar{v}_M^2 - \bar{v}^2) \qquad (6.3.1)$$

式中　ΔZ——桥前最大壅水高度（m）；

　　　η——系数，参照表6.3.1选取；

　　　$\bar{v}_M$——桥下平均流速，按照表6.3.2的规定计算（m/s）；

　　　$\bar{v}$——无桥时断面平均流速，为设计流量除以全河过水断面（包括边滩和河滩）（m/s）。

表 6.3.1　η 系数

河段特征	河滩路堤阻挡的流量与设计流量的比值/%	η
河滩很小的山区河流	≤10	0.05
河滩较小的半山区河流	11～30	0.07
有中等河滩的平原河流	31～50	0.10
河滩较大的低洼地区河流	>50	0.15

表 6.3.2　桥下平均流速

土质	土的名称	颗粒直径/mm	$\bar{v}_M$
松软土	淤泥、细粒砂，中粒砂、松软的淤泥质砂黏土等	1 以及以下	$\bar{v}_M = v_p$
中等土	沙砾、小卵石，圆砾，中等密实的砂黏土和黏土等	1～25	$\bar{v}_M = v_p \times \dfrac{2P}{P+1}$
密实土	大卵石、漂石、密实的黏土等	25 以上	$\bar{v}_M = P \times v_p$

注：表中 v_p 为设计流速（m/s），P 为冲刷系数。

2）公路桥梁采用的计算方法

根据《公路工程水文勘测设计规范》（JTG C30—2015），桥前最大壅水高度 ΔZ 推荐采用下式计算：

$$\Delta Z = \frac{K_N K_y}{2g}(v_M^2 - v_{OM}^2) \tag{6.3.2}$$

$$K_y = \frac{0.5}{\dfrac{v_M}{\sqrt{g}} - 0.1} \tag{6.3.3}$$

$$K_N = \frac{2}{\sqrt{\dfrac{v_M}{v_{OM}} - 1}} \tag{6.3.4}$$

$$v_M = \frac{v'_M}{1 + 0.5 d_{50}^{-0.25}\left(\dfrac{v'_M}{v_c} - 1\right)} \tag{6.3.5}$$

式中　K_y——修正系数，当桥下河床为岩石或有铺砌时，取 1.0；

K_N——定床壅水系数，与建桥前后桥下断面流速变化有关；

v_M——冲刷后桥下平均流速（m/s），为设计流量除以冲刷后桥下净过水面积；

v'_M——冲刷前桥下平均流速（m/s），为设计流量除以冲刷前桥下净过水面积；

v_{OM}——天然状态下桥孔部分的平均流速；

v_c——河槽平均流速（m/s）；

d_{50}——河床质中值粒径（mm），对黏性土河床，可按表 6.3.3 换算。

表 6.3.3　黏性土换算粒径 d_{50}

天然孔隙比 e	>1.2	1.2～0.6	0.6～0.3	0.3～0.2
换算粒径 d_{50}/mm	0.15	3	10	50

桥下壅水高度 $\Delta Z'$ 可根据洪水情况和土质易冲程度参照表 6.3.4 取值。

表 6.3.4　桥下壅水高度 $\Delta Z'$ 取值

序号	洪水和河床土质条件	$\Delta Z'$ 取值
1	一般情况	$\Delta Z / 2$
2	洪水暴涨暴落，土壤坚实，不易冲刷时	ΔZ
3	洪水涨落缓慢，土壤松软易冲刷时	不计

2. 波浪

波浪是水面受风的作用而呈现起伏波动，并沿风向传播的现象（见图6.3.1）。波浪的最高点称为波峰，而最低点称为波谷，波峰与波谷之间的垂直距离就是波高。相邻两个波峰之间或两个波谷之间的水平距离被称为波长，而波浪传播的距离被称作浪程或风距。波浪的形成和特性与风速、风向、浪程以及水深等因素有关。在海洋、水库、湖泊以及设计洪水持续时间很长的河流中，波浪的高度是一个需要考虑的重要因素。波浪高度可根据调查或实测统计等方式取得，若调查或统计困难，也可按式（6.3.7）和式（6.3.8）计算，实际水面超高取波浪累计频率为1%的波浪高度$H_{b1\%}$的2/3。

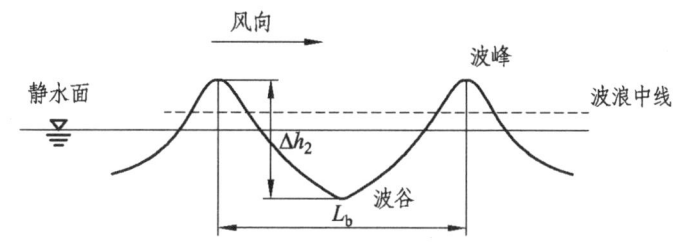

图6.3.1 波浪（风浪）示意

$$\bar{H}_b = \frac{0.13\tanh\left[0.7\left(\frac{g\bar{h}_D}{\bar{v}_\omega^2}\right)^{0.7}\right]\tanh\left\{\frac{0.0018\left(\frac{gD}{\bar{v}_\omega^2}\right)^{0.45}}{0.13\tanh\left[0.7\left(\frac{g\bar{h}_D}{\bar{v}_\omega^2}\right)^{0.7}\right]}\right\}}{\frac{g}{\bar{v}_\omega^2}} \quad (6.3.6)$$

浅水情况时，即：

$$\frac{\bar{H}_b}{\bar{h}_D} \geqslant 0.1, \quad \Delta h_2 = H_{b1\%} = 2.3\bar{H}_b \quad (6.3.7)$$

深水情况时，即：

$$\frac{\bar{H}_b}{\bar{h}_D} < 0.1, \quad \Delta h_2 = H_{b1\%} = 2.42\bar{H}_b \quad (6.3.8)$$

式中 $\bar{H}_b$——波浪平均高度（m）；

D——浪程（m）；

$\bar{h}_D$——沿浪程的平均水深（m）；

g——重力加速度；

$\bar{v}_\omega$——计算点设计水位以上10 m高度处，在洪水期间多年测得的自记2 min年平均最大风速的平均值（m/s），也可由自记10 min风速按式（6.3.9）换算。

$$\bar{v}_\omega = \frac{\bar{v}_{\omega 0} - 0.8}{0.88} \quad (6.3.9)$$

式中　$\bar{v}_{\omega 0}$——计算点设计水位以上 10 m 高度处，在洪水期间多年测得的自记 10 min 年平均最大风速的平均值（m/s）。

3. 河湾水位超高

计算桥面高程时，可计入河弯水位超高值的 1/2。设河面上有一个质点，如图 6.3.2 所示，河流断面平均流速为 v，河湾凸凹岸曲率半径的平均值为 R，则该质点的离心加速度为 v^2/R，河面过该点沿横截面方向的切线斜率等于离心加速度与重力加速度之比，即：

$$\frac{\Delta h}{B} = \frac{v^2}{gR} \tag{6.3.10}$$

河湾处的水位超高值可按下式计算：

$$\Delta h = \frac{v^2 B}{gR} \tag{6.3.11}$$

式中　B——水面宽度（m），如滩地有丛林、密草或死水时，该部分水面宽应予扣除。

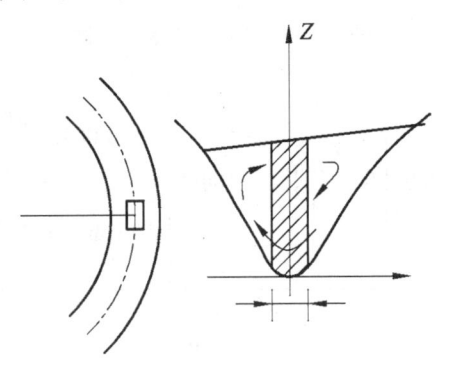

图 6.3.2　河湾水位超过示意图

4. 急流河槽中桥墩的水流冲击高度 Δh_d

在急流河槽（$Fr>1.0$）上建造桥梁时，桥梁上游河槽通常不会出现水位上升的壅水现象，但桥墩的迎水面可能会因为水流的冲击而产生溅起的水花，形成冲击水流［见图 6.1.8（d）］。在确定桥面高程时，不需要考虑壅水高度 ΔZ，而应计入冲击水流的高度。桥墩前的水流冲击高度 Δh_d 可以通过动量方程和连续性方程计算得出：

$$\Delta h_d = 0.5\left[\left(h_0^2 + 16h_0\frac{v_0^2}{2g}\right)^{0.5}\right] - 1.5h_0 \tag{6.3.12}$$

式中　Δh_d——急流河槽桥墩水流冲击高度（m）；
　　　　h_0, v_0——墩前河槽的天然水深（m）和流速（m/s）。

5. 其他因素

当河流水位上升时，河中央的主槽流速会大于两侧的河滩流速，导致主槽水位上升速度比河滩快，从而在河中央形成较高的水位，而两侧河滩的水位相对较低，这种现象称为水拱现象。在洪水从峡谷出口流出时，也可能发生水拱现象。除此之外，还可能存在局部股流壅高（与水拱比较，只取其中较大者）、河流淤积以及漂浮物高度等因素，这些因素通常需要通过现场调查和实际测量来确定。

对于河床淤积高度，山前区宽浅河道中游扩散河段桥下净空高度按表 6.3.5 所示。

表 6.3.5　不同淤积高度的桥下净空高度

淤积情况	净空高度/m
建桥前无明显淤积现象	1～2
建桥前有明显淤积现象	2～4

二、桥面高程计算

1. 不通航河流的桥面设计高程

① 按设计水位计算桥面最低高程时（见图 6.3.3），应按下式计算：

$$H_{\min} = H_s + \sum \Delta h + \Delta h_j + \Delta h_0 \qquad (6.3.13)$$

式中　$H_{\min}$——桥面最低高程（m）；

　　　H_s——设计水位（m）；

　　　$\sum \Delta h$——考虑浪高、壅水、水拱、河弯超高、局部股流壅高（局部股流壅高与水拱只取其大者）、漂浮物高度、床面淤高等诸因素的总和（m）；

　　　Δh_j——桥下净空安全值（m），应符合表 6.3.6 和表 6.3.7 要求，并与表 6.3.5 比较取大值；

　　　Δh_0——桥梁上部构造建筑高度（m），公路桥应包括桥面铺装高度。

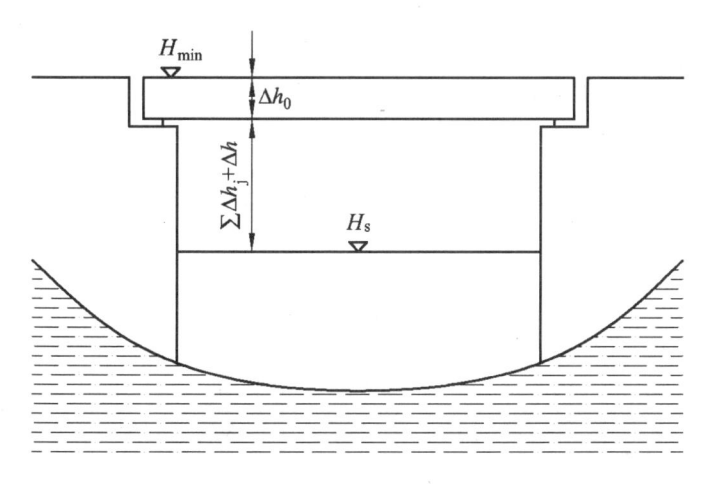

图 6.3.3　不通航河流桥面标高示意图

表 6.3.6　铁路桥梁桥下净空高度 Δh_j

序号	桥梁部位		高出设计水位加 Δh 后最小高度/m	高出检验水位加 Δh 后最小高度/m
1	梁底	一般情况	0.50	0.25
		洪水期有大漂流物	1.50	1.00
		有泥石流	1.00	—
2	支承垫石顶面		0.25	—
3	拱肋和拱圈的拱脚		0.25	—

注："加 Δh"表示根据河流具体情况，分别考虑桥下雍水、浪高、局部股流涌高、河床淤积等影响的高度。"设计水位"和"检验水位"指该桥在设计（检算）洪水频率标准下对应的水位。

表 6.3.7　公路桥梁桥下净空高度 Δh_j

桥梁部位	按设计水位计算的桥下净空安全值/m	按最高流冰水位计算的桥下净空安全值/m
梁底	0.50	0.75
支承垫石顶面	0.25	0.50
拱脚	0.25	0.25

② 按设计最高流冰水位计算桥面最低高程时，应按下式计算：

$$H_{\min} = H_{SB} + \Delta h_j + \Delta h_0 \tag{6.3.14}$$

式中　H_{SB}——设计最高流冰水位（m），应考虑床面淤高。

③ 桥面设计高程取用值不应低于式（6.3.7）和式（6.3.8）的计算值。

2. 通航河流的桥下净空

在设计通航河流上的桥梁时，除满足非通航河流的桥面设计高程的要求外，还必须符合以下条件：

$$H_{\min} = H_{th} + H_M + \Delta h_0 \tag{6.3.15}$$

式中　H_{th}——设计最高通航水位（m）；

　　　H_M——通航净空高度（m），见表 6.3.8。

表 6.3.8　水上过河建筑物通航净空尺度（两排两列船队）

航道等级	天然及渠化河流				限制性河道			
	H_M	B_m	b	h	H_M	B_m	b	h
Ⅰ	18	95	70	7.0				
Ⅱ	10	50	40	6.0	10	65	50	6.0
Ⅲ	10	60	45	6.0	10	85	65	6.0
Ⅳ	8	35	29	5.0	8	45	40	4.0
Ⅴ	8.5	30	25	5.5, 3.5	8.5	38	31	4.5, 3.5
Ⅵ	6				6			
Ⅷ	4.5	18	1	2.8	4.5	26~30	21	2.8

图 6.3.4 中 B_m 是指桥设计最低通航水位时桥墩之间的净距,桥下净空高度 H_M 是从最高通航水位开始计算。

设计最高通航水位根据各种河流航道等级确定,一般按表 6.3.9 取值。然而对于山区的河流,如果经过多年的水文数据验证,发现超过设计最高通航水位的情况持续时间短暂,最高通航水位所对应的重现期可适当降低,对于Ⅲ级航道,设计时考虑的最高通航水位可以采用 10 年一遇的洪水位;对于Ⅳ~Ⅴ级航道,设计最高通航水位可以采用 5 年一遇的洪水位;而Ⅵ和Ⅷ级航道的设计最高通航水位则可以根据 2~3 年一遇的洪水位来确定。综合利用的排灌和引水渠道、运河和河网航道、通航的水利枢纽上下游,以及渠化河流的设计最高通航水位可按《内河通航标准》(GB 50139—2014)规定执行。

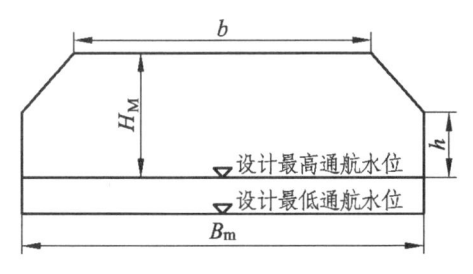

图 6.3.4 通航河流桥面标高示意图

表 6.3.9 天然河流设计最高通航水位标准

航道等级	Ⅰ~Ⅲ	Ⅳ~Ⅴ	Ⅵ~Ⅷ
洪水重现期/年	20	10	5

三、算例

某平原区通航河流上拟建一座中等跨度的公路桥,已知设计水位高程 H_s=307.0 m,波浪高度 0.3 m,桥前最大壅水高度 0.2 m,河床为粗砂、砾石等,水拱高度 0.52 m,上部结构为简支箱梁,梁高 1.4 m,桥面铺装 0.1 m,栏杆高度为 1.5 m。设计最高流冰水位为 H_{SB}=304.8 m,桥下净空安全值按表 6.3.7 取值。若该河道为不通航河段,求桥面中心最低标高 H_{min}。若该河段为Ⅳ级航道,设计最高通航水位为 $H_{t\,min}$=301 m,通航净空高度 H_M 取 8.0 m,求桥面中心最低标高 H_{min}。

【解】(1)按不通航河段计算。

① 基于设计洪水位计算。

$$H_{min} = H_s + \sum \Delta h + \Delta h_j + \Delta h_0$$

$H_s = 307.0 \text{ m}$

$\sum \Delta h = 0.3 \times \dfrac{2}{3} + 0.2 \times \dfrac{1}{2} + 0.52 = 0.82 \text{ m}$

$\Delta h_j = 0.5 \text{ m}$

$\Delta h_0 = 1.4 + 0.1 = 1.5 \text{ m}$

$H_{min} = 309.82 \text{ m}$

② 基于流冰设计水位计算。

$$H_{min} = H_{SB} + \Delta h_j + \Delta h_0$$

$$H_{SB} = 304.8 \text{ m}$$

$$\Delta h_j = 0.75 \text{ m}$$

$$\Delta h_0 = 1.5 \text{ m}$$

$$H_{min} = 307.05 \text{ m}$$

（2）按通航河段计算。

$$H_{tmin} = H_{th} + H_M + \Delta h_0$$

$$H_{tmin} = 301.0 + 8.0 + 1.5 = 310.5 \text{ m}$$

两种不通航的情况需要取最大值，不通航和通航两种情况再取最大值，桥面最低高程为 310.5 m。

第四节　河滩路堤高程计算

当桥长小于河宽时，桥头路堤伸入河床，如图 6.4.1 所示。在洪水期间使河滩上的路堤处在水中，其工作环境与一般路堤不一样。由于河流所处地形不同，桥头河滩路堤可出现在河的两侧或一侧。汛期时河滩路堤拦截了河滩水流的出路，迫使路堤上游侧水位抬高，水面呈漏斗状。桥头河滩路堤的平面布设，应使河滩水流顺畅，避免在河滩路堤与河岸间形成水袋，影响路堤稳定。因此布设时应使河滩路堤避免在河滩范围内折向下游（桥台处为起点）。如必须折向下游时，可根据技术经济条件增长桥孔或增设导流工程，以消除水袋，山区河流流速湍急，宜采用增长桥孔的措施。

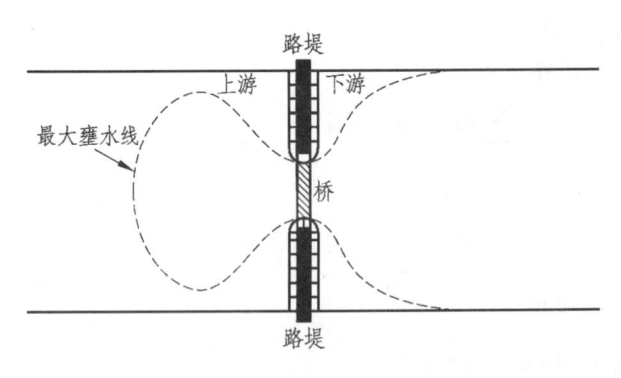

图 6.4.1　桥梁及其路堤布置图

一、引起水面超高的因素

新建桥梁后，由于桥孔对河道的压缩会形成桥前壅水。在河滩路堤上游侧除了桥前壅水的存在，还会形成由桥台向两岸的路堤壅水。当水流流过桥孔后会向两岸河滩扩散，因此在河滩路堤下游侧会呈现出由桥台向两岸水面降低的现象。

1. 河滩路堤上游侧壅水

桥头无导流堤或有梨形导流堤时河滩路堤上游侧最大壅水高度（见图6.4.2），可按下式计算：

$$\Delta h_{sh} = \Delta Z + L_{y1} I \tag{6.4.1}$$

$$L_{y1} = K_s (1 - M') B \tag{6.4.2}$$

式中　Δh_{sh}——路堤上游侧设计水位以上的最大壅水高度（m）；
　　　ΔZ——桥前最大壅水高度（m）；
　　　L_{y1}——桥前最大壅水高度处至桥轴线的垂向距离（m）；
　　　I——桥位河段天然洪水比降（以小数计）；
　　　M'——天然状态下桥孔范围内通过的流量与设计流量之比；
　　　B——设计洪水时的水面高度（m）；
　　　K_s——系数，可按表6.4.1查取。

表 6.4.1　K_s 系数

M'	0.8	0.7	0.6	0.5
K_s	0.45	0.49	0.53	0.59

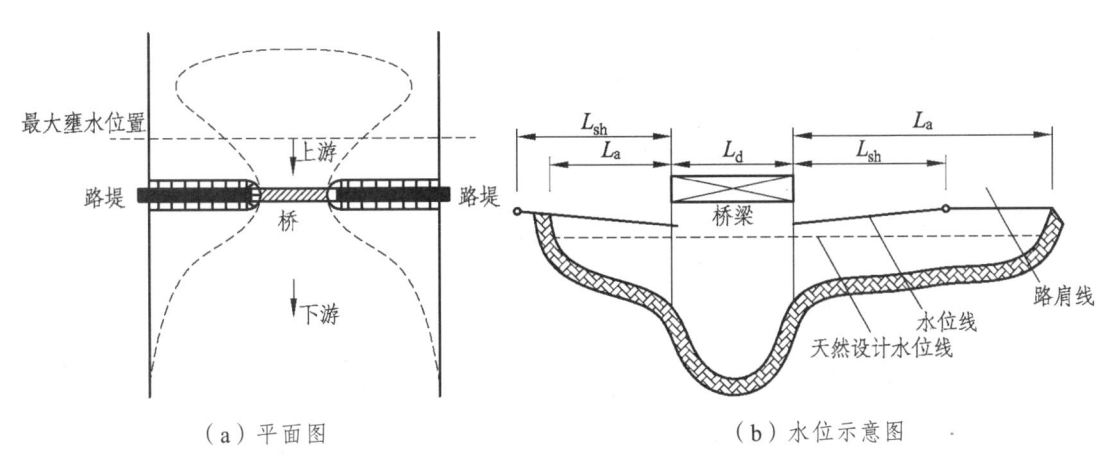

图 6.4.2　河滩路堤上游侧壅水示意图

路堤上游最大壅水高度点至桥台前缘的顺桥向距离 L_{sh}，可按下式计算：

$$L_{sh} = A L_{y1} - 0.5 L_d \tag{6.4.3}$$

$$E' = 1 - \frac{Q'_{t2}}{Q'_{t1}}$$
（6.4.4）

式中　L_d——两桥台前缘间的距离（m）；
　　　A——系数，可根据 E'、M' 值按表6.4.2查取；
　　　E'——桥孔偏置系数；
　　　M'——天然状态下桥孔范围内的流量与设计流量之比；
　　　Q'_{t1}——桥梁一端路堤阻挡的较大流量（m³/s）；
　　　Q'_{t2}——桥梁另一端路堤阻挡的较小流量（m³/s）。

表6.4.2　系数 A 取值

M'	E'									
	0	0.1	0.2	0.3	0.4	0.5	0.6	0.7	0.8	0.9
0.5	1.43	1.44	1.48	1.55	1.63	1.73	1.85	1.98	2.14	2.31
0.6	1.93	1.94	1.95	2.00	2.09	2.20	2.35	2.52	2.73	2.97
0.7	2.80	2.81	2.82	2.83	2.90	3.03	3.23	3.47	3.79	4.16
0.8	4.60	4.64	4.68	4.72	4.77	4.87	5.16	5.57	6.16	6.92

路堤上游最大壅水高度点至岸边的水面按平坡计，桥台前缘至最大壅水高度点沿路堤方向的水面横坡可以按照下式进行计算：

$$I_h = \frac{L_{y1}I}{L_{sh}}$$
（6.4.5）

计算的 L_{sh} 大于路堤长度时，路堤上游最大壅水高度可按下式计算：

$$\Delta L'_{sh} = \Delta Z + \frac{L_a L_{y1} I}{L_{sh}}$$
（6.4.6）

式中　$\Delta L'_{sh}$——当 $L_{sh} > L_a$ 时，路堤上游侧边坡与岸坡交接处设计水位以上的最大壅水高度（m）；
　　　L_a——由桥台前缘至同一端岸边间的路基长度（m）。

桥头有非封闭式导流堤时，沿路堤的水面线按平坡考虑。当 $L_{sh} \leqslant L_a$ 时，路堤上游侧壅水高度按 Δh_{sh} 计，当 $L_{sh} > L_a$ 时，按 $\Delta L'_{sh}$ 计。

2. 河滩路堤下游侧壅水

在路堤下游一侧的水位，应按相同的高度来计算，该处水位相较于设计水位的降低量可以通过下式进行估算：

$$\Delta h_x = K_j h_{t1}$$
（6.4.7）

式中　Δh_x——水位降低值（m）；
　　　h_{t1}——设计水位时，河滩路堤范围内的平均水深（m）；
　　　K_j——水位降低系数，可按表6.4.3查取。

表 6.4.3　水位降低系数 K_j 取值

$\dfrac{Q'_t}{Q_p}$	E'											
	河滩路基阻挡流量较大一端						河滩路基阻挡流量较小一端					
	0	0.2	0.4	0.6	0.8	1.0	0	0.2	0.4	0.6	0.8	1.0
0	0.00	0.00	0.00	0.00	0.00	0.00	0.00	0.00	0.00	0.00	0.00	0.00
0.1	0.07	0.08	0.10	0.12	0.13	0.14	0.07	0.07	0.07	0.06	0.06	0.06
0.2	0.13	0.17	0.20	0.23	0.25	0.26	0.13	0.13	0.12	0.12	0.11	0.11
0.3	0.19	0.25	0.29	0.33	0.35	0.36	0.19	0.19	0.18	0.18	0.18	0.17
0.4	0.25	0.33	0.38	0.41	0.43	0.44	0.25	0.24	0.24	0.23	0.23	0.22
0.5	0.30	0.40	0.44	0.46	0.48	0.48	0.30	0.29	0.28	0.27	0.26	0.24
0.6	0.33	0.42	0.47	0.49	0.51	0.51	0.33	0.32	0.30	0.29	0.28	0.26
0.7	0.36	0.44	0.49	0.51	0.52	0.52	0.36	0.34	0.32	0.30	0.28	0.27

注：① 表列 K_j 值可内插求算。
② 表中 Q'_t 为两端河滩路基所阻挡的流量之和（m³/s），Q_p 为设计流量（m³/s）。

3. 波浪爬高

波浪在路堤边坡上的侵袭高度可根据本地区或相似地区的观测资料确定。缺乏观测资料时，可按下式确定：

$$\Delta h'_p = K_\Delta K_v R_\Delta H_{b1\%} \qquad (6.4.8)$$

式中　$\Delta h'_p$——自静止水面算起的波浪在边坡上的侵袭高度；
　　　K_Δ——边坡糙渗系数；
　　　K_v——与风速相关的系数；
　　　R_Δ——相对波浪侵袭高度，即当 $K_\Delta = 1.0$，$K_v = 1.0$ 及 $H_{b1\%} = 1.0$ m 时的波浪侵袭高度。

波浪斜向冲击路堤时，侵袭高度会降低。当边坡横竖尺寸比 $m>1$ 且路堤边坡上水边线与波射线的夹角 $\beta \geqslant 30°$ 时，侵袭高度应该乘以折减系数 K_β，其值按照下式计算：

$$K_\beta = \frac{1 + 2\sin\beta}{3} \qquad (6.4.9)$$

二、设计高程

河滩路堤除了应满足现行行业标准《公路路基设计规范》（JTG D30—2015）规定的最小填土高度外，其设计高程也应在河滩设计水位之上，并考虑壅水高度或水位降低值、局部冲高、波浪爬高、床面淤高、河湾超高等因素的影响，且留有 0.5 m 的安全高度。河滩路堤最小设计高程可按下式计算：

$$H_{\min} = H_s + \sum \Delta h + 0.5 \qquad (6.4.10)$$

式中　H_{min}——路基边缘最低高程（m）；
　　　H_s——设计水位（m）；
　　　$\sum \Delta h$——考虑壅水高度或水位降低值、波浪爬高、局部冲高、河湾超高、床面淤高等因素的总和。

对于铁路桥梁，桥头路堤的路肩最低高程应与桥梁路肩高程保持一致，取以下两式计算结果中的较大值。

$$H_{min} = H_{ld} + C_g - h_g，H_{min} = H_{dd} + C_g' - h_g \quad (6.4.11)$$

式中　H_{ld}——根据通航、排洪要求的梁底高程；
　　　H_{dd}——根据水位要求的桥墩台支承垫石顶高程；
　　　C_g——轨底至梁底高度；
　　　C_g'——轨底至桥墩台支承垫石顶高度；
　　　h_g——轨底至路肩高度。

思考与练习

1. 什么是缓流和急流？什么是主流与副流？
2. 河道水流具有哪些一般特性？
3. 什么是河相关系？
4. 简述桥位河段水流图式。
5. 简述冲刷系数法确定桥孔长度的计算步骤。
6. 不用类型河段计算桥梁净长的经验公式有何区别？
7. 引起桥梁水位升高的因素有哪些？
8. 不同类型河道如何确定桥面高程？
9. 铁路和公路河滩路堤高程如何确定？
10. 某跨河铁路桥梁，桥位处天然河槽平均流速为 2.6 m/s，设计流量为 3 350 m³/s，冲刷系数为 1.2。初步拟定上部构造采用标准跨径为 24 m（桥墩中心间距）的预应力钢筋混凝土简支梁，桥长 L=143 m，墩宽 2.0 m。设计水位线与河床断面围成的过水断面面积为 1 200 m²。试用冲刷系数法校核该桥孔布设方案是否可行。
11. 桥址河床断面及地质资料如图 6.4.3 所示，属于平原次稳定河流，设计流量 Q_s= 6 150 m³/s，设计水位 H_s=107 m。天然河槽平均流速 v=2.0 m/s，河滩流速为 0.95 m/s。水流与桥位正交，汛期含沙量 ρ=5 kg/m³。通航等级为五级航道，最小净跨 35 m，最小净高 8 m，通航水位 105.00 m。采用净跨 40.0 m 的预应力钢筋混凝土梁，圆端形桥墩，宽 3.1 m，长 9.10 m，梁建筑高度 3.00 m，梁缝 0.10 m，基础为沉井，尺寸为 4.6 m×10.6 m。（1）确定桥孔长度；（2）确定桥面中心最低高程。

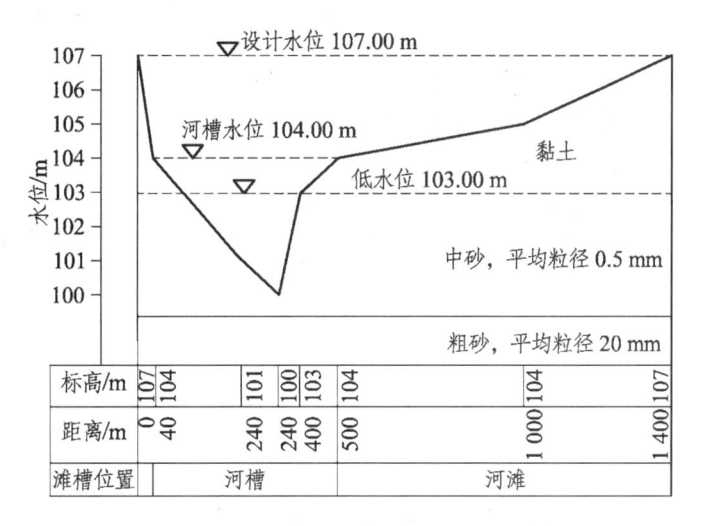

图 6.4.3 某桥址河床断面及地质资料

第七章 墩台冲刷与基础埋深

冲刷是导致桥梁水毁垮塌的主要原因之一，墩台冲刷及基础埋深直接影响桥梁安全。冲刷与河道泥沙运动相关，可进一步细分为自然冲刷、一般冲刷和局部冲刷三种类型。冲刷深度的准确计算对于确保桥梁基础的合理埋置深度具有至关重要的意义。

第一节 河道泥沙运动

一、泥沙的特征

河道泥沙是指在流体作用下，受到水流、波浪和重力影响而移动并最终沉积的固体颗粒。河道泥沙的来源主要分为两种：一种为水土流失，来自流域降雨形成的地面径流对地表的冲蚀；另一种为河床冲刷，河道内的水流和泥沙持续运动，水流将床面上的泥沙冲起并带走，导致床面逐渐下切。经过河流的搬运作用，泥沙部分汇流入湖海。以我国第二大淡水湖——洞庭湖为例：清道光年间（1821—1850 年）洞庭湖面积约 5 600 km^2，"八九百里，日月皆出没其中"；到 1983 年，湖泊面积缩小到 2 691 km^2，每年约有 1.28 亿 t 泥沙淤积湖底。

1. 几何特性

河床泥沙由不同大小和形状的颗粒构成。泥沙的几何特性通常通过颗粒直径（粒径）、粒径级配曲线（粒配曲线）、平均粒径（$\bar{d}$）及中值粒径（d_{50}）等指标表示，单位均以 mm 计。

1）粒径（d）

泥沙颗粒外形极不规则，采用与泥沙颗粒同体积的球体直径来表示泥沙颗粒大小，将同体积球体直径称为等容直径。若泥沙粒径大于 0.05 mm，可用筛析法量测。筛析法是一种通过筛分技术按颗粒大小进行分级的实验方法。该方法将已知重量的物料置于一系列孔径逐渐减小的筛网中，经过一定时间的振动，物料依据颗粒大小被分配到各个筛层，从而实现多级分类。若泥沙粒径小于 0.05 mm，则用水析法量测，即根据泥沙在静水中沉降速度与粒径大小的关系，来确定粒径的大小。对大粒径的圆石、孤石可直接测量其长、短轴直径。

粒径分级是指将一系列大小不同的土粒根据其有效直径划分的级别。按国际制，划分为黏粒（<0.002 mm）、粉粒（0.002~0.02 mm）、砂粒（0.02~2 mm）和砾石、卵石和漂石（>2 mm），其中砂粒还可以进一步分为粗砂和细砂。

2）粒径级配曲线

粒径级配曲线是描述泥沙样本中各粒径级别下颗粒的质量百分数的曲线，通常在半对数坐标图上绘制，其中横轴表示粒径，纵轴表示小于某一粒径的颗粒在整个样品中的质量分数（见图7.1.1）。粒径级配曲线反映了沙样颗粒的大小和均匀程度。

3）平均粒径（$\bar{d}$）或中值粒径（d_{50}）

桥梁冲刷计算中多采用平均粒径（$\bar{d}$）。若用筛分法得到沙样筛径之间各组泥沙，其平均粒径为上下两级筛孔的均值，即 $d_i=(d_大+d_小)/2$，平均粒径（$\bar{d}$）可表示为：

$$\bar{d}=\frac{\sum_{i=1}^{n}d_i p_i}{\sum_{i=1}^{n}p_i} \qquad (7.1.1)$$

式中 p_i——每组泥沙的质量。

中值粒径 d_{50} 是指在砂样中，粒径大于该值和小于该值的泥沙质量各占一半的粒径，可从粒配曲线上查得。图 7.1.1 中河床质的中值粒径 d_{50} 大约为 0.09 mm，而悬移质的 d_{50} 大约为 0.025 mm。

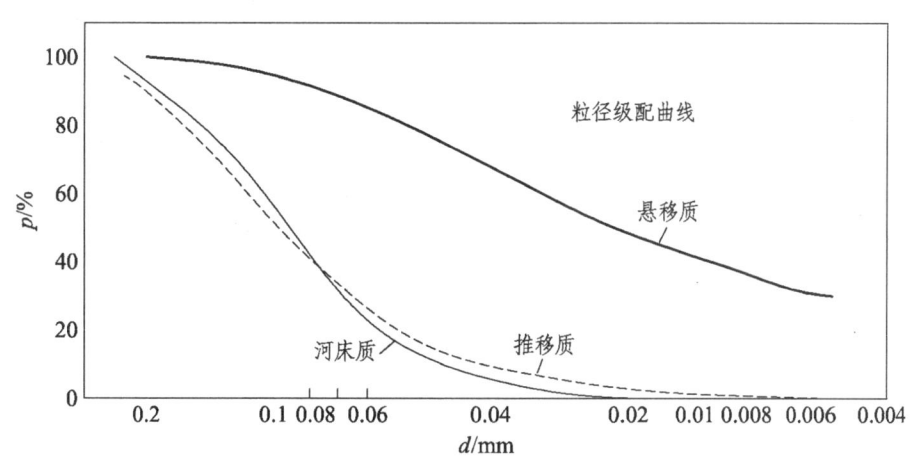

图 7.1.1 悬移质、推移质、河床质的级配曲线

2. 重力特性

泥沙颗粒实体单位体积的重力为容重（重度）γ_s。由于构成泥沙的母岩性质不同，泥沙的容重也略有差异，一般在 26~27 kN/m³ 之间，实践中常取 26.50 kN/m³。由于组成河床的泥沙或淤积的泥沙，其颗粒间存在空隙，空隙中充满了水和空气，因此也可采用干容重（或干重度）γ' 反映沙样的重力特性。干容重是指沙样在 100~150 ℃ 的温度下烤干后的重力与原状沙

样整个体积的比值，干容重越大，泥沙越密实。

3. 水力特性

泥沙的水力特性通常用泥沙颗粒在静止清水中均匀下沉的速度来表征，这一速度称为沉速（ω）。泥沙的沉速与泥沙的颗粒大小、形状、容重和水的黏滞性及泥沙沉降时的运动状态有关。沙粒雷诺数表示为 $Re = \dfrac{\omega d}{\eta}$，式中 η 为水流黏性系数。如图 7.1.2 所示，当 $Re<0.5$ 时，泥沙颗粒基本上沿铅垂线下沉，其绕流状态属于层流；当 $0.5 \leqslant Re \leqslant 1\,000$ 时，泥沙沿摆动的轨迹下沉，颗粒首部为层流，尾部为紊流，绕流属于过渡状态；当 $Re>1\,000$ 时，泥沙颗粒脱离铅垂线、沿螺旋形轨迹下沉，其周围的水体布满旋涡，这时的绕流状态属于紊流。

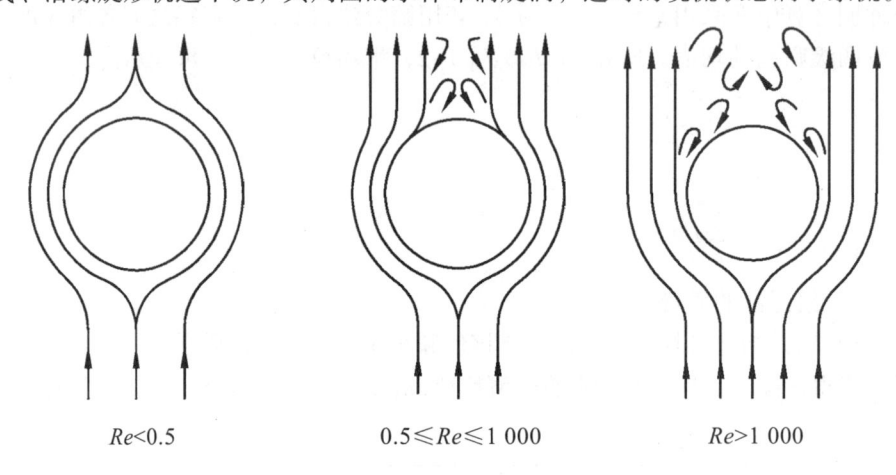

$Re<0.5 \qquad 0.5 \leqslant Re \leqslant 1\,000 \qquad Re>1\,000$

图 7.1.2　泥沙在静水中沉降的水流特性

二、泥沙的受力

床面泥沙受力包括重力 W、拖曳力 F_D 以及上举力 F_L，如图 7.1.3 所示。

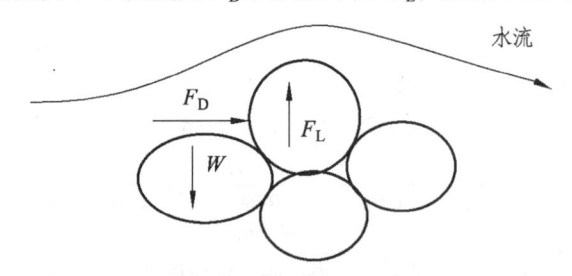

图 7.1.3　泥沙颗粒受力示意图

泥沙颗粒重力 W 的表达式为：

$$W = \frac{1}{6}(r_s - r_w)\pi d^3 \qquad (7.1.2)$$

式中　r_w——水的容重。

拖曳力 F_D 主要由表面摩擦力和压差阻力两部分组成。摩擦力主要由水流流过粗糙的颗粒表面产生的，压差阻力为水流经过泥沙背后流线分离，产生漩涡，形成的压力差。可表示为以下形式：

$$F_D = C_D \frac{\pi d^2}{4} \frac{\rho v^2}{2} \tag{7.1.3}$$

式中　C_D——拖曳力系数；
　　　ρ——水的密度；
　　　v——水流流速。

泥沙颗粒顶部流速大、压力小，底部流速小、压力大，上举力 F_L 为泥沙上下表面压力差，可表示为：

$$F_L = C_L \frac{\pi D^2}{4} \frac{\rho v^2}{2} \tag{7.1.4}$$

式中　C_L——上举力系数。

泥沙拖曳力和上举力属于泥沙运动的驱动力。泥沙颗粒还受重力和颗粒间摩擦力的作用，对于细颗粒还存在颗粒间的黏结力，这些力的作用共同组成了泥沙颗粒运动的抗拒力。

三、泥沙的运动

1. 泥沙起动流速

床面泥沙颗粒起动时，受到的驱动力和抗拒力失去平衡，从而使其由静止状态转变为运动状态。泥沙起动标志着泥沙运动及河床变形的开始，这一过程是由于床面泥沙颗粒所受的驱动力、抗拒力及其产生的力矩之间的平衡被打破所导致的。

泥沙起动条件可用起动流速来表示，起动流速是指在外力作用下，床面泥沙颗粒失去平衡并开始运动时，水流垂线的平均流速。桥梁冲刷计算中，起动流速是判别床面泥沙是静止还是运动状态的标准。

沙玉清根据泥沙颗粒起动时，拖曳力和阻力相等的条件，建立了起动流速公式：

$$v_0 = [0.43 \bar{d}^{-0.75} + 1.1 \frac{(0.7-\varepsilon)^4}{\bar{d}}]^{0.5} h^{0.2} \tag{7.1.5}$$

式中　v_0——起动流速（m/s）；
　　　h——水深（m）；
　　　ε——孔隙率。

以窦国仁整理的各家资料为基础，加上长江的实测记录以及武汉水利电力学院关于轻质卵石的试验资料（包括卵石、粗砂、细砂、黏土等粒径变化很宽的各种泥沙），张瑞瑾也给出了起动流速公式：

$$v_0 = \left(\frac{h}{\bar{d}}\right)^{0.14} \left(29\bar{d} + 0.000\,000\,605 \frac{10+h}{\bar{d}^{0.72}}\right)^{0.5} \tag{7.1.6}$$

式（7.1.5）和式（7.1.6）共同特征在于，括号内的第一项体现了重力对泥沙起动的抵抗作用，而第二项则反映了黏结力对泥沙起动的阻碍。

我国《公路工程水文勘测设计规范》（JTG C30—2015）中采用的起动流速公式为：

$$v_0 = 0.0246 \left(\frac{h_p}{\bar{d}}\right)^{0.14} \sqrt{332\bar{d} + \frac{10+h_p}{\bar{d}^{0.72}}} \tag{7.1.7}$$

2. 推移质

依据泥沙在河槽中的运动特性，可将其划分为悬浮质和推移质两大类（见图 7.1.4）。在特定的水动力作用下，泥沙处于运动状态，其中颗粒稍大的泥沙在河床面附近随着水流以滑动、滚动或跳跃的形式运动着，这些泥沙称为推移质。推移质分为接触质及跃移质（见图 7.1.4），接触质是指以滑动、滚动形式运动，经常与床面保持接触的泥沙。接触质在推移质中占比不大。在床面附近以跳跃形式前进的泥沙称为跃移质。跃移质是推移质运动的主要形式。

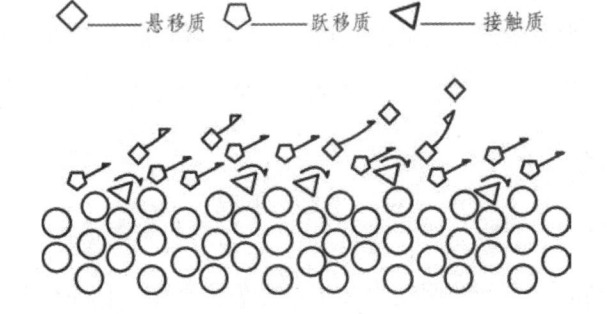

图 7.1.4　推移质、悬移质运动示意图

推移质的主要特点包括：

（1）间歇性：泥沙一颗一颗沿着河床运动，走走停停，呈间歇性，群体表现呈现沙波。

（2）置换性：运动中的泥沙与静止泥沙之间经常发生相互置换。

（3）速度较小：其前进速度明显低于水流速度。

（4）跳跃性：在运动过程中，泥沙有时会以跳跃的方式前进，但跳跃高度通常不大。

（5）数量较少：在运动中的河流泥沙中，推移质在总输沙率中的占比较小。

（6）能量消耗：推移质的运动直接消耗水流的时均能量，导致水流阻力的增加。

起动流速是推移质运动产生的条件，沙波运动是推移质运动的主要形式。泥沙颗粒在床面的集体运动为沙波运动，由此形成的波状起伏的床面形态为沙波。沙波的形态与水流强度有密切关系。桥梁墩台处的河床随沙波运动而变化，直接影响到冲刷深度，沙波运动规模越大，冲刷深度的变幅越大。在设计中，应考虑沙波波谷移动至桥梁位置时，河床下降所导致的埋置深度变化。

缓流状态（弗劳德数 $Fr < 1.0$）沙坡发展过程：没有沙波→出现沙纹→成为沙垄→成为沙丘；急流状态（弗劳德数 $Fr > 1.0$）沙坡发展过程：水面发生立波→河底出现起伏→水面仍有立波，但河床发生向上游运动的反向沙丘，如图 7.1.5 所示。

（a）缓流　　　　　　　　　　　（b）急流

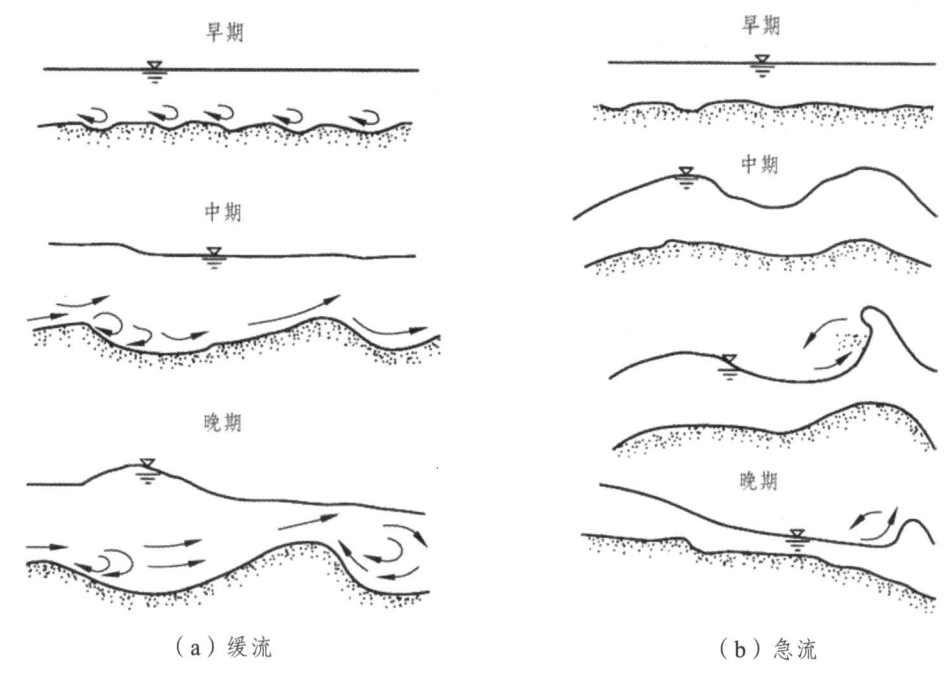

图 7.1.5　沙坡发展过程

推移质输沙率 g_b 是指单位时间内通过水流断面的推移质质量。在桥下河槽的一般冲刷计算中，通常使用以流速为主要参数的推移质输沙率公式进行计算：

$$g_b = \frac{k_0 \gamma_s \cdot \gamma}{C_0^2 \gamma_s - \gamma}(v - v_0)\frac{v^3}{g\omega} \tag{7.1.8}$$

式中　g_b——推移质输沙率 [kg/(s·m)]；

k_0——系数，若计算推移质输沙量，$k_0=0.01$，若计算推移质和近底悬移质总沙量，$k_0=0.1$，若只计算近底悬移质输沙量，$k_0=0.09$；

γ——水的容重（kN/m³）；

γ_s——泥沙的容重（kN/m³）；

v——水流速度（m/s）；

v_0——起动流速（m/s）；

C_0——无量纲谢才系数（长度以 m 计），$C_0 = \dfrac{C}{\sqrt{g}}$；

k_s——床面粗糙高度，当 $d \leqslant 0.5$ mm 时，$k_s=0.5$ mm，当 $d>0.5$ mm 时，$k_s=d$；

ω——泥沙沉速（m/s）。

由式（7.1.8）可见，推移质输沙率 g_b 与流速的四次方呈正比。在天然河道中，推移质的运动通常集中于流速最大的主流区。此外，一年之内几次大洪水的推移质输沙量往往占全年的绝大部分。

3. 悬移质

比推移质颗粒更大的泥沙称为河床质（或床沙），它们在河床表面静止不动。而悬浮在水中且与水流速度基本一致的泥沙则被称为悬移质。悬移质的主要特点包括：

（1）速度大：顺水流前进的速度与水流的速度基本相同。

（2）置换性：有时与床沙发生置换。

（3）悬浮性：浮游的位置有时候接近水面、有时候接近河床。

（4）数量多：在运动中的河流泥沙中，悬移质所占的比重较大。

（5）消耗紊动能：其对水流的影响主要表现为消耗水流的紊动能，间接增加水流阻力。

悬移质、推移质和河床质之间的颗粒大小界限是相对的，会随着水流速度的变化而变化。推移质、悬移质运动特征如图 7.1.4 所示。

在特定的水流、泥沙特性和断面形态条件下，当河床处于平衡状态时，水流能够携带的最大含沙量被称为水流的挟沙能力，单位为 kg/m³。尽管有很多描述水流挟沙能力的计算公式，但目前尚难找到一个可普遍适用的挟沙能力计算公式，多数公式的应用范围是有限的，有的公式虽然应用范围较广，但系数难以确定，且不同河流系数差别可能很大。有的公式只适应于某一条河流。常用的水流挟沙能力经验公式为：

$$S_{vm} = k\left(\frac{v^3}{gh\omega}\right)^m \tag{7.1.9}$$

式中 v——垂线平均速度；

k、m——分别为系数与指数；

h——水深。

式（7.1.9）对中低含沙量的水流比较适用。当 $S_v < S_{vm}$ 时，泥沙不足，冲刷河床来补充；当 $S_v > S_{vm}$ 时，泥沙过剩，在河床上淤积。挟沙能力是一个临界值，随着水流和边界条件的不同而时刻变化。当上游的来沙量超过本河段水流的挟沙能力时，过剩的泥沙将沉积在河床上，导致淤积现象的发生。相反，如果上游的来沙量低于本河段的挟沙能力，则该河段会补偿不足的泥沙，导致冲刷现象的出现。

在河流的冲刷段，河床表面的细粒泥沙遭受水流的冲蚀作用而迁移；与此同时，上游搬运的粗粒泥沙逐渐沉积，导致河床表层的泥沙粒径逐渐增大，形成自然铺砌现象（见图 7.1.6），这一现象被称为河床表面的糙化。

图 7.1.6　河床表面糙化

第二节　冲刷类型

冲刷是指水流在河床、堤岸、桥梁墩台及基础等建筑物周围，通过淘掘并搬运泥沙及其他物质的过程。冲刷可能发生在任何时候，但是在洪水期间尤其强烈，更易导致桥梁结构破坏。冲刷是一种受水深、流向、流速、桥墩或基础形状、泥沙特性等诸多因素影响的动态现象。

最大冲刷深度是各种因素综合作用的结果，形成过程十分复杂。为了简化计算，桥梁设计中将这一复杂过程划分为自然冲刷、一般冲刷和局部冲刷三部分，假设它们相继发生并分别进行计算，最终将它们的结果进行叠加，以得出桥墩和桥台的最大冲刷深度：

$$h_s = h_z + h_p + h_b \tag{7.2.1}$$

式中　h_s——冲刷后最大水深；

　　　h_z——自然冲刷深度；

　　　h_p——一般冲刷最大水深；

　　　h_b——局部冲刷深度。

一、自然冲刷

天然河道中的水流与泥沙始终处于持续运动状态，水流不断冲起并搬运床面泥沙，导致河床下切，形成冲刷现象；与此同时，水流携带的泥沙在河床上沉积，造成河床淤积。在水流与泥沙的相互作用下，河床经历着持续的冲刷与淤积转换，这一动态演变过程被称为自然冲刷。对于由河槽横向变动引发的自然冲刷，宜在桥位河段内选择对冲刷计算最为不利的断面作为计算断面。

河床逐年下切、淤积、河湾扩展、边滩下移及裁弯取直［见图7.2.1（a）］、中泓线的摆动［见图7.2.1（b）］，以及一个水文周期内河床随水位和流量变化而发生的周期性变形，均可能导致河床显著变形。此外，人类活动，如河道整治和水利工程的建设，也会对河床产生影响，进而影响墩台基础的埋置深度。

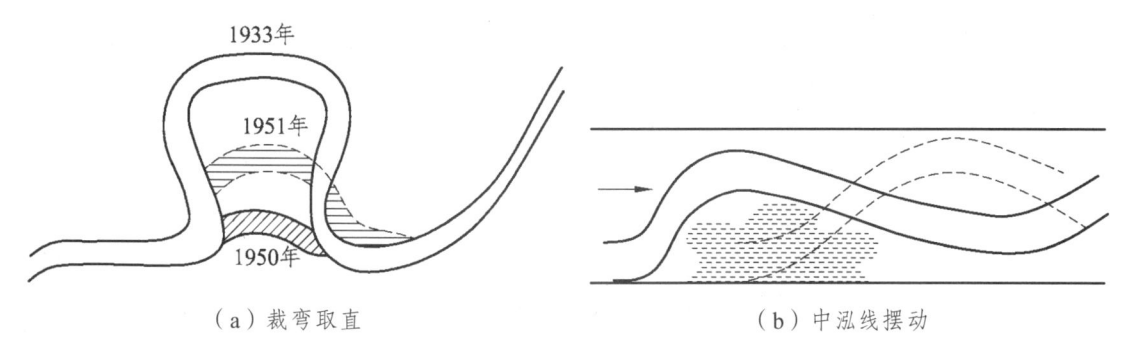

（a）裁弯取直　　　　　　　　　　　（b）中泓线摆动

图7.2.1　河床自然演变示意图

河床演变引起的自然冲刷深度，可通过实地调查或桥位上下游水文站多年实测断面资料的统计分析加以确定，同时计算断面应选择桥址处的最不利冲刷断面。也可建立一维河床冲淤数学模型估算，利用一维水流、泥沙运动方程、河床变形方程以及适当的辅助方程，计算遭遇各种洪水甚至设计洪水过程时河床高程随时间的变化，其计算所得河床高程低于初始河床高程之差，即为河床自然冲刷的厚度。

二、一般冲刷

由于新建桥梁导致桥下河床全断面发生的冲刷现象，称为一般冲刷。一般冲刷现象是由桥孔压缩水流过水断面所引发的（见图7.2.2）。桥梁建设后，过水断面因压缩而减小，导致水流速度加快，水流的挟沙能力增强，从而引发冲刷。随着冲刷作用的进行，桥下河床断面逐渐扩大，流速也随之逐步降低，冲刷强度减弱，最终形成新的平衡状态，此时一般冲刷也会相应停止。通常取一般冲刷停止时的桥下最大水深，称为一般冲刷最大水深。

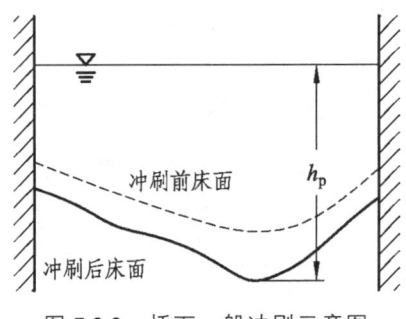

图 7.2.2　桥下一般冲刷示意图

三、局部冲刷

水流因受墩台阻挡，在墩台附近发生的冲刷观象，称为墩台局部冲刷。局部冲刷发生时，墩台周围的冲刷坑内泥沙被持续搬运，导致冲刷坑不断扩大加深。随着冲刷坑的发展，坑底流速逐渐减缓，水流的挟沙能力随之减弱，同时坑内泥沙颗粒逐渐粗化，抗冲刷能力逐步增强，最终在墩台附近形成较稳定的冲刷坑。局部冲刷达到新的冲淤平衡，由此形成的冲刷坑最大深度，称为墩台局部冲刷深度。

第三节　一般冲刷计算

1964年，我国铁路和公路部门基于52座桥梁、118站年河段的实测观测数据以及模型试验结果，制定了用于一般冲刷计算的64-1公式和64-2公式，以及用于局部冲刷计算的65-1公式和65-2公式。实践证明了两组公式的合理性，能够较好地反映冲刷深度与行近流速之间的变化关系，并充分考虑了底沙运动对冲刷深度的影响，计算结果具有较高的稳定性和可靠性。

一、基于冲止流速的一般冲刷计算（64-1 式）

根据别列柳伯斯基假定，桥下断面内任意垂线上，当垂线平均流速降低至该垂线一般冲刷停止时的临界流速（即冲止流速 v_z）时，冲刷过程将结束，此时垂线水深达到最大一般冲刷深度。依据水力学连续性原理，单宽流量为水深与垂线平均流速的乘积，则一般冲刷停止时，桥下最大水深 h_p 与桥下最大单宽流量 q_{max} 可表示为：

$$h_p = \frac{q_{max}}{v_z} \tag{7.3.1}$$

桥下断面的最大单宽流量出现在桥下断面的最大水深处，可根据桥下断面的平均单宽流量推算。桥下断面的平均单宽流量对应着桥下断面的平均水深。

桥下平均单宽流量：

$$\bar{q} = \frac{Q_p}{\mu L_j} \tag{7.3.2}$$

根据谢才-曼宁公式，设计流速 v：

$$v = \frac{1}{n} R^{\frac{2}{3}} J^{\frac{1}{2}} \approx \frac{1}{n} \bar{h}^{\frac{2}{3}} J^{\frac{1}{2}} \tag{7.3.3}$$

式中　R——水力半径；
　　　n——粗糙度系数；
　　　J——水力坡度。

因此，设计流量可表示为：

$$Q_p = Av = \frac{A}{n} R^{\frac{2}{3}} J^{\frac{1}{2}} \approx \frac{B\bar{h}}{n} \bar{h}^{\frac{2}{3}} J^{\frac{1}{2}} = \frac{B}{n} \bar{h}^{\frac{5}{3}} J^{\frac{1}{2}} \tag{7.3.4}$$

则平均单宽流量为：

$$\bar{q} = \frac{1}{n} \bar{h}^{\frac{5}{3}} J^{\frac{1}{2}} \tag{7.3.5}$$

进一步，最大单宽流量可写为：

$$q_{max} = \frac{1}{n} h_{max}^{\frac{5}{3}} J^{\frac{1}{2}} \tag{7.3.6}$$

由式（7.3.6）与式（7.3.5），得：

$$q_{max} = \bar{q} \left(\frac{h_{max}}{\bar{h}} \right)^{\frac{5}{3}} \tag{7.3.7}$$

将式（7.3.2）代入得：

$$q_{max} = \bar{q} \left(\frac{h_{max}}{\bar{h}_c} \right)^{\frac{5}{3}} = \frac{Q_p}{\mu L_j} \left(\frac{h_{max}}{\bar{h}_c} \right)^{\frac{5}{3}} \tag{7.3.8}$$

式中 h_{max}——最大水深；

$\bar{h}$——平均水深；

$\bar{h}_c$——河槽部分平均水深。

1. 非黏性土河床桥下一般冲刷

在沙质河槽中有推移质运动，冲刷过程中有上游来沙补偿，随着一般冲刷的发展，桥下各垂线处的单宽流量有向深槽集中的趋势，且河槽越宽浅，单宽流量集中趋势越强，单宽流量就会越大，即实际的单宽流量大于上述计算值，故采用单宽流量集中系数进行修正：

$$q_s = \xi q_{max} \tag{7.3.9}$$

式中，ξ 为单宽流量集中系数，按照式（6.1.4）进行计算。对于稳定河段，ξ 取值范围为 1.0~1.2；对于次稳定河段，ξ 值为 1.3~1.4；而在不稳定河段，ξ 值介于 1.5~1.7 之间，最大不超过 1.8；对于河滩，单宽流量无再分配现象，取为 1.0。

对于非黏性土河床，冲止流速可按以下经验公式进行计算：

$$v_z = E \bar{d}^{\frac{1}{6}} h_p^{\frac{2}{3}} \tag{7.3.10}$$

式中，E——为与汛期含沙量有关的系数，可按表 7.3.1 选用。

表 7.3.1 汛期含沙量相关系数 E 取值

含沙量 S_p /（kg/m³）	<1.0	1~10	>10
E	0.46	0.66	0.86

注：含沙量 S_p 采用历年汛期月度最大含沙量平均值。

将式（7.3.10）、式（7.3.9）和式（7.3.8）代入式（7.3.1）中，得：

$$h_p = \left[\frac{\xi Q_p}{\mu L_j E \bar{d}^{\frac{1}{6}}} \right]^{\frac{3}{5}} \cdot \frac{h_{max}}{\bar{h}} \tag{7.3.11}$$

1）桥下河槽一般冲刷计算

对于桥下河槽部分，需要修改式（7.3.11）中流量、净桥长和河槽平均水深（河槽面积/河槽桥孔长度），但最大水深（设计水位与河槽最低点高程差）不变，式（7.3.11）可改写为：

$$h_{cp} = \left[\frac{\xi Q_{cp}}{\mu L_{cj} E \bar{d}^{\frac{1}{6}}} \right]^{\frac{3}{5}} \cdot \frac{h_{cmax}}{\bar{h}_c} \tag{7.3.12}$$

式中 Q_{cp}——桥下河槽部分通过的设计流量；

h_{cmax}——桥下河槽部分最大水深；

L_{cj}——桥下河槽部分的桥孔净长；

$\bar{h}_c$——桥下河槽平均水深。

① 当桥下断面全为河槽时：

$$L_{cj} = L_j = L - nb, \quad Q_{cp} = Q_p \tag{7.3.13}$$

② 若桥孔压缩部分河滩，桥下河槽不会扩宽至全桥，则河槽部分的桥孔净长为河槽长度 L_c 减去河槽中全部桥墩的总长度：

$$L_{cj} = L_c - n'b \tag{7.3.14}$$

$$Q_{cp} = \frac{Q_c}{Q_c + Q'_t} Q_p \tag{7.3.15}$$

式中，Q_c、Q'_t 分别表示天然条件下桥下河槽及河滩通过的流量，左右河滩通过的流量 $Q'_{左t}$、$Q'_{右t}$ 如图 7.3.1 所示。

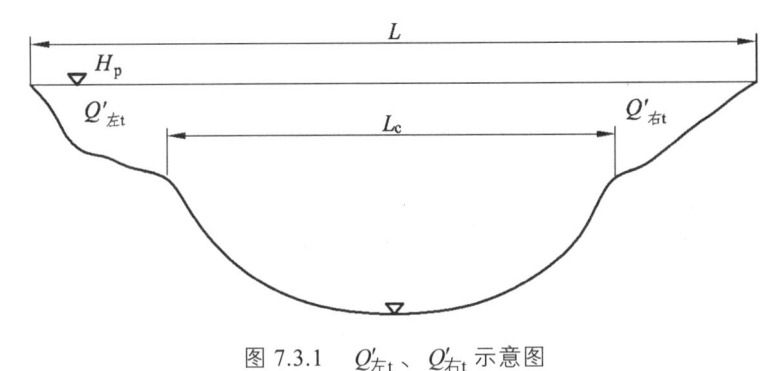

图 7.3.1 $Q'_{左t}$、$Q'_{右t}$ 示意图

③ 当桥孔压缩部分河滩，而桥下河槽会扩宽至全桥时，则认为桥下全部为河槽：

$$L_{cj} = L_j = L - nb, \quad Q_{cp} = Q_p \tag{7.3.16}$$

④ 当桥下河床由多层成分不同的土质组成，可按土层厚度采用加权平均粒径计算冲刷深度，也可按单层粒径计算出各层冲刷深度，然后根据各层厚度分析确定采用合适的冲刷数值。规范中采用逐层渐进试算方法进行计算，多层不同粒径如图 7.3.2 所示，具体操作如下：

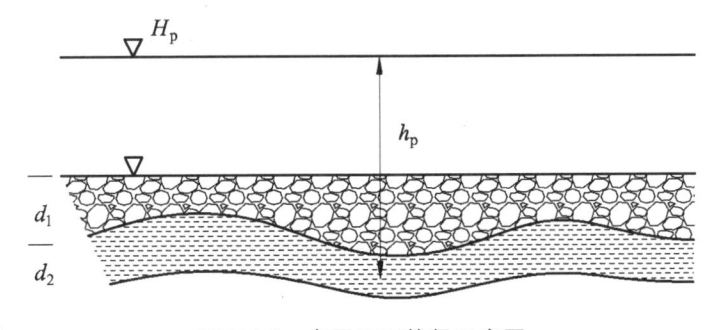

图 7.3.2 多层不同粒径示意图

先按 $\overline{d}_1$ 计算，若 h_p 位于 $\overline{d}_1$ 层，即为所求。若计算 h_p 位于 $\overline{d}_2$ 层，改用 $\overline{d}_2$ 计算，此时分两种情况：若 h_p 位于 $\overline{d}_1$ 层，取两层交界面为冲刷线标高；若 h_p 位于 $\overline{d}_2$ 层，即为所求。对于多层粒径不同的河床，处理方法相同，可逐层渐进试算。

2）非黏性土河滩的一般冲刷

非黏性土河滩单宽流量集中现象极微弱，冲止流速按冲刷后墩前行近流速 V_z 计算：

$$V_z = v_{H1} h_{tp}^{1/5} \quad (7.3.17)$$

结合式（7.3.1）和式（7.3.8）有：

$$h_{tp} = \left[\frac{\dfrac{Q_{tp}}{\mu L_{tj}} \left(\dfrac{h_{t\max}}{\overline{h}_t} \right)^{\frac{5}{3}}}{v_{H1}} \right]^{\frac{5}{6}} \quad (7.3.18)$$

式中 h_{tp}——桥下河滩一般冲刷后的最大水深；

$h_{t\max}$——河滩最大水深；

$\overline{h}_t$——河滩平均水深；

L_{tj}——河滩桥孔净长；

Q_{tp}——桥下河滩部分的计算流量，取为 $Q_{tp} = \dfrac{Q'_t}{Q_c + Q'_t} Q_p$；

v_{H1}——河滩水深为 1 m 时非黏性土容许不冲刷流速，该值与河滩泥沙的组成相关，可查表 7.3.2 得到。

表 7.3.2 水深为 1 m 时非黏性土容许不冲刷流速 v_{H1}

河床泥沙		$\overline{d}$/mm	v_{H1}/（m/s）
砂	细	0.05～0.25	0.35～0.32
	中	0.25～0.50	0.32～0.40
	粗	0.50～2.00	0.40～0.60
圆砾	小	2.00～5.00	0.60～0.90
	中	5.00～10.00	0.90～1.20
	大	10～20	1.20～1.50
卵石	小	20～40	1.50～2.00
	中	40～60	2.00～2.30
	大	60～200	2.30～3.60
漂石	小	200～400	3.60～4.70
	中	400～800	4.70～6.00
	大	>800	>6.00

2. 黏性土河床桥下一般冲刷

平均粒径 $\overline{d}$ <0.05 mm 的泥沙，称为黏性土。按黏性土的物理力学性能，随着土壤含水率增大，其状态可从固态转变为液态，此时黏结力趋近于消失，进而导致其丧失了抗冲刷能力。塑性指数 I_P 及液性指数 I_L 定义为：

$$I_P = W_L - W_P \tag{7.3.19}$$

$$I_L = \frac{W_0 - W_P}{W_L - W_P} = \frac{W_0 - W_P}{I_P} \tag{7.3.20}$$

式中　W_0——黏性土的天然含水量；

　　　W_P——塑限，黏性土由半固态向可塑态过渡时的含水率；

　　　W_L——流限，由可塑态向流态过渡时的含水率；

　　　I_P——塑性指数，流限与塑限之差；

　　　I_L——液性指数，天然含水率 W_0 与塑限的差值与塑性指数的比值。

液性指数越小，则塑性指数越大，黏性土的黏结力亦越大，抗冲刷能力越强，冲止流速亦越大。黏性土的抗冲刷能力与黏结力有关，而其颗粒间的孔隙率 e 对黏结力也有影响。孔隙率越小，土壤越密实，黏结力越大，抗冲刷能力也越强。

（1）对于河槽部分，取冲止流速为：

$$v_{zc} = 0.33 \left(\frac{1}{I_L}\right) h_{cp}^{\frac{3}{5}} \tag{7.3.21}$$

则，一般冲刷最大水深为：

$$h_{cp} = \left[\frac{\xi \dfrac{Q_{cp}}{\mu L_{cj}} \left(\dfrac{h_{c\,max}}{\overline{h}_c}\right)^{\frac{5}{3}}}{0.33\left(\dfrac{1}{I_L}\right)}\right]^{\frac{5}{8}} \tag{7.3.22}$$

（2）对于河滩部分，取冲止流速为：

$$v_{zt} = 0.33 \left(\frac{1}{I_L}\right) h_{tp}^{\frac{1}{6}} \tag{7.3.23}$$

则，一般冲刷最大水深为：

$$h_{tp} = \left[\frac{\dfrac{Q_{tp}}{\mu L_{tj}} \left(\dfrac{h_{tmax}}{\overline{h}_t}\right)^{\frac{5}{3}}}{0.33\left(\dfrac{1}{I_L}\right)}\right]^{\frac{6}{7}} \tag{7.3.24}$$

二、基于输沙平衡的一般冲刷计算（64-2 式）

假如计算断面来沙量为 Q_{b1}，桥下排沙量为 Q_{b2}（见图 7.3.3）。在桥梁建成后，由于桥孔对水流的压缩效应，桥下的流速有所增加，进而提升了水流的挟沙能力，此时出现 $Q_{b1}<Q_{b2}$ 的情况，从而导致桥下发生冲刷。随着冲刷过程的推进，桥下断面逐渐扩大，流速随之降低，

水流的挟沙能力也相应减弱。当 $Q_{b1} \approx Q_{b2}$ 时，输沙达到平衡，桥下的一般冲刷过程随之结束。此时，桥下的过水断面面积达到最大值，水深也达到最高。

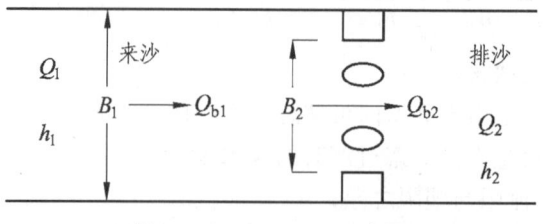

图 7.3.3　Q_{b1}、Q_{b2} 示意图

来沙断面的单宽输沙率及断面输沙率为：

$$\begin{cases} q_{b1} = \alpha_1 v_1^4 \\ Q_{b1} \approx B_c q_{b1} = B_c \alpha_1 v_1^4 \approx B_c \alpha_1 \left(\dfrac{G_1}{B_c h_1}\right)^4 \end{cases} \quad (7.3.25)$$

排沙断面的单宽输沙率及断面输沙率为：

$$\begin{cases} q_{b2} = \alpha_2 v_2^4 \\ Q_{b2} \approx \mu(1-\lambda) B_c q_{b2} = \mu(1-\lambda) B_c \alpha_2 v_2^4 \approx \mu(1-\lambda) B_c \alpha_2 \left(\dfrac{G_2}{B_2 h_2}\right)^4 \end{cases} \quad (7.3.26)$$

式中　G_1，G_2——输沙量；

Q_{b1}——天然河道断面推移质输沙率；

Q_{b2}——桥下河槽断面推移质输沙率；

q_{b1}——天然河道单宽推移质输沙率；

q_{b2}——桥下河槽单宽推移质输沙率；

α_1，α_2——动能修正系数；

B_c——天然河道的河槽宽度；

B_2——桥下河槽净宽度，为河槽宽度减去桥墩的宽度。

当输沙平衡时，令 $Q_{b1}=Q_{b2}$，简化整理得桥下一般冲刷最大水深计算公式：

$$h_p = K \left(\dfrac{Q_2}{Q_1}\right)^{x_1} \left(\dfrac{B_c}{B_2}\right)^{x_2} h_{c\max} \quad (7.3.27)$$

从 20 世纪 60 年代到 20 世纪 80 年代，国内外提出参数 x_1 和 x_2 的多种取值（见表 7.3.3）。

表 7.3.3　x_1 及 x_2 取值

指数取值	Loursen 1960	АНДрееВ 1960	沙玉清 1964	Anderson 1968	Gill 1981	甘城道 1964	《公路工程水文勘测设计规范》（JTG C30—2015）
x_1	0.86	1.00	1.06	0.86	—	$4m_1$：0.84~0.97	0.903
x_2	0.59~0.69	0.75	0.71	0.75~0.86	0.714	$4m_1$：0.63~0.73	0.66

考虑到单宽流量分布不均匀及集中趋势的影响，可得到一般冲刷水深计算 64-2 式（甘城道公式）：

$$\begin{cases} h_p = K\left(\xi\dfrac{Q'_c}{Q_c}\right)^{4m_1}\left(\dfrac{B_c}{\mu(1-\lambda)B_2}\right)^{3m_1} h_{\text{cmax}} \\ K = 1 + 0.02\lg\dfrac{H_{\max}}{\sqrt{Hd}} \end{cases} \quad (7.3.28)$$

式中 $H_{\max}$——造床流量（或平滩水位）时的断面最大水深；

$\overline{H}$——造床流量（或平滩水位）时的断面平均水深；

m_1——指数，见表 7.3.4，表中粒径 d_{95} 是分布曲线中累积分布为 95% 时的最大颗粒的等效直径；

Q_c——桥位断面天然河槽的流量；

Q'_c——建桥后桥下断面河槽部分通过的设计流量；

B_2——建桥后桥下河槽的水面宽度；

K——为综合系数。

表 7.3.4 m_1 取值（$h_{\max}$、d_{95}）

$\dfrac{h_{\max}}{d_{95}}$	0	50	100	150	200	400	600	800	1 000	5 000	10 000
m_1	0.216	0.227	0.232	0.234	0.235	0.236	0.237	0.238	0.240	0.242	0.243

在式（7.3.28）基础上进一步简化，可得 64-2 式的简化式：

$$h_p = 1.04\left(\xi\dfrac{Q_2}{Q_c}\right)^{0.90}\left(\dfrac{B_c}{\mu(1-\lambda)B_2}\right)^{0.66}\cdot h_{\text{cmax}} \quad (7.3.29)$$

式（7.3.29）是目前规范所采用的形式，该式适用于沙质（非黏性土）河槽，桥下全部为河槽或桥下河槽部分。

计算时，若桥下断面全部为河槽或冲刷后河槽可扩宽至全桥，$Q_2=Q_p$，$B_2=L$（桥长）；若桥孔只压缩了部分河滩，桥下河又不可能扩宽至全桥时，$Q_2=Q_{cp}$，$B_2=B_c$。

三、算例

已知桥位断面如图 7.3.4 所示。设计水位 H_s=158.5 m，河槽设计流量为 Q_{cp}=8 000 m³/s。设计水位下河槽天然流量为 Q_c=6 960 m³/s，天然情况下河槽流速为 2.92 m/s，设计水位下河槽面积为 2 400 m²，对应的最大水深为 8.5 m，平滩水位高程为 156.5 m，平滩水位下河槽面积为 1 600 m²，平滩水位时河槽宽度为 400 m，汛期含沙量 S_p=5 kg/m³，河底全为中沙，$\overline{d}$=6 mm，桥梁与河道正交，河槽处采用 14 孔单跨 30 m 的钢筋预应力混凝土梁桥，河槽中有 13 个桥墩，墩宽 1.875 m。其他数据见图所示。试确定河槽一般冲刷水深。

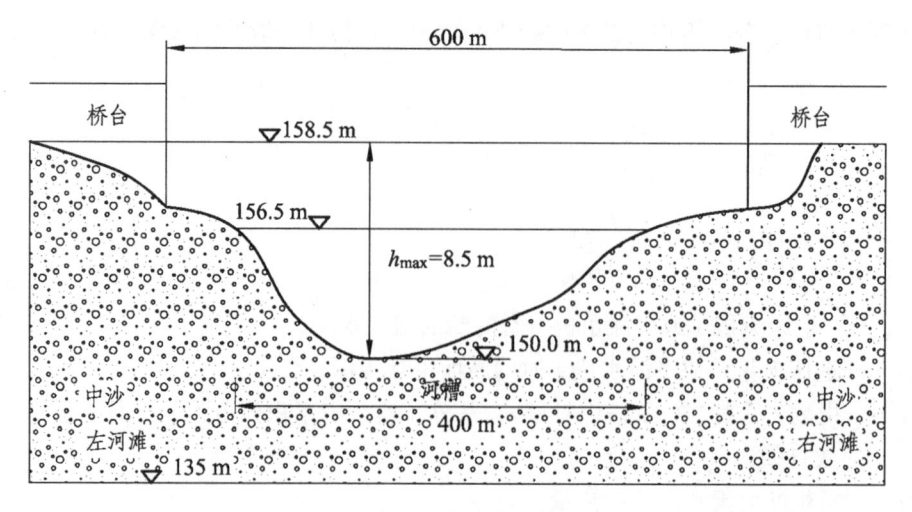

图 7.3.4　桥址断面图

【解】平滩水位时的面宽：$B = 400 \text{ m}$

桥下河槽断面平均水深：

$$\overline{h}_c = 2\,400 / 400 = 6 \text{ m}$$

平滩水位时的平均水深：

$$\overline{H} = 1\,600 / 400 = 4 \text{ m}$$

单宽流量集中系数：

$$\xi = \left(\frac{\sqrt{B}}{\overline{H}}\right)^{0.15} = \left(\frac{\sqrt{400}}{4}\right)^{0.15} = 1.27$$

汛期含沙量 $S_p = 5 \text{ kg/m}^3$，汛期含沙量有关的系数为：

$$E = 0.66$$

侧向收缩系数：

$$\mu = 1 - 0.375 \frac{v_z}{l_j} = 1 - 0.375 \times \frac{2.92}{30 - 1.875} = 0.96$$

（1）利用 64-1 公式。

桥下河槽部分的桥孔净长和一般冲刷深度分别为：

$$L_{cj} = 400 - 13 \times 1.875 = 375.6 \text{ m}$$

$$h_p = \left[\frac{\xi Q_{cp}}{\mu L_{cj} E \overline{d}^{\frac{1}{6}}}\right]^{\frac{3}{5}} \frac{h_{cmax}}{\overline{h}_c} = \left[\frac{1.27 \times 8\,000}{0.96 \times 375.6 \times 0.66 \times 6^{\frac{1}{6}}} \times \left(\frac{8.5}{6}\right)^{\frac{5}{3}}\right]^{\frac{3}{5}} = 11.26 \text{ m}$$

（2）利用 64-2 简化公式。

$$Q_2 = Q_{\text{cp}} = 8\,000 \text{ m}^3/s, B_2 = B_c = 400 \text{ m}, \lambda = \frac{b}{l} = \frac{1.875}{30} = 0.062\,5$$

$$\begin{aligned} h_p &= 1.04 \left(\xi \frac{Q_2}{Q_c} \right)^{0.90} \left(\frac{B_c}{\mu(1-\lambda)B_2} \right)^{0.66} \cdot h_{c\max} \\ &= 1.04 \times \left(1.27 \times \frac{8\,000}{6\,960} \right)^{0.90} \times \left[\frac{400}{0.96 \times (1 - 0.062\,5) \times 400} \right]^{0.66} \times 8.5 \\ &= 13.32 \text{ m} \end{aligned}$$

比较两个计算结果取大值，取一般冲刷水深 h_p=13.32 m。

第四节　桥墩局部冲刷

　　桥墩附近的水流流场因墩体的阻隔而发生显著改变，其流动结构呈现出复杂的变化特征。水流绕过桥墩时，流线发生弯曲，并在床面附近形成涡旋结构。这种涡旋作用导致桥墩迎水端及其周围的泥沙遭受强烈侵蚀，最终导致局部冲刷坑的形成。把冲刷坑外缘与桥墩前端（迎水端）坑底的最大高差，称为局部冲刷深度，记为 h_b，如图 7.4.1 所示。

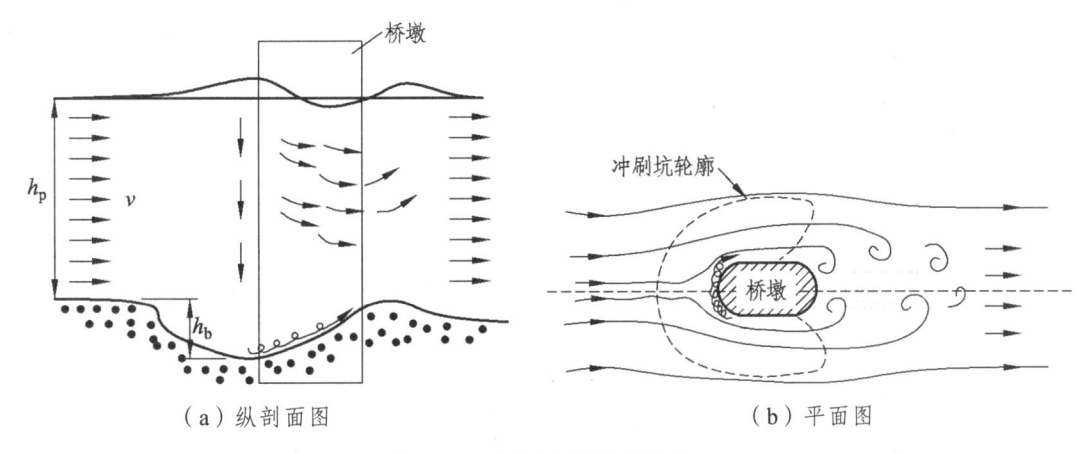

（a）纵剖面图　　　　　　　　　　（b）平面图

图 7.4.1　局部冲刷深度示意图

　　桥墩局部冲刷深度受到多种因素的综合影响，其中关键因素包括墩前水流速度、桥墩的宽度和形式、桥墩前的水深以及河床沙粒的粒径等。

　　当流速增加到一定临界值时，桥墩迎水面及其两侧的泥沙开始被冲走，床面逐渐被冲刷。在这一条件下，将作用于桥墩的临界流速定义为床沙的起动流速 v_0'。冲刷深度与起冲流速的关系如图 7.4.2 所示。

　　当流速 v 超过临界起动流速 v_0' 并继续增加时，河床的冲刷过程持续进行，冲刷坑的深度和范围不断扩展，冲刷深度 h_b 与流速 v 呈现线性增长的趋势。

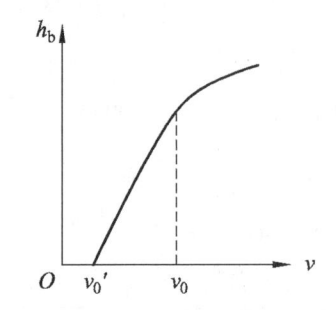

图 7.4.2　冲刷深度与流速的关系

当流速达到床沙起动流速 v_0 时，大量泥沙开始起动并被水流带入冲刷坑，上游泥沙的补偿作用减缓了冲刷深度的进一步增加。因此，流速 v 超过 v_0 后，局部冲刷深度 h_b 与流速呈现非线性曲线关系。研究表明，随着流速的增加，桥墩局部冲刷深度不断加大；但当流速达到或超过 $3v_0$ 时，冲刷深度趋于稳定，冲深约为桥墩宽度的两倍。

不同墩形计算宽度 B 与实际迎水角度有关，需要结合墩的具体形状等参数查表可得到。河床土质的粒径反映河床土质抵抗冲刷大小的能力，粒径越大，局部冲刷深度越小。

在计算局部冲刷时，需作以下假设：

（1）行近水深。假设局部冲刷发生在一般冲刷完成之后，行近水深应取一般冲刷的最大深度值。

（2）墩前水流的行近流速（垂线平均流速）。按照所采用的一般冲刷公式，选取相应的行近流速计算方法。

一、非黏性土河床桥墩局部冲刷深度

（1）利用 65-1 式。

当 $v \leqslant v_0$ 时，局部冲刷深度与流速呈线性关系：

$$h_b = K_\xi K_{\eta 1} B_0^{0.6} (v - v_0') \qquad (7.4.1)$$

当 $v > v_0$ 时，局部冲刷深度与流速呈非线性有关系，可写为以下形式：

$$h_b = K_\xi K_{\eta 1} B_0^{0.6} (v - v_0') \left(\frac{v - v_0'}{v_0 - v_0'} \right)^{n_1} \qquad (7.4.2)$$

式中　v——为一般冲刷结束后墩前行近流速，常取 $v = v_z$（m/s）；

B_0——桥墩计算宽度（m），需根据桥墩外形及布置形式查表进行计算（见附录 E）；

v_0——床沙起动流速（m/s），$v_0 = 0.0246 \left(\dfrac{h_p}{\overline{d}} \right)^{0.14} \sqrt{332\overline{d} + \dfrac{10 + h_p}{\overline{d}^{0.72}}}$；

v_0'——墩前泥沙起冲流速（m/s），$v_0' = 0.462 \left(\dfrac{\overline{d}}{B_1} \right)^{0.06} v_0$；

K_ξ——墩形系数，可通过查表得到（见附录 E）；

$K_{\eta 1}$——系数，$K_{\eta 1} = 0.8\left(\dfrac{1}{\overline{d}^{0.45} + \overline{d}^{0.15}}\right)$；

n_1——指数，$n_1 = \left(\dfrac{v_0}{v}\right)^{0.25\overline{d}^{0.19}}$。

（2）利用 65-2 修正式。

当 $v \leqslant v_0$ 时，局部冲刷深度与流速呈线性关系：

$$h_\mathrm{b} = K_\xi K_{\eta 2} B_0^{0.6} h_\mathrm{p}^{0.15}\left(\dfrac{v - v_0'}{v_0}\right) \tag{7.4.3}$$

当 $v > v_0$ 时，局部冲刷深度与流速呈非线性有关系，写为：

$$h_\mathrm{b} = K_\xi K_{\eta 2} B_0^{0.6} h_\mathrm{p}^{0.15}\left(\dfrac{v - v_0'}{v_0}\right)^{n_2} \tag{7.4.4}$$

式中　h_b——一般冲刷结束后的水深（m）；

v——一般冲刷结束后墩前行近流速（m/s）；

v_0——床沙起动流速，$v_0 = 0.28(\overline{d} + 0.7)^{0.5}$（m/s）；

v_0'——墩前泥沙起冲流速，$v_0' = 0.12(\overline{d} + 0.5)^{0.55}$（m/s）；

$K_{\eta 2}$——系数，$K_{\eta 2} = \dfrac{0.0023}{\overline{d}^{2.2}} + 0.375\overline{d}^{0.24}$；

h_p——一般冲刷深度（m）；

n_1——指数，$v > v_0$ 时，$n_2 = \dfrac{1}{\left(\dfrac{v}{v_0}\right)^{0.23 + 0.19\lg \overline{d}}}$；$v \leqslant v_0$ 时，$n_2 = 1$。

二、黏性土河床桥墩局部冲刷计算

对于黏性土河床，当 $\dfrac{h_\mathrm{p}}{B_0} \geqslant 2.5$ 时：

$$h_\mathrm{b} = 0.83 K_\xi B_0^{0.6} I_\mathrm{L}^{1.25} v \tag{7.4.5}$$

当 $\dfrac{h_\mathrm{p}}{B_0} < 2.5$ 时：

$$h_\mathrm{b} = 0.55 K_\xi B_0^{0.6} h_\mathrm{p}^{0.1} I_\mathrm{L} v \tag{7.4.6}$$

式中，I_L 表示冲刷坑区域内黏性土的液限指数，适用范围为 0.16 至 1.48。其他符号同前。

三、算例

根据第三节算例所给的资料和计算结果，采用圆端形桥墩，宽 1.875 m，横向宽 9.0 m，基础为沉井尺寸 4.0 m×10.0 m，假定沉井基础顶部与河床底齐平，沉井顶高程 150.0 m。试确定桥下河槽基础局部冲刷深度。

【解】根据第三节算例计算结果，平均粒径为 6.0 mm，h_p=13.32 m，E=0.66，墩前行近流速（冲止流速）：

$$v = v_z = E\bar{d}^{\frac{1}{6}}h_p^{\frac{2}{3}} = 0.66 \times 6^{\frac{1}{6}} \times 13.32^{\frac{2}{3}} = 5.00 \text{ m/s}$$

查表得墩形系数 K_ξ=1.03，承台顶与河床齐平，但一般冲刷结束后深度为 13.32 m，因此桥墩计算宽度：

$$B_0 = \frac{b_1 h_1 + b_2 h_2}{h_p} = \frac{1.875 \times (158.5 - 150) + 4 \times (13.32 - 8.5)}{13.32} = 2.64 \text{ m}$$

（1）利用 65-1 修正式。

河床泥沙颗粒影响系数：

$$K_{\eta 1} = 0.8\left(\frac{1}{\bar{d}^{0.45}} + \frac{1}{\bar{d}^{0.15}}\right) = 0.8 \times \left(\frac{1}{6^{0.45}} + \frac{1}{6^{0.15}}\right) = 0.97$$

床沙起动流速 v_0：

$$v_0 = 0.024\,6\left(\frac{h_p}{\bar{d}}\right)^{0.14}\sqrt{332\bar{d} + \frac{10+h_p}{\bar{d}^{0.72}}}$$

$$= 0.024\,6 \times \left(\frac{13.32}{6}\right)^{0.14} \times \sqrt{332 \times 6 + \frac{10+13.32}{6^{0.72}}}$$

$$= 1.23 \text{ m/s}$$

墩前泥沙起冲流速：

$$v_0' = 0.462\left(\frac{\bar{d}}{B}\right)^{0.06} \times v_0$$

$$= 0.462 \times \left(\frac{6}{2.64}\right)^{0.06} \times 1.23$$

$$= 0.60 \text{ m/s}$$

$$n_1 = \left(\frac{v_0}{v}\right)^{0.25\bar{d}^{0.19}} = \left(\frac{1.23}{5.00}\right)^{0.25 \times 6^{0.19}} = 0.61$$

因 $v > v_0$，根据下式：

$$h_b = K_\xi K_{\eta 1} B^{0.6}(v_0 - v_0')\left(\frac{v - v_0'}{v_0 - v_0'}\right)^{n_1}$$

$$= 1.03 \times 0.97 \times 2.64^{0.6} \times (1.23 - 0.6) \times \left(\frac{5.00 - 0.60}{1.23 - 0.60}\right)^{0.61}$$

$$= 3.69 \text{ m}$$

（2）利用 65-2 公式。

河床泥沙颗粒影响系数：

$$K_{\eta 2} = \frac{0.0023}{\overline{d}^{2.2}} + 0.375\overline{d}^{0.24}$$

$$= \frac{0.0023}{6^{2.2}} + 0.375 \times 6^{0.24}$$

$$= 0.58$$

床沙起动流速：

$$v_0 = 0.28(\overline{d} + 0.7)^{0.5} = 0.28 \times (6 + 0.7)^{0.5} = 0.72 \text{ m/s}$$

墩前泥沙起冲流速：

$$v_0' = 0.12(\overline{d} + 0.5)^{0.55} = 0.12 \times (6 + 0.5)^{0.55} = 0.34 \text{ m/s}$$

$$n_2 = \left(\frac{v_0}{v}\right)^{0.23 + 0.19\lg \overline{d}} = \left(\frac{0.72}{5.00}\right)^{0.23 + 0.19 \times \lg 6} = 0.48$$

因 $v > v_0$，局部冲刷深度为：

$$h_b = K_\xi K_{\eta 2} B^{0.6} h_p^{0.15} \left(\frac{v - v_0'}{v_0}\right)^{n_2}$$

$$= 1.03 \times 0.58 \times 2.64^{0.6} \times 13.32^{0.15} \times \left(\frac{5.00 - 0.34}{0.72}\right)^{0.48}$$

$$= 3.87 \text{ m}$$

比较两个计算结果取大值，故取局部冲刷深度为 3.87 m。

总冲刷最大水深（未包括自然冲刷）：

$$h_s = h_p + h_b = 13.32 + 3.87 = 17.19 \text{ m}$$

第五节 基础埋深

一、最低冲刷线高程

在桥梁设计过程中，当桥墩和桥台遭受完冲刷作用后，其基底所在的河床表面位置，通常采用最低冲刷线高程来进行定义（见图 7.5.1）。

桥墩的最低冲刷线高程 $H_{\min}$ 为：

$$H_{\min} = H_P - h_s \tag{7.5.1}$$

式中 H_P——设计水位；

h_s——冲刷后最大水深。

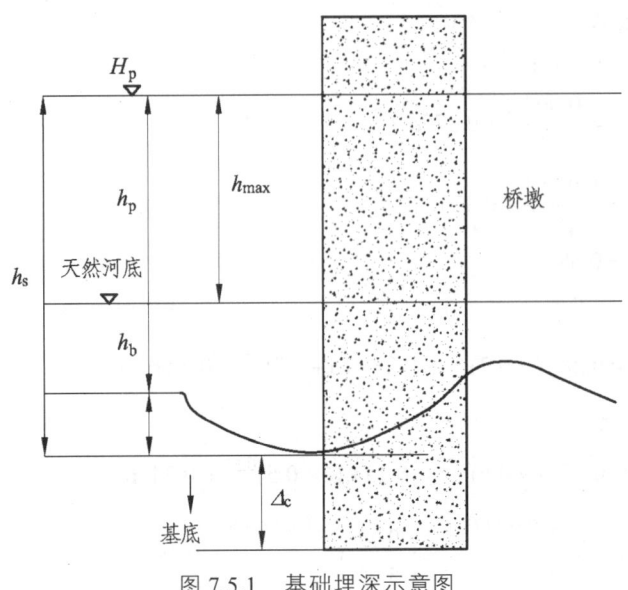

图 7.5.1　基础埋深示意图

二、基底埋置深度

基础埋深的确定应结合河段的具体情况，综合考虑河床自然演变冲刷、一般冲刷及局部冲刷的最不利组合，并预留适当的安全埋深储备。基底埋深深度 H_N 可按下式计算：

$$H_N = H_{min} - \Delta_c \tag{7.5.2}$$

式中　Δ_c——基础埋深的安全值。

基底埋深安全值在《公路工程水文勘测设计规范》（JTG C30—2015）和《铁路工程水文勘测设计规范》（TB 10017—2021）也有所区别。

1. 公路规范取值

（1）对于非岩性河床上的天然基础墩台，其基底埋深的安全值可参照表 7.5.1 进行确定。

表 7.5.1　基底埋深安全值　　　　　　　单位：m

桥梁类别	总冲刷深度				
	0	5	10	15	20
一般桥梁	1.5	2.0	2.5	3.0	3.5
特大桥	2.0	2.5	3.0	3.5	4.0

注：总冲刷深度为自河床面算起的河床自然演变冲刷、一般冲刷与局部冲刷深度之和，是河床下切的深度，不是水深。

（2）岩石河床上墩台的最小基底埋深应综合考虑岩石的可能冲刷，并依据岩石的坚硬程度、胶结物类型、风化状况以及节理、裂隙发育情况等因素，参照表 7.5.2 进行确定。

表 7.5.2　岩性河床基底埋置深度参考值　　　　　　　　　　　　　单位：m

岩石类别	岩石特征	建议埋入岩面深度按施工枯水季平均水位至岩面的距离分级		
		h<2	h=2~10	h>10
Ⅰ	极软岩	胶结不良的长石砂岩、炭质页岩	3~4	4~5	5~7
Ⅱ	软质岩	黏土岩、泥质页岩	2~3	3~4	4~5
Ⅱ	软质岩	砂质页岩、砂质页岩互层、砂质砾岩	1~2	2~3	3~4
Ⅲ	硬质岩	板岩、钙质砂岩、砂质岩、石灰岩、花岗岩、流纹岩、石英岩	0.2~1.0	0.2~2.0	0.5~3.0

（3）对于位于河槽中的桥台，当其最大冲刷深度小于桥墩的总冲刷深度时，桥台基底埋深应与桥墩基底高程一致。若桥台位于河滩且处于河槽摆动的非稳定河流上，其基底高程同样应与桥墩保持一致。对于稳定河流，桥台基底高程可依据桥台冲刷计算结果进行确定。

2. 铁路规范取值

（1）对于非岩石河床且无冲刷的情况或河床设有防冲铺砌的区域，基底埋深应不小于 2.0 m。在存在冲刷的区域，墩台基底埋深在局部冲刷线以下的最小安全值为：一般桥梁为 2.0 m 加上冲刷总深度的 10%；对于技术复杂、修复难度大或重要的特大桥和大桥，该安全值为 3.0 m 加上冲刷总深度的 10%。

冲刷总深度是指从河床面开始计算的一般冲刷深度和局部冲刷深度之和，并考虑深泓线可能摆动的影响。在深泓线可能摆动的范围内墩台基底埋置深度均应按最大可能冲刷考虑。

（2）对于岩石河床，墩台基底的最小埋置深度应综合考虑岩石的可能冲刷，具体根据岩石的硬度、胶结物类型、风化程度以及节理、裂隙和层理发育情况，按表 7.5.3 分析确定。

表 7.5.3　岩石地基桥墩冲刷及基底埋深参考数据

表岩石特征			调查资料		埋入岩面深度/m		
岩石类别		极限抗压强度/MPa	桥梁座数	各桥的最大冲刷/m	<2	2~10	>10
Ⅰ	极软岩	<5	2	0.65~3.0	3~4	4~5	5~7
Ⅱ	软质岩	Ⅱ1（软岩） 5~15	10	0.4~2.0	2~3	3~4	4~5
Ⅱ	软质岩	Ⅱ2（较软岩） 15~30	9	0.4~1.25	1~2	2~3	3~4
Ⅲ	硬质岩	>30	9	0.4~0.7	0.2~1.0	0.2~2.0	0.5~3.0

三、算例

假定河道稳定，不发生自然冲刷。根据第三节和第四节一般冲刷和局部冲刷计算结果，试计算基础最小埋深处的高程。

【解】按 64-1 公式和 64-2 公式得到的一般冲刷水深分别为 11.26 m 和 13.32 m。

按 65-1 公式和 65-2 公式得到的局部冲刷深度分别为 3.69 m 和 3.87 m。

取上述两者的最不利组合，得到一般冲刷与局部冲刷的水深为：13.32+3.87=17.19 m
则河床面以下的冲刷深度为：$h_p+h_b-h_{max}$=17.19-8.5=8.69 m
对于基底埋深的安全值，按公路规范根据表 7.5.1 取 2.37 m。
铁路规范为：2.0+8.69×0.1=2.87 m
得最小埋深的高程为：
公路桥梁：H_N=158.5-h_p-h_b-Δ=158.5-13.32-3.87-2.37=138.94 m
铁路桥梁：H_N=158.5-h_p-h_b-Δ=158.5-13.32-3.87-2.87=138.44 m

思考与练习

1. 简述等容粒径、粒径级配曲线、平均粒径、中值粒径的概念。
2. 水中泥沙受到哪些力的作用？这些力是如何产生的？
3. 河床泥沙的起动流速与哪些因素相关？
4. 推移质的特点是什么？
5. 悬移质的特点是什么？
6. 河床沙波及床面粗化现象是如何形成的？
7. 桥下冲刷分为哪些类型？各自产生的原因是什么？
8. 一般冲刷的计算原理是什么？
9. 桥下河床有多层不同成份土质时一般冲刷如何计算？
10. 局部冲刷的影响因素有哪些？
11. 冲止流速、起动流速、起冲流速、行近流速的相互联系与区别？
12. 基础最小埋置深度如何确定？
13. 已知设计流量 Q_P=4 000 m³/s，设计水位 H_s=93.18 m，深槽底部高程 87.78 m，设计水位下河槽天然流量为 Q_c=2 850 m³/s，平摊水位 90.88 m，平摊水位时河槽水面宽度 363 m，汛期含沙量 S_p=5 kg/m³。桥梁与河道正交，桥长 766 m，采用 24 孔单跨 32 m 的钢筋预应力混凝土梁桥，墩宽 2 m。其他有关地质资料及断面计算数据如图 7.5.2、表 7.5.4 所示。

（1）试确定河槽一般冲刷深度。

（2）基础采用圆端形桥墩，宽 1.5 m，基础为沉井，尺寸 2.5 m×6.6 m，沉井顶高程 87.70 m。试确定局部冲刷深度。

（3）桥梁为公路桥梁，试确定河槽部分的基底最小埋深。

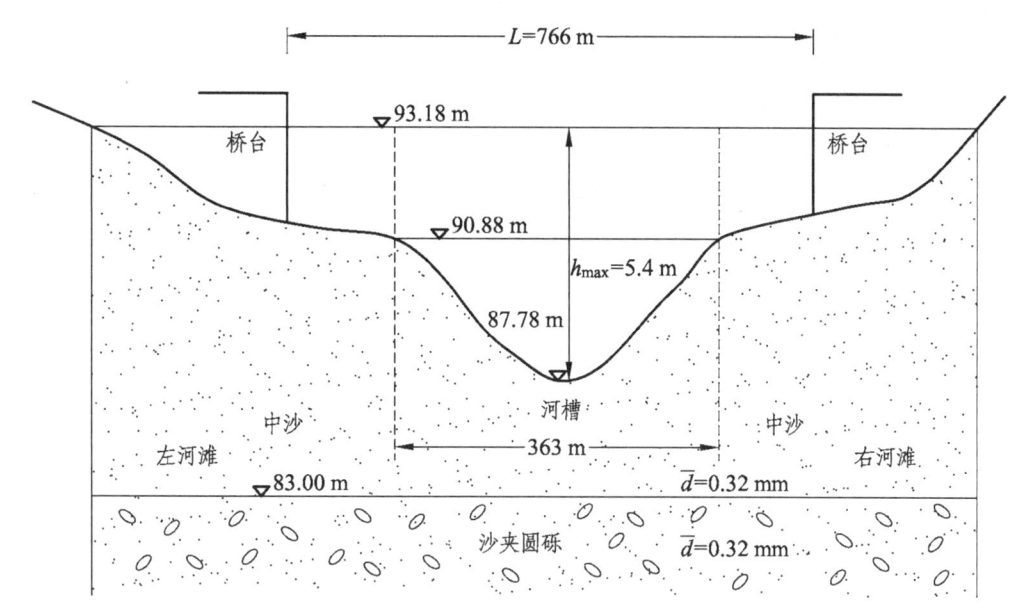

图 7.5.2 桥址断面图

表 7.5.4 断面计算数据

类型	左河滩	河槽	右河滩
桥下平均水深/m	1.8	3.5	1.83
桥下最大水深/m	2.3	5.4	2.0
桥下冲刷前过水面积/m²	361.8	1 260.0	365
设计流量/（m³/s）	600	3 000	400

第八章
调治构筑物与防护措施

当水文情况复杂、河床不稳定、或桥下冲刷较为严重时，需合理布设调治构筑物与防护措施。调治构筑物是指为调节治理水流而修建的工程结构，可以调节桥位水流特性，促使洪水能够顺利通过桥孔，减弱水流对河床、河岸及桥台周边的冲刷与淤积作用，提高河床的稳定性，保证桥梁、河岸的正常使用。防护措施则可以直接保护墩台、河岸等不受水流冲刷而失效。设置合理的调治构筑物与防护措施是桥渡设计的重要组成部分。

第一节 调治构筑物

调治构筑物调节治理桥位水流，其布设与河道条件、河道水流特点、桥孔布置等关系密切。应综合分析桥位河段特点、水文特征、地形地质条件、通航与水利需求等因素，兼顾上下游水流运动状态、水位变化、河岸稳定性等影响，保证河道原有功能及沿河堤岸、村镇和农田等的安全，在桥位选择和桥孔布置基础上开展调治构筑物多方案比较，综合选定最为合适的布设方案。情况复杂时，可通过理论分析、数值模拟，或水工模型试验等方式验证布设方案的合理性。按照功能特点，调治构筑物分为导流构筑物与挑流构筑物。

一、导流构筑物

桥梁轴线一般与水流方向近似垂直，水流受到桥台、河滩路堤的阻挡而产生绕流，在绕流端部可能出现流动分离与加速现象。流动分离会导致水流流速沿桥轴线分布不均匀，流动加速易造成局部位置冲刷加剧。图 8.1.1 所示为不设置导流构筑物时河滩路堤端部的水流状态，水流在路堤端部发生流动分离与加速，并斜向流入桥孔，加重路堤端部及桥下的冲刷。布设导流构筑物，可减弱或避免因桥台、河滩路堤端部绕流带来的冲刷问题，使水流更顺畅地通过桥孔。

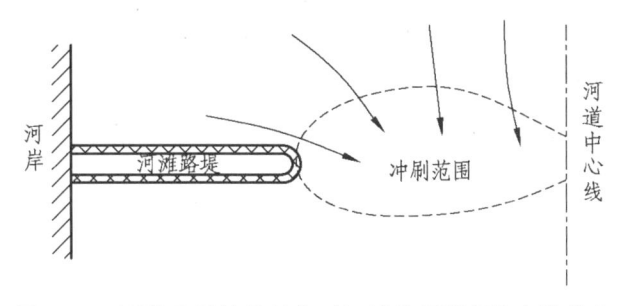

图 8.1.1　不设置导流构筑物时河滩路堤端部的水流状态

导流构筑物在水平面上一般为圆形、弧形或者圆弧组合形，线形与端部绕流的流迹线贴合较好，水流较为平顺地紧贴导流构筑物运动，使桥台或河滩路堤端部绕流的分离与加速现象得以控制，水流从而均匀平顺地通过桥孔，减弱对桥台、河滩路堤端部的局部冲刷。图 8.1.2 所示为设置导流构筑物后河滩路堤端部的水流状态，增设了流线性较好的导流堤，可引导水流均匀平顺地通过桥孔，使桥下冲刷也更均匀。

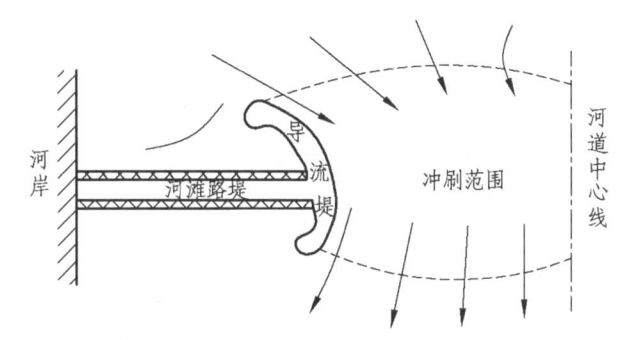

图 8.1.2　设置导流构筑物后河滩路堤端部的水流状态

根据路堤的阻水特点，有多种形式的导流构筑物可选择，如导流堤、梨形堤、桥头锥坡等。

（1）导流堤是引导水流方向的堤坝，可分为封闭式、非封闭式两种。封闭式导流堤上游端与河滩路堤或河岸围成封闭区域（见图 8.1.3），水流不会进入封闭区域内部。封闭式导流堤形成了新的水流运动约束边界，避免河槽发生较大的横向摆动，在河道分汊、河槽摆动等不稳定河道应用较多。非封闭式导流堤上游端深入水中，不围成封闭区域，多应用于桥台、河滩路堤端部等局部位置（见图 8.1.2）。

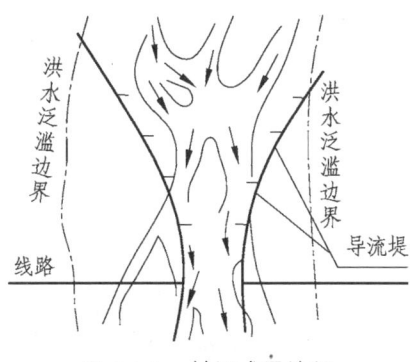

图 8.1.3　封闭式导流堤

（2）梨形堤平面线形如图 8.1.4 所示，上游端与河滩路堤相切相连，上下游端部之间嵌入两个反向圆弧，构成半梨形曲线。梨形堤上游部分与河滩路堤围成封闭区域，封闭区域内一般进行填土。梨形堤下游部分可与上游部分一样布设成半梨形曲线，也可布设成曲线形短堤。

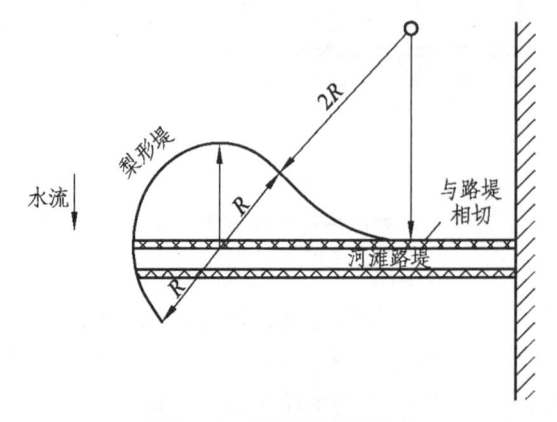

图 8.1.4 梨形堤平面曲线

（3）桥头锥坡由坡体和坡面组成（见图 8.1.5）。坡体用填土、块石等分层夯实压密，坡面一般用片石、卵石或混凝土预制块铺砌。坡面为曲面时，可在一定程度上引导水流平顺通过桥孔。

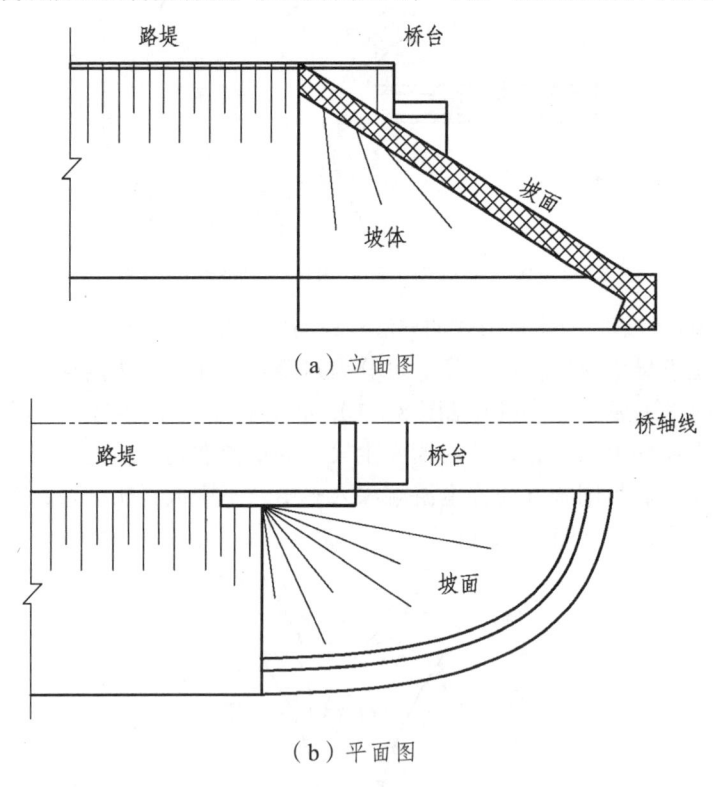

（a）立面图

（b）平面图

图 8.1.5 桥头锥坡

通常根据河滩路堤及桥台的阻水流量 Q' 与桥位设计流量 Q_p 的比值选择导流构筑物的形式，如表 8.1.1 所示。当阻水流量小于设计流量的 5%时，可布设桥头锥坡。当单侧阻水流量大于等于设计流量的 15%，或双侧阻水流量大于等于设计流量的 25%时，可布设导流堤。阻水流量与设计流量的比值介于上述两种情况之间时，可布设梨形堤。

表 8.1.1　导流构筑物形式选择

构筑物形式	单侧阻水	双侧阻水
桥头锥坡	$Q' < 5\%Q_P$	$Q' < 5\%Q_P$
梨形堤	$5\%Q_P \leqslant Q' < 15\%Q_P$	$5\%Q_P \leqslant Q' < 25\%Q_P$
导流堤	$Q' \geqslant 15\%Q_P$	$Q' \geqslant 25\%Q_P$

二、挑流构筑物

挑流构筑物从河岸或河滩路堤等结构伸入水体中，将来流挑离河岸或河滩路堤，保护河岸或路堤免受水流冲刷。挑流构筑物主要包括各种形式的坝，如丁坝、顺坝、格坝等（见图 8.1.6）。

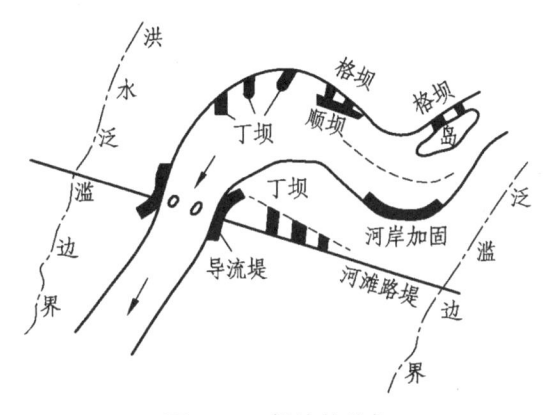

图 8.1.6　挑流构筑物

（1）丁坝常设置于河滩路堤侧面、河岸边或者长大导流堤的迎水面，挑离水流，保护路堤或河岸。泥沙在丁坝附近沿着路堤或河岸会发生沉积，形成新的水边线，河滩路堤、河岸或导流堤进一步得到保护。

（2）顺坝是坝身沿着水流方向布置的一种坝，引导水流向着指定的方向流动，起束狭河槽、调整河岸的作用。顺坝主要修建在整治河道上，在急弯、河汊及河口等水流分散处可修建。顺坝分淹没式和非淹没式两种。非淹没式顺坝坝顶较高，常年不被洪水淹没。淹没式顺坝坝顶在洪水期被淹没，顺坝与河岸间在汛期可能落淤逐渐形成新河岸，溢过顺坝的纵向水流也可能引起冲刷。

（3）顺坝较长且与河岸距离较大时，在顺坝与河岸之间布设格坝。格坝与顺坝近似垂直，防止水流冲走岸边沉积的泥沙或避免顺坝内侧的洪水危害。当坝身很长或河岸不平顺时，需建多个格坝。格坝间距一般为格坝坝长的 1~3 倍，确保两格坝间不产生纵向流水。

第二节　导流堤布设

当河滩路堤阻水流量占桥位设计流量的 15%（单侧阻水）或 25%（双侧阻水）以上时，

应设置导流堤。导流堤的设计洪水频率一般与桥梁设计洪水频率相同。其布设工作包括平面线形、断面形状、堤面高程、冲刷等的确定。

一、平面线形

导流堤分为封闭式和非封闭式。封闭式导流堤堤身较长，上游堤端伸出泛滥界之外，堤身不能侵入主槽。平面布设应考虑桥位地形、水流特点，将全部洪水顺畅地导入桥孔。一般采用平顺的曲线形式，桥轴线上游段曲线半径宜采用桥孔总长的3~4倍，下游段曲线半径宜采用桥孔总长的1.5~2倍。山区桥位处，可设置沿主流方向的封闭式导流堤。山前区可设置喇叭形封闭式导流堤收缩水流，堤身与主流方向角度在20°~30°以内，确保水流平顺通过桥孔。

非封闭式导流堤堤身较短，上游堤端在泛滥界之内。一般也采用曲线形式，由不同半径的圆弧线组成。也可在圆弧线之间插入直线段，形成两端带有曲线的直线形导流堤。曲线段水流绕堤流动，压缩水流进入桥孔。直线段水流与堤身分离，将水流挑离桥头。导流堤平面形式应充分结合桥下河滩流量、河床冲淤状况、水流流向等实际情况加以选择。与绕流流线吻合较好、堤长适当、设计施工简便的导流堤最佳。常用平面线形为椭圆线、组合圆曲线，分别称为椭圆堤、圆曲线组合堤。

椭圆堤为美国联邦公路总署推荐的标准桥梁导流堤，其上游段为1/4椭圆，长短轴之比$K=1.5~2.25$，K由河滩路堤阻水流量与桥位设计流量之比确定。圆曲线组合堤由苏联包尔达可夫提出，在我国应用较多。包尔达可夫圆曲线组合堤平面线形如图8.2.1所示，其中曲线半径R_d由桥孔长度、滩槽流量分配确定：

$$R_d = \alpha_t \lambda' L \tag{8.2.1}$$

式中　　L——桥孔全长；
　　　　λ'——由天然状态流入桥孔流量占比确定的系数；
　　　　α_t——由双侧河滩流量比例确定的系数。

（a）适用于不通航河流　　　　　　（b）适用于通航河流

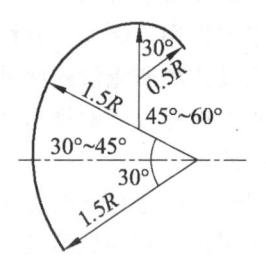

图8.2.1　包尔达可夫圆曲线组合堤平面线形

λ'、α_t的取值分别如表8.2.1、表8.2.2所示。桥孔越长、河滩流量占比越大、两侧河滩流量分配越不均匀，所需曲线半径就越大。

表 8.2.1　λ' 取值

天然状态流入桥孔流量占比/%	50	55	60	65	70	75	80	90	100
λ'	1.0	0.9	0.7	0.6	0.5	0.3	0.2	0.1	0

表 8.2.2　α_t 取值

天然状态下小河滩流量与大河滩流量比	1.0	0.8	0.6	0.4	0.2	0.1	0
α_t	0.6	0.6	0.7	0.7	0.8	0.9	1.0

包尔达可夫给出了不同特点河流导流堤的布设形式，如表 8.2.3 所示。

表 8.2.3　包尔达可夫导流堤平面形式

河流特性		导流堤形状	
		右岸	左岸
单侧河滩	河槽水流顺直	曲线形	
	河滩边凸出，对侧河岸凹进	曲线形	
	河滩边凹进，对侧河岸凸出	曲线形插直线	
等宽度双侧河滩	河槽水流顺直	曲线形	曲线形
	右岸凸出，左岸凹进	曲线形	曲线形插直线
	左岸凸出，右岸凹进	曲线形插直线	曲线形
不等宽度双侧河滩	右河滩流量较大	河槽水流顺直	曲线形	直线形
		右岸凸出，左岸凹进	曲线形	直线形
		左岸凸出，右岸凹进	曲线形插直线	直线形
	左河滩流量较大	河槽水流顺直	直线形	曲线形
		右岸凸出，左岸凹进	直线形	曲线形插直线
		左岸凸出，右岸凹进	直线形	曲线形

我国铁道部科学研究院在包尔达可夫导流堤基础上提出了改进的三半径圆曲线组合堤线形，如图 8.2.2 所示。相比于包尔达可夫形式，铁道部科学研究院线形较为细致地考虑了河滩宽度、河床断面形态、河滩路堤的影响，更具有针对性。曲线半径 $R_1=0.5R$，$R_2=0.25R$，R_d 表达式如下：

$$R_d = \frac{B_d}{K_0'}\left(1+\frac{Q_{xtd}}{10Q_{dtd}}\right)\left(\frac{Q_{td}}{Q_t}\right)^{7/8} \qquad (8.2.2)$$

式中　B_d——导流堤一侧的河滩宽度；

Q_t——导流堤一侧的河滩流量；

Q_{td}——导流堤一侧的路堤阻水流量；

Q_{xtd}、Q_{dtd}——小河滩、大河滩上路堤阻水流量；

K_0'——由设计洪水水面宽度与断面平均水深之比构成的宽深比有关，如表 8.2.4 所示。

表 8.2.4　K_0' 取值

宽深比	>1 000	500～1 000	200～500	<200
K_0'	30	25	20	15

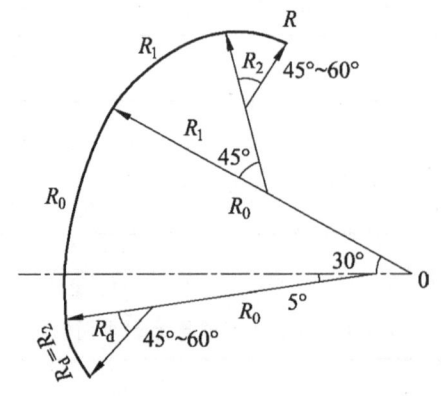

图 8.2.2　铁道部科学研究院圆曲线组合堤线形

二、断面形状

导流堤常采用土、砂、石等材料填筑，断面形状通常为梯形，如图 8.2.3 所示。不同填筑材料时断面尺寸有所差异，堤头、堤身部位断面尺寸也不同。堤头承受水流的冲击、侵蚀作用，断面尺寸较堤身大。堤头顶面通常 3～4 m 宽，常用边坡系数（宽高比）2～3。导流堤迎水面受水流作用大，为更好地抵抗迎水面的水流作用，迎水面边坡较为平缓。堤身顶面通常 2～3 m 宽，迎水面常用边坡系数 1.5～2.0，背水面常用边坡系数 1.5～1.75。当堤高大于 12 m 或坡脚长期浸水时，需进行专门设计以确保导流堤自身安全。

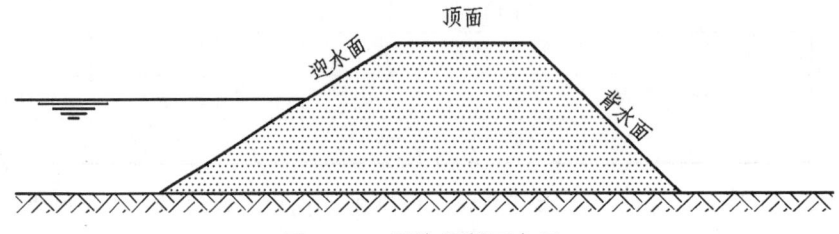

图 8.2.3　导流堤断面布置

三、堤面高程

导流堤顶面应不被水淹没，且保留 0.25 m 高度的安全值。

1. 封闭式导流堤

桥轴线上游侧堤面最低高程需要考虑各种水位提高因素、桥前最大壅水、水面坡度的影响，下游侧堤面最低高程不考虑桥前壅水，忽略水面坡度带来的水位降低，仅考虑各种水位提高因素的影响，计算公式如下：

$$H_{ds} = H_P + \sum \Delta h + \Delta Z + L_{ds}I + 0.25 \qquad (8.2.3)$$

$$H_{dx} = H_P + \sum \Delta h + 0.25 \tag{8.2.4}$$

式中 H_{ds}——上游距离桥台中线 L_{ds} 处导流堤的堤顶最低高程（m）；

H_{dx}——桥台中线下游导流堤堤顶的最低高程（m）；

L_{ds}——导流堤上游计算点至桥台中线距离在水流轴线上的投影长度（m）；

H_P——桥梁设计水位（m）；

$\sum \Delta h$——波浪爬高、斜水流局部冲高、床面游淤积等因素构成的水位提高（m）；

ΔZ——桥前最大壅水高（m）；

I——桥位河段天然洪水比降。

2. 非封闭式导流堤

非封闭式导流堤下游堤顶最低高程计算与封闭式导流堤下游堤顶一致，而上游堤顶最低高程则考虑河滩路堤最大壅水高度、各种水位提高因素、水面坡度等的影响。L_a 为桥台前缘至同侧岸边间的路基长度，L_{sh} 为计算得到的桥台前缘到河滩路堤最大壅水高度（Δh_{sh}）位置的距离，具体计算公式详见第六章。

当 $L_{sh} < L_a$，即河滩路堤最大壅水高度横向位置在路堤长度范围内，上游堤顶最低高程计算如下：

$$H_{ds} = H_P + \sum \Delta h + \Delta h_{sh} + L_{ds} I + 0.25 \tag{8.2.5}$$

当 $L_{sh} > L_a$，即计算得到的河滩路堤最大壅水高度横向位置超出路堤长度范围，此时路堤靠河岸端部的壅水最大，上游堤顶最低高程计算如下：

$$H_{ds} = H_s + \sum \Delta h + \Delta h'_{sh} + L_{ds} I + 0.25 \tag{8.2.6}$$

式中 $\Delta h'_{sh}$——路堤靠河岸端部的壅水高度，详细计算见第六章。

四、端部局部冲刷计算

导流堤冲刷计算应考虑自然冲刷、一般冲刷与局部冲刷。自然冲刷、一般冲刷与第七章墩台冲刷计算一致。导流堤端部水流局部冲刷作用较为强烈，因线形与墩台差异较大，需要调查类似河段上既有导流堤的最大冲刷深度。无参考时，端部局部冲刷深度 h_s 可按照下式计算：

$$h_b = 1.45 \left(\frac{D_e}{h}\right)^{0.4} \left(\frac{v - v'_0}{v_0}\right) h C_m \tag{8.2.7}$$

$$v_0 = 0.28 \left(\bar{d} + 0.7\right)^{0.5} \tag{8.2.8}$$

$$v'_0 = 0.75 \left(\frac{\bar{d}}{h}\right)^{0.1} v_0 \tag{8.2.9}$$

$$C_m = 2.7 - 0.2m \tag{8.2.10}$$

式中 D_e——上游导流堤端部与岸边距离在垂直水流方向的投影长度；

h——导流堤端部的冲刷前水深；

v——导流堤端部行近流速；

v_0——河床泥沙起动流速；

$\bar{d}$——河床泥沙的平均粒径；

v'_0——泥沙起冲流速；

m——边坡系数；

C_m——反映边坡影响的系数。

第三节　丁坝布设

丁坝是最为常用的挑流构筑物，可以改变水流前进方向，从而将水流挑离河岸或路堤。根据坝顶高程与设计水位的大小关系，可分为非淹没式丁坝与淹没式丁坝。非淹没式丁坝的坝顶高程在设计水位之上，具备较强的偏转水流能力，用以维护河岸及河滩路堤的安全。相比之下，淹没式丁坝的坝顶高程略高于常水位，在洪水期间会被水淹没。此类丁坝偏转水流能力相对较弱，但能够对常年过流的河道起到稳固作用。丁坝断面布置与导流堤一致，平面布置及冲刷计算有所不同。

一、平面布置

丁坝轴线与水流流向近似正交布置。淹没式丁坝的轴线从河岸开始稍向上游倾斜，与上游水流成 95°～105°交角，形成上挑式丁坝，避免洪水淹没时冲刷河岸。非淹没式丁坝的轴线稍向下游倾斜，与上游水流成 60°～75°交角，形成下挑式丁坝。在弯道凸岸且流速较小时，丁坝可以与上游水流垂直，布置成正交非淹没式丁坝。平原区或山前区的宽滩地段水流流速较小但易摆动，可设置上挑非淹没式丁坝促使淤积形成稳定的河岸。

丁坝挑流能力与其长度有关。长度越长则挑水体量越大，甚至可将水流挑向对岸。丁坝压缩过流面积，坝头流速加大而产生较为剧烈冲刷。坝身越长，坝头冲刷越剧烈。应结合上、下游河道的特点以及对河岸的影响，确定坝长，一般不宜长于河床宽度的 1/4。布设丁坝时可先使用短丁坝，再根据挑水、冲刷的实际效果考虑是否进行逐步加长。应尽量避免过长的丁坝，尤其是在对岸有农田、水利设施或居民点，不应采用长丁坝。对于较长丁坝，端部可设简易导流构筑物。

丁坝布设时可连续设置，形成丁坝群。丁坝群可加速各丁坝间的泥沙淤积，进行较长范围内河滩路堤和河岸的水流调治。连续多个丁坝头的连线构成一条平滑的曲线或直线，称为导治线，如图 8.3.1 所示。丁坝群内丁坝之间的最大间距 L_{dmax} 可按下式计算：

图 8.3.1 丁坝群布设

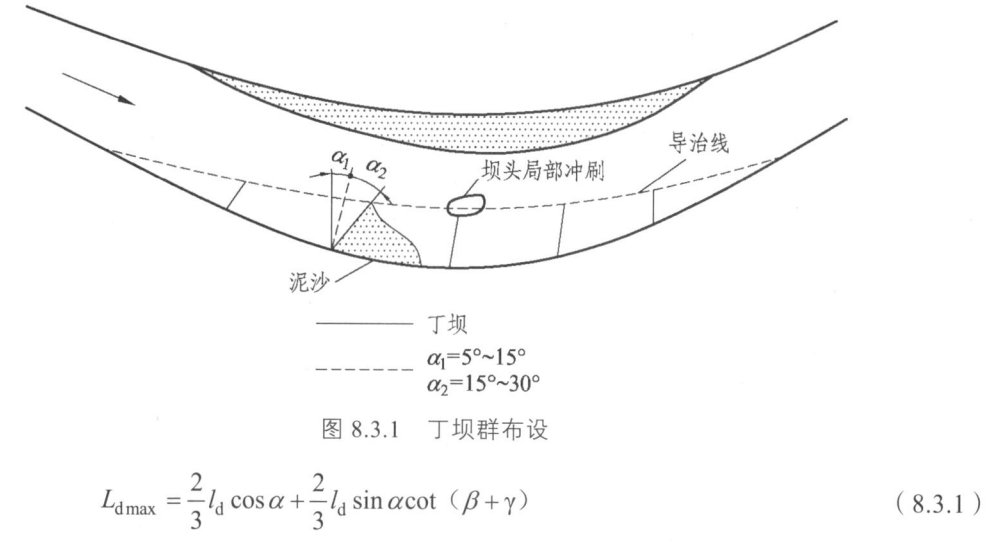

$$L_{d\max} = \frac{2}{3} l_d \cos\alpha + \frac{2}{3} l_d \sin\alpha \cot(\beta+\gamma) \tag{8.3.1}$$

式中 α——丁坝轴线与河岸的夹角；

β——水流与河岸的夹角；

γ——水流与第一坝头和第二坝有效长末端连线的夹角或称水流扩散角，一般为 5°～15°；

l_d——丁坝长度。

二、冲刷计算

丁坝一般冲刷深度可参照第六章计算，局部冲刷深度可调查类似河段上既有丁坝的最大冲刷深度，也可按式（8.3.2）计算丁坝头部的最大局部冲刷深度 h_b，公式总体上与导流堤端部局部冲刷类似。当丁坝在垂直水流方向的投影长度 l_n 小于或等于冲刷前水深 h 时，有：

$$h_b = 1.45 \left(\frac{l_n}{h}\right)^{0.75} \left(\frac{v - v_0'}{v_0}\right) h C_a C_m \tag{8.3.2}$$

$$C_a = \left(\frac{\alpha + \beta}{90°}\right)^{0.32} \tag{8.3.3}$$

式中 C_a——丁坝轴线与水流交角的影响，其他参数与前式一致。

第四节 墩台冲刷防护

水流冲刷，特别是局部冲刷对桥梁基础承载力及安全稳定性有较大的影响，必要时应加强冲刷防护。根据作用原理的不同，冲刷防护措施能够被划分为三类：主动防护、被动防护以及融合两者的混合防护。

一、主动防护

主动防护是通过改变墩台周围水流的物理特性，诸如降低流速、改变水流方向等手段，以达到削弱水流对桥梁基础冲刷的效果，特别是针对那些可能由向下急流和马蹄状漩涡引起的冲刷问题。主动防护的主要措施有护圈、环翼式桥墩、桥墩开缝及墩前牺牲桩防护（排桩）等（见图8.4.1）。护圈防护通过护圈来转移和阻挡河床的射流，可降低和削弱马蹄形漩涡的强度。环翼桥墩采用在迎水面增设挡板的方式，调整墩前水流的方向与流速，达到削弱漩涡冲刷能力的目的，其防护机理与护圈防护相类似。桥墩开缝防护可使部分水流从缝中通过，减弱马蹄形漩涡和向下射流的强度。至于墩前牺牲桩，则是在桥梁基础上游按照一定规则布置的非受力桩群，用以分散和转移上游水流的能量，减轻对桥梁基础周围的冲刷影响。

（a）护圈防护　　（b）环翼式桥墩

（c）桥墩开缝防护　　（d）墩前牺牲桩防护

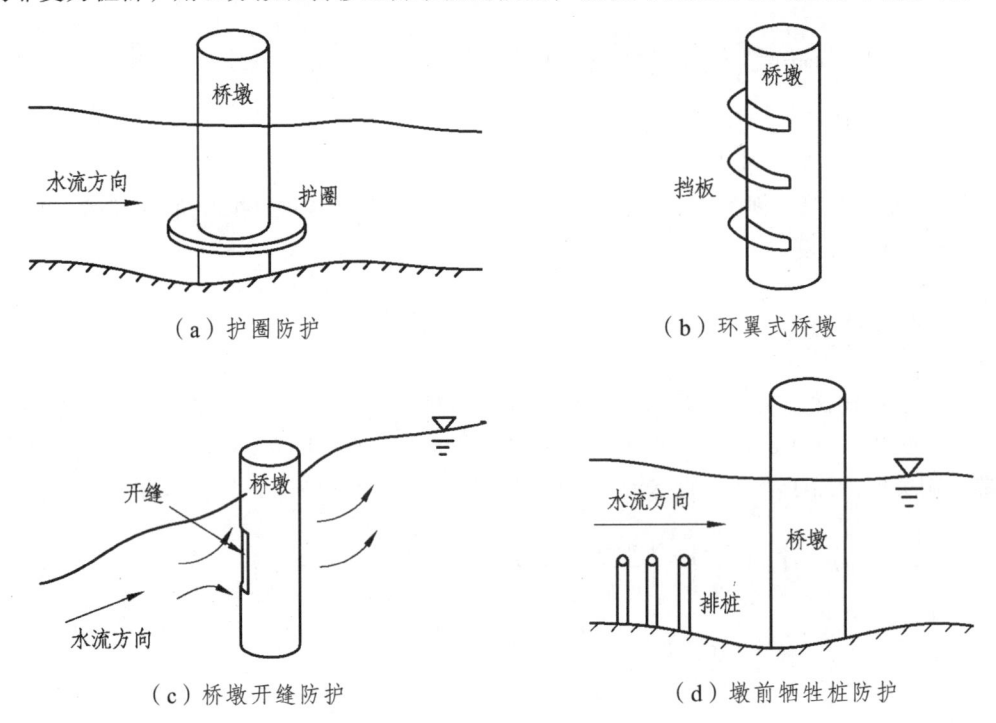

图 8.4.1　主动防护措施

二、被动防护

被动防护是在桥梁基础周边的河床表面铺设一层防护层，以此来增强桥梁基础抵抗水流剪切力的能力，确保河床下方的泥沙免遭冲刷破坏。被动防护主要有抛石防护、混凝土模袋防护、部分抛石灌浆防护等，如图8.4.2所示。抛石防护向河床抛入大尺寸石块，以保护床沙、减少冲刷，该方法方便、成本低，在实际工程中应用较为广泛。当现场条件不满足抛石防护或有环保美观要求时，会采取其他方法替代或改进抛石防护，如混凝土模袋、部分抛石灌浆防护等。在遇到无法实施抛石防护的情况，或是需要兼顾环境保护与景观要求时，会考虑运用混凝土模袋防护、部分抛石结合灌浆等其他技术手段，作为抛石防护的替代或改进方案。

(a) 抛石防护

(b) 混凝土模袋防护　　(c) 部分抛石灌浆

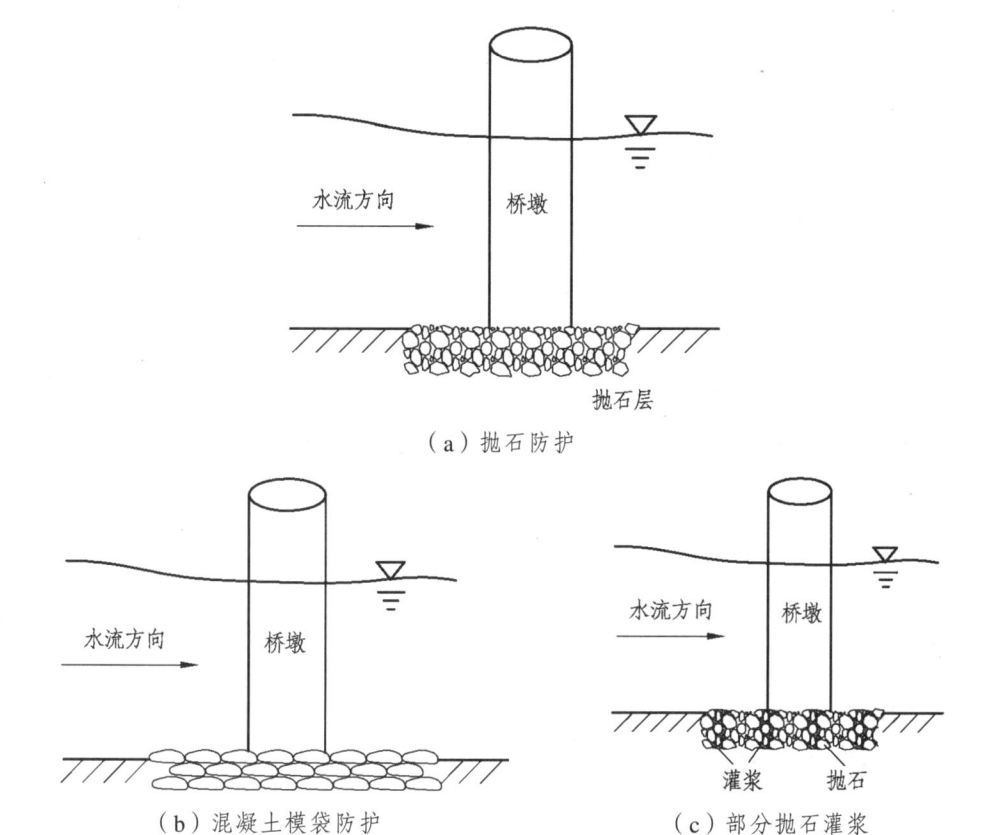

图 8.4.2　被动防护示意图

三、混合防护

实际工程中，往往是主动防护与被动防护综合使用，形成混合防护。扩大基础防护是一种较为典型的混合防护措施，如图 8.4.3 所示。扩大基础防护是在河床表面以上预留一定高度的围堰并封顶，该措施一方面削弱向下的射流，可以减小马蹄形漩涡的冲刷力，另一方面也是对基础床面的加固，达到减小冲刷的目的。常泰长江大桥采用台阶式沉井来减弱冲刷，也是一种混合防护措施（见图 8.4.4），该沉井为圆端形，按截面尺寸可以分为上下两部分，上部分截面尺寸小，而下部分截面尺寸大，构成台阶状。沉井顶面尺寸由其支撑的桥塔底面尺寸 47 m × 39.8 m 控制设计，为 77 m × 39.8 m。沉井底尺寸由地基容许承载力确定，为 95 m × 57.8 m，台阶宽度 9 m。台阶式沉井与扩大基础防护类似，既削弱向下的射流，也一定程度上提高了床面的抗冲刷能力，同时具备主动防护和被动防护的功能。

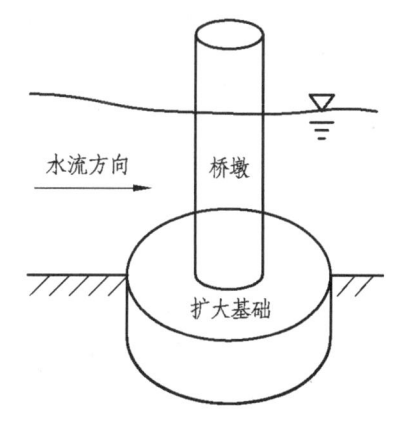

图 8.4.3　扩大基础防护

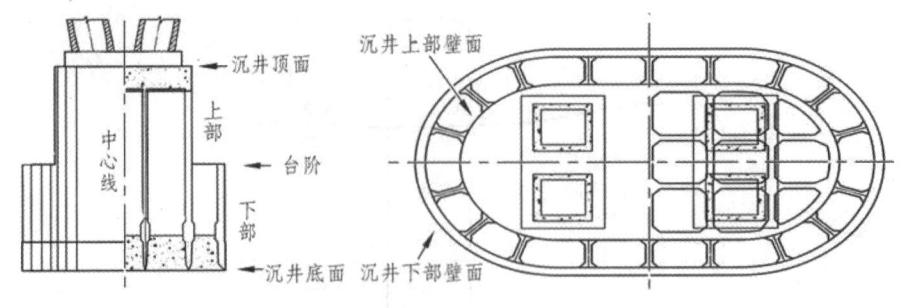

图 8.4.4　台阶式沉井

第五节　河岸防护

桥梁墩台、路堤阻水可能引起水流发生变化，导致桥位附近河岸出现冲刷，严重时威胁岸侧农田、村庄、交通以及桥梁自身的安全。此外，河道会发生天然演变，如河湾凹岸不断冲刷，导致河岸改变。可采用丁坝、顺坝、格坝等构筑物将危险水流挑离河岸进行防护，也可加固河岸，避免河岸泥沙、土体被冲刷。加固河岸对原有水流运动规律影响不大，对上下游河岸影响不大。常用的直接防护方式有抛石、干砌片石、浆砌片石、石笼、梢捆等，可根据流速与冲刷情况选取合适的防护方式。

一、抛石

抛石是指在河岸边抛填较大石块抵抗冲刷，如图 8.5.1 所示。河岸有水而不宜于开挖基坑时，常水位以下可以采用抛石加固，同时，在防洪抢险中也常常使用抛石。抛石基本原理是利用石块自身的重力以及石块之间的相互接触与摩擦力抵抗水流的搬运。所以，石块需要有足够大的重量以确保不被洪水冲走。根据受力平衡时主要控制作用力的不同，抛石堆顶上石块与斜坡上石块需要的尺寸不同。对于堆顶石块，石块抵抗运动的作用力主要是石块之间的滑动摩擦力。由水流阻力与滑动摩擦力平衡，可得到堆顶石块不被水流冲走的最小直径 D 如下：

$$D = \frac{v_0^2}{2g \dfrac{f}{K_s} \dfrac{\gamma_s - \gamma_0}{\gamma_0}} \approx \frac{v_0^2}{25} \tag{8.5.1}$$

式中　v_0——水流行近流速；

f——石块之间的浸水摩擦系数；

K_s——考虑石块形状的绕流系数；

γ_s——石块容重；

γ_0——水的容重；

g——重力加速度。

近似计算中，石块、水容重分别为 27 kN/m³、10 kN/m³。

而斜坡石块的稳定性由倾覆力矩与水流作用力矩平衡控制，有：

$$D = \frac{v^2}{2g\dfrac{1}{2\xi K_s}\dfrac{\gamma_s - \gamma_0}{\gamma_0}\cos\alpha} \approx \frac{v^2}{48\cos\alpha} \quad (8.5.2)$$

式中　v——斜坡上水流的流速；

　　　α——斜坡坡度角；

　　　ξ——石块倾倒滚动的稳定系数，可由实验测试。

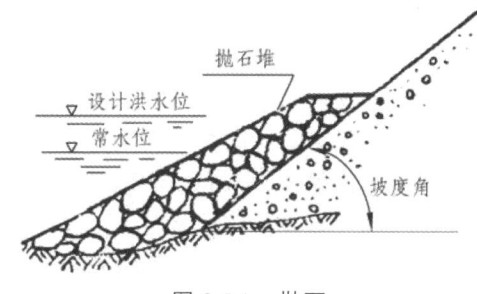

图 8.5.1　抛石

二、干砌片石

干砌片石是指不用胶结材料，直接在河岸堆砌石块，如图 8.5.2 所示。石块放置平稳，相互挤压紧凑，缝隙密合，外观较为平整。干砌片石护坡厚度一般不少于 20 cm，石块尺寸不宜小于 20 cm，应码砌牢固，容许流速一般为 1.5～2.5 m/s。下设碎石反滤层，防止下部被水流淘刷而致石块悬空脱落。干砌片石护坡的稳定性主要受水流所产生的上举力所控制。干彻片石护坡上的单个石块，偏安全不考虑石块之间的摩擦力，石块最小直径可按下式计算：

$$D = \frac{1.5 P_{sj}}{(\gamma_s - \gamma_0)\cos\alpha} \quad (8.5.3)$$

式中　α——护坡坡度角；

　　　P_{sj}——作用在石块上的上举力。

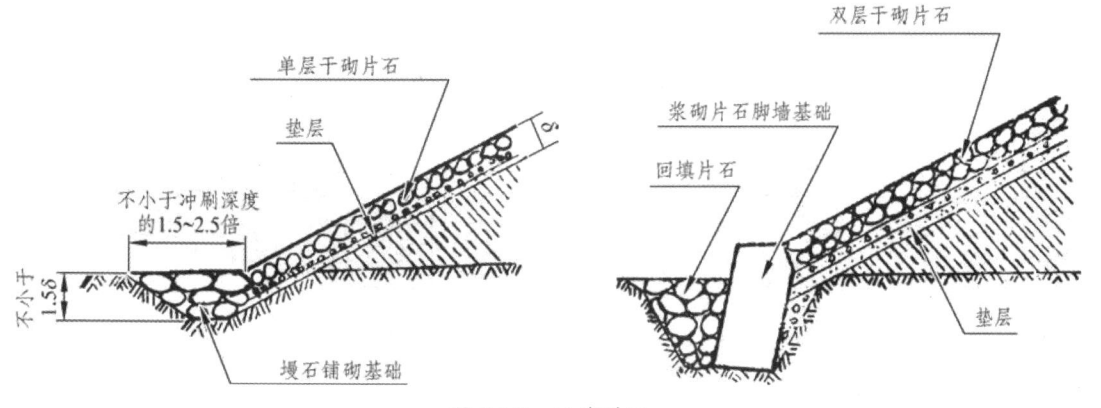

图 8.5.2　干砌片石

三、浆砌片石

浆砌片石是指采用砂浆等胶结材料砌筑石块。浆砌片石因石块之间连接性能提高而稳定性更好，具备一定的防漏水渗水能力。较干砌片石，浆砌片石防护性能得到提升。当石块抗压强度不小于 20 MPa 时，容许流速为 3~6 m/s。当石块抗压强度 60 MPa 时，容许流速可达 6~8 m/s。浆砌片石护坡厚度一般不小于 35 cm。通常采用级配良好的砂砾卵石或碎石设置垫层，使得浆砌片石紧贴边坡而均匀受力。与干砌片石一样，浆砌片石护坡稳定性主要由水流上举力控制。石块需要的最小尺寸可取干砌片石要求值的 2/3。

四、石笼与梢捆

流速较大时抛石易被冲走，可用石笼（见图 8.5.3）、梢捆（见图 8.5.4）等方式进行河岸防护。防洪抢险时也可用石笼、梢捆作为临时防护。石笼用铁丝、竹、木等材料编制连接成笼子，内填石块，将松散石块包裹形成整体，基底以卵砾石或碎石垫层整平。石笼具有较好的刚度和柔性，内填石块的尺寸较小。石笼整体质量较大、尺寸较大而不易被洪水搬运。当水流中含有泥沙、河床土质较好时，石笼内部石块间的空隙会迅速被泥沙填满，进而形成一个坚固且统一的保护层。铁丝石笼防护的容许流速为 2.5~3.5 m/s。铁丝石笼在水中易锈蚀而发生损坏，普通铁丝石笼可使用 3~5 年，镀锌铁丝石笼可使用 8~12 年。梢捆则是用树枝（一般用柔软的柳树枝）梢料内包卵石片石捆扎而成的长圆柱体，作用与石笼一致。

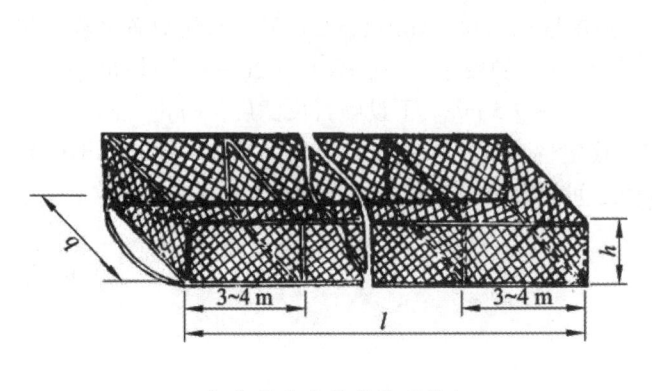

（a）扁长方体整体石笼 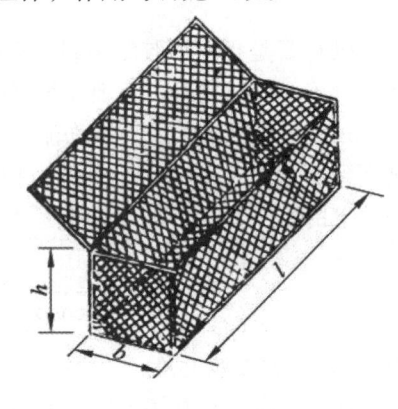　　　　　　（b）长方体石笼

（c）石笼网格 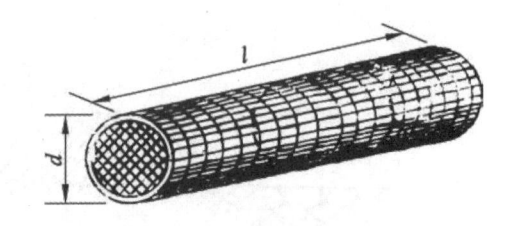　　　　　　（d）圆柱体石笼

图 8.5.3　石笼结构

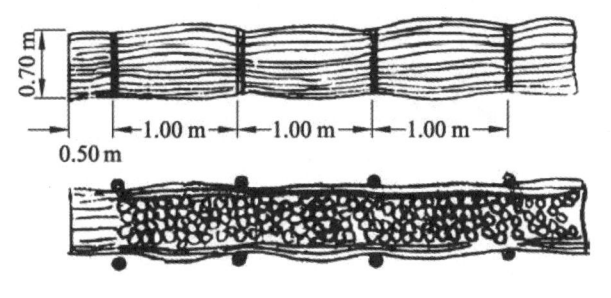

图 8.5.4　梢捆

思考与练习

1. 调治构造物可分为哪几种类型，作用分别是什么？
2. 如何选择导流构造物的形式？
3. 如何布设导流堤平面形状？
4. 如何计算导流堤设计高程与局部冲刷？
5. 如何布设丁坝？
6. 如何计算丁坝局部冲刷？
7. 墩台冲刷防护措施分为哪些类型，主要有哪些形式？
8. 河岸防护主要有哪些措施？

第九章 小桥和涵洞设计

道路或铁路线路在跨越沟谷、溪沟、人工渠道时，修建小桥和涵洞较多。单个小桥涵工程量小、成本低，但数量多。一般平原区每公里 1~3 道，山区每公里 3~5 道，一条线路上可能有几百甚至上千座小桥和涵洞。小桥涵的工程投资约占公路总投资的 15%~20%，是道路或铁路工程的重要组成部分。

第一节 小桥和涵洞水文设计原则

《公路桥涵设计通用规范》（JTG D60—2015）规定，多孔跨径总长在 8~30 m，或单孔跨径在 5~20 m 范围的桥梁为小桥，当单孔跨径小于 5 m 时，为涵洞。铁路相关规范中，桥长 20 m 以下为小桥。小桥和涵洞设计与大中桥梁设计一样，需要按照安全、耐久、适用、环保、经济和美观的原则进行设计。结合小桥和涵洞的特点和功能定位，小桥和涵洞设计原则有：

1. 总体方面

（1）应综合考虑桥涵处的自然地质环境、排水灌溉系统，经济合理的布设小桥和涵洞，以满足对应设计洪水频率的排洪能力。

（2）桥涵的布设应遵循"桥服从路"的原则，宜在地质条件较好、基础承载力较高、河床稳定的河段上建设小桥和涵洞。

2. 水文方面

（1）小桥涵应布设在每条排水河沟或汇水区，涵洞宜设计为无压力式涵洞，可设计为单孔或双孔，进出口布设应有利于水流的排泄，必要时可配合进出口设置引水或排水工程。

（2）当小桥涵在下游汇入河道附近时，应考虑冲淤化和河水倒灌对基础埋深和桥涵高程的影响。

3. 特殊情况

三级公路上的漫水小桥或过水桥面在 25 年一遇的洪水频率时，应保障车辆的安全行驶，即断面水深不应大于 0.3 m。四级公路上的漫水小桥或过水桥面在 25 年一遇的洪水频率时，可以有限度中断交通，其中断时间可根据水情确定。

第二节　小桥孔径计算

一、小桥的组成及类型

桥梁的基本结构形式按主要承重结构体系分类，有梁桥、拱桥、斜拉桥、悬索桥等，小桥的类型主要有梁式桥和拱桥两种。

对于梁桥（见图 9.2.1），一般由桥跨结构（上部结构）、下部结构和附属工程组成。桥跨结构是跨越障碍的主要承重结构，是支座及以上部分，包括承重结构和桥面系统。下部结构有桥墩和桥台，桥墩和桥台支承桥跨结构并将恒载与活载传至地基。设置于河中的下部承重结构称为桥墩，设置在桥两端（岸）的承重结构称为桥台。附属工程有桥头路堤、护坡、护岸工程及调治构造物等。

拱桥也是由桥跨结构（上部结构）及下部结构两大部分组成。上部结构包括拱圈和拱上建筑（包括桥面系、传力构件或填充物等）。下部结构包括墩台、基础、拱铰（有铰拱）等（见图 9.2.2）。

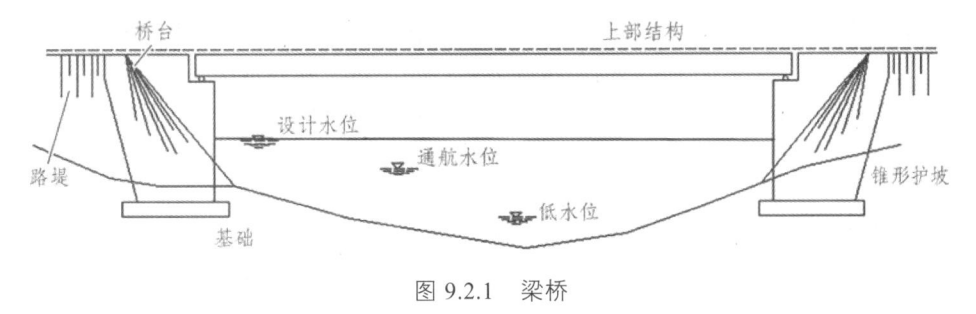

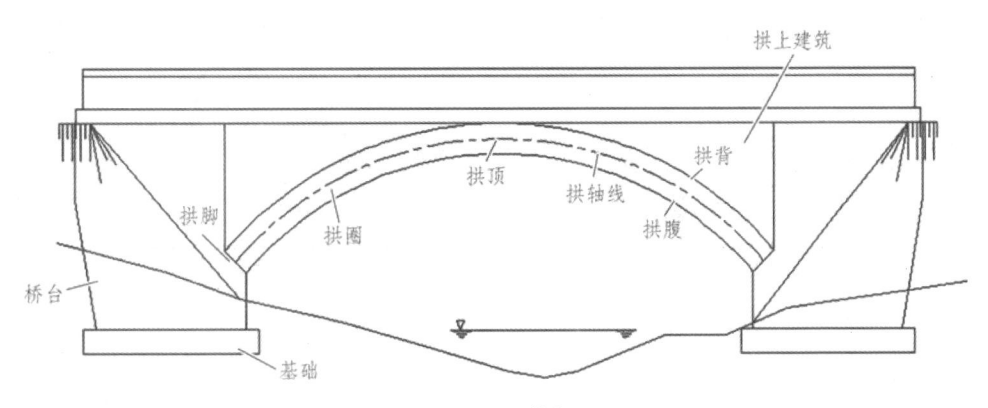

图 9.2.1　梁桥

图 9.2.2　拱桥

二、小桥的水流图式

洪水是小桥设计的控制性因素，明确小桥的水流图式是进行设计的前提。一般来说，水流在通过小桥时会被压缩，流入桥孔后发生侧收缩现象导致过水断面面积减小，从而使上游水位抬高。

小桥与宽顶堰的水流图式相似，如图 9.2.3 所示。宽顶堰流的本质是反映了有限区段内不同稳定状态流动的转变，这种转变主要体现在水面高低变化。只要流动是连续的，前后两个流动状态是相对稳定的，区段的长度是有限的，沿程水头损失可以忽略不计，都可以作为宽顶堰流进行分析。一般采用宽顶堰理论作为小桥孔径计算的理论依据，根据下游天然水深可分为自由式出流和淹没式出流。

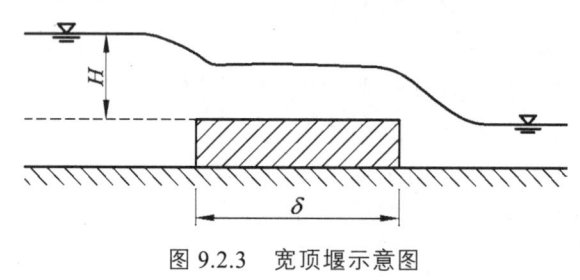

图 9.2.3 宽顶堰示意图

1. 自由式出流

临界流是指在流量及断面形状、尺寸一定的条件下，相应的断面单位能量最小时的水流状态，此时的水深为临界水深 $h_ت$，临界水深可用来判断下游对上游水流是否有影响。

如图 9.2.4 所示，当桥下游天然河槽水深 $h_t \leqslant 1.3 h_k$（桥下临界水深）时，桥下水流属于自由式出流状态，图中 H 为桥前水深，h_c 为收缩断面水深，一般 $h_c < h_k$，$K—K$ 为平均临界水深线。此时桥下流量仅与桥下临界水深有关，桥下水流的自由流出不受下游天然水深的影响。

2. 淹没式出流

如图 9.2.5 所示，当桥下游天然河槽水深 $h_t > 1.3 h_k$（桥下临界水深）时，桥下水流属于淹没式出流状态。此时桥下的临界水深被下游天然水深的水面所淹没，桥梁下游的水深直接影响到桥下水流的宣泄，使桥下水流速度降低，影响到出口流量，比自由出流的出流量要低。

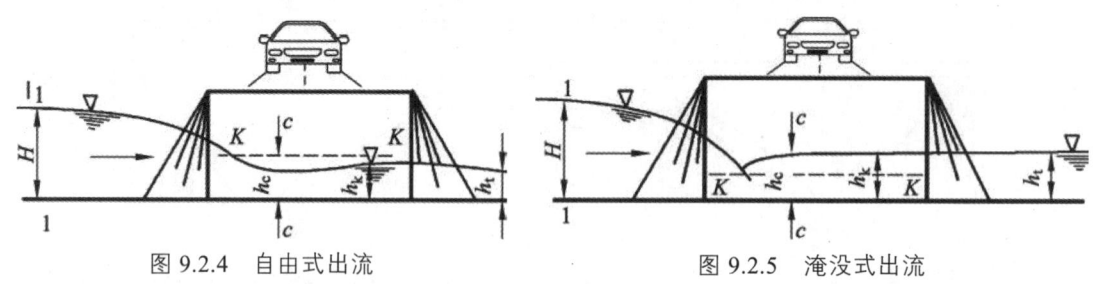

图 9.2.4 自由式出流　　　　图 9.2.5 淹没式出流

三、小桥孔径计算

在大中桥的孔径计算中，桥下一般不进行铺砌加固，允许河床发生冲刷，因此设计流速常采用天然河槽平均流速。然而，小桥涵下河床通常会加固处理，一般不允许河底发生冲刷，因此设计流速常采用其容许（不冲刷）流速，而容许（不冲刷）流速可以与河床加固铺砌的类型有关。当允许桥下发生冲刷时，小桥水文的计算与大中桥计算一样，可根据河沟断面形态初拟孔径后，验算桥前雍水位及桥下净空，计算冲刷深度，验算基础埋深，同时基底深安全值应不小于 1.0 m。

对于桥下无冲刷情况：

1. 桥下水流图式判别

1）确定天然水深 h_t

首先，采用试算法假定一个天然水深值，从河段断面图求解水力半径 R 和过水面积 A，根据水力学明渠均匀流公式（9.2.1）计算流量，并与设计流量进行对比。当计算值和设计值误差小于 5%时，可以认为假定值即为所求天然水深。否则重复上述计算，直至误差满足要求。

$$Q = AV = A\frac{1}{n}R^{\frac{2}{3}}i^{\frac{1}{2}} \tag{9.2.1}$$

2）确定桥下临界水深 h_k

根据水力学原理，临界流状态时 $F_r = 1$，此时河段临界水深函数可写为：

$$\frac{A_k^3}{B_k} = \frac{aQ_P^2}{g} \tag{9.2.2}$$

式中　　a——流速分布系数，小桥取 $a=1.0$；

　　　　g——重力加速度（m/s²）；

　　　　A_k——桥下河槽临界水深对应的过水断面面积（m²）；

　　　　B_k——临界断面 A_k 的水面宽度（m）；

　　　　Q_P——设计流量（m³/s）。

任意形状断面的平均临界水深为：

$$\overline{h}_k = \frac{A_k}{B_k} = \frac{Q_P^2}{A_k^2 g} = \frac{v_k^2}{g} = 0.102 v_k^2 \tag{9.2.3}$$

式中　　$\overline{h}_k$——平均临界水深（m）；

　　　　v_k——临界流速（m/s），计算时可采用不冲刷（容许）流速。

当桥孔断面为矩形断面时，桥下临界水深等于平均临界水深，即 $h_k = \overline{h}_k$；当桥孔断面为宽浅梯形断面时，也可取 $h_k \approx \overline{h}_k$；当桥孔断面为窄而深的梯形断面时，如图 9.2.6 所示，可以根据过水面积相等的原则近似计算临界水深 h_k。

由图中几何关系可得：

$$B_k \overline{h}_k = (B_k - 2mh_k)h_k + mh_k^2 \tag{9.2.4}$$

$$h_k = \frac{B_k - \sqrt{B_k^2 - 4mB_k \overline{h}_k}}{2m} \tag{9.2.5}$$

式中　　m——梯形断面边坡系数。

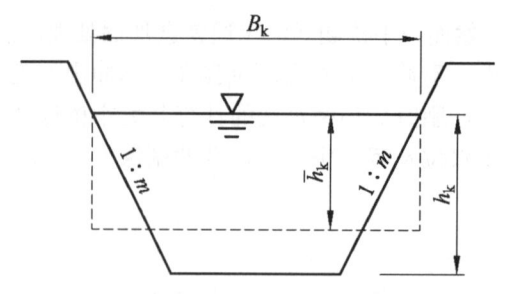

图 9.2.6　梯形断面桥孔示意图

临界断面水面宽度 B_k 由下式求得：

$$B_k = \frac{A_k^3 g}{Q_p^2} = \frac{Q_p g}{v_k^3} \tag{9.2.6}$$

对于任意断面，过水断面面积与水深关系复杂，难以得到式（9.2.2）的解，可采用试算法进行求解，即先假定一个临界水深，从河床断面图求得过水面积 A_k 和水面宽度 B_k，按照式（9.2.2）计算流量，如果计算值和设计值的误差小于 5%，则假定水深即为所求临界水深。

3）水流图式判别

自由式出流：$h_t \leq 1.3 h_k$；淹没式出流：$h_t > 1.3 h_k$。

2. 确定小桥孔径长度

与大中桥不同，小桥涵通常不允许河底发生冲刷，大中桥梁孔径长度计算时采用冲止流速，而小桥孔径长度计算时采用容许不冲刷流速。桥孔长度计算时，自由出流和淹没出流两种对应的水面宽度有所差异，按两种出流式分别计算。

1）自由式出流

计算需要的桥下水面宽度 B 时，需要考虑桥下过水面积受桥墩（桥台）侧向挤压而减小的影响，应引进水流挤压系数 ε：

$$B = \frac{Q_s g}{\varepsilon v_k^3} + Nb = \frac{Q_s}{\varepsilon \overline{h_k} v_k} + Nb \tag{9.2.7}$$

式中　b——桥墩宽度（m）；

　　　N——桥墩个数；

　　　B——需要的桥下水面宽度（m）；

　　　ε——挤压系数，按表 9.2.1 采用。

表 9.2.1　挤压系数 ε 与流速系数值 φ

桥台形状	ε	φ
单孔桥锥坡填土	0.90	0.90
单孔桥有八字翼墙	0.85	0.90
多孔桥或无锥坡或桥台伸出锥坡以外	0.80	0.85
拱脚淹没的拱桥	0.75	0.80

若桥孔断面为矩形，则桥孔长度为：

$$L=B \tag{9.2.8}$$

若桥孔断面为梯形（见图9.2.7），则桥孔长度为：

$$L=B+2m\Delta h \tag{9.2.9}$$

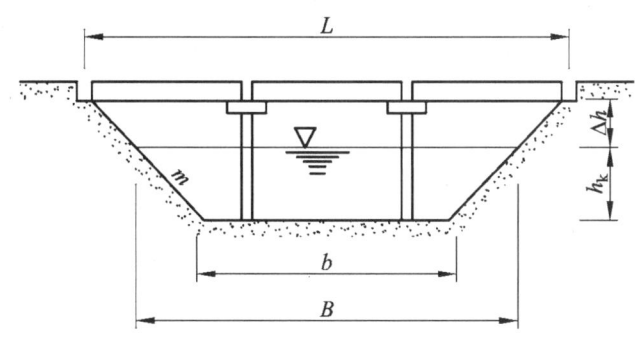

图 9.2.7 梯形桥孔断面（自由式出流）

式中　　L——小桥的孔径长度（m）；
　　　　m——桥台处锥坡的边坡系数；
　　　　Δh——桥面底部高出水面的高度（m）。

2）淹没式出流

对于淹没式出流，桥下河槽被下游水流淹没，桥下过水断面的水深为 h，则桥下过水断面平均宽度（$h/2$ 处）为：

$$B_0 = \frac{Q_s}{\varepsilon h_t v_{bc}} + Nb \tag{9.2.10}$$

式中　　B_0——桥下过水断面的平均宽度（m）；
　　　　v_{bc}——河床的容许（不冲刷）流速（m/s）。

若桥孔断面为矩形，则桥孔长度为：

$$L=B_0 \tag{9.2.11}$$

若桥孔断面为梯形（见图9.2.8），则桥孔长度为：

$$L = B_0 + 2m\left(\frac{1}{2}h + \Delta h\right) \tag{9.2.12}$$

图 9.2.8 梯形桥孔断面（淹没式出流）

如果桥轴线与水流方向斜交且交角为 α，则斜交桥孔长度 L_α 为：

$$L_\alpha = \frac{L}{\cos\alpha} \tag{9.2.13}$$

根据计算所得到的桥孔长度选用标准跨径，如果计算值和标准跨径误差小于 10%，则满足要求。反之，需要需要根据标准桥孔长度反算桥下流速和临界水深，进而复核水流图式。如果桥下流速和临界水深与之前不符，需重新设定 L 进行计算，直至满足条件。

3. 确定桥前水深

根据伯努利方程，可确定桥前水深计算公式。

1）自由式出流时

$$H = h_k + \frac{v_k^2}{2g\varphi^2} - \frac{v_H^2}{2g} \tag{9.2.14}$$

式中　H——桥前水深（m）；
　　　φ——流速系数，见表 9.2.1；
　　　v_H——水深为 H 的断面行近流速，当 $v_H \leq 1.0$ m/s 时，$v_H^2/2g$ 项可忽略不计，当 $v_H >$ 1.0 m/s，忽略此项得到的结果偏保守，由于 v_H 随水深而变，若要准确结果需用逐步渐近法求解。

2）淹没式出流时

$$H = h_t + \frac{v^2}{2g\varphi^2} - \frac{v_H^2}{2g} \tag{9.2.15}$$

式中　v——桥下流速（m/s），根据确定的桥孔长度计算而得。

四、桥面和路基高程计算

设计中路基和桥面高度需要考虑建桥压缩河床后引起的桥前壅水，桥头路基标高需在桥梁壅水高度的基础上考虑一定的安全储备（见图 9.2.9），桥面高程需考虑桥下净空和桥梁自身的建筑高度（见图 9.2.10）。

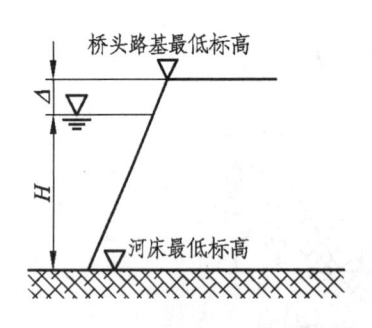

图 9.2.9　桥头路基最低标高　　　　图 9.2.10　桥面最低标高

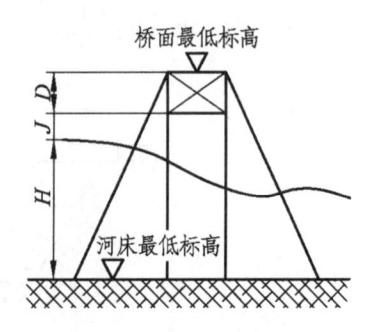

桥头路基最低标高= H_d +H+ Δ （9.2.16）

桥面最低标高= H_d +H+J+D （9.2.17）

式中　H——桥前水深（m）；

　　　H_d——河槽最低点高程（m）；

　　　Δ——安全高度（m），《公路工程技术标准》（JTG B01—2014）要求取值至少为 0.5 m；

　　　J——桥下净空安全值（m）；

　　　D——桥梁上部结构的建筑高度（m）。

五、算例

某公路跨越一条小河，设计流量 Q_s=29.0 m³/s，设计水位 H_s=105.80 m，河槽最低点高程 H_d=104.25 m，河槽宽度 B=7.32 m，河槽流速 v=2.80 m/s，河槽平均水深 h=1.15 m，天然河道最大水深 h_t=1.55 m。

若小桥进出口为带锥坡的单孔断面，收缩系数和流速系数均取 0.90。河床加固后的容许流速 v=3.60 m/s，桥下净空取为 1.0 m，桥梁上部结构的建筑高度为 0.5 m，桥下断面为矩形断面，请计算小桥孔径和相应的最小桥面高程。

【解】（1）判别桥下水流图式。

由于桥下断面为矩形断面，则桥下临界水深 h_k：

$$h_k = \frac{v_k^2}{g} = \frac{3.60^2}{9.8} = 1.32 \text{ (m)}$$

$$h_t = 1.55 \text{ (m)} < 1.3 h_k = 1.72 \text{ (m)}$$

故桥下水流为自由式出流。

（2）计算桥孔长度。

由于设计流量 Q_s=29.0 m³/s，收缩系数 ε=0.90，所以：

$$L = B_k = \frac{gQ_s}{\varepsilon v_k^3} = \frac{9.80 \times 29.0}{0.90 \times 3.6^3} = 6.77 \text{ (m)}$$

选用单孔标准跨径 7.0 m 钢筋混凝土板桥。

（3）计算桥前水深。

已知流速系数为 0.90，偏安全地忽略桥前流速项的影响，得：

$$H = h_k + \frac{v_k^2}{2g\phi^2} = 1.32 + \frac{3.6^2}{2 \times 9.80 \times 0.9^2} = 2.14 \text{ (m)}$$

（4）计算桥面最低高程。

$$\begin{aligned} H_{\min} &= H_d + H + J + D \\ &= 104.25 + 2.14 + 1.00 + 0.50 = 107.89 \text{ (m)} \end{aligned}$$

第三节 涵洞孔径计算

涵洞通常孔径小、孔道长，洞身的长度随路基填土高度的增加而增大，涵底纵坡通常坡度较大，当涵前水深超过涵洞高度时，水流通过涵洞时会受到较大的阻力。

一、涵洞类型及组成

根据不同的标准，涵洞可以分为很多类。

1. 按涵洞填土高度分类（见图 9.3.1）

（1）明涵：洞顶不填土或填土高度小于 0.5 m，适用于低路堤涵洞。
（2）暗涵：洞顶填土高度大于 0.5 m，适用于高路堤涵洞。

（a）明涵 　　　　　　　　　　　（b）暗涵

图 9.3.1　涵洞按填土高度分类

2. 按构造形式分类（见图 9.3.2）

（1）管涵：又称圆管涵，适用于有足够填土高的小跨径暗涵。对基础的适应性及受力性能较好，不需要墩台，圬工数量少，造价低。

（a）管涵 　　　　　　　　　　　（b）盖板涵

（c）箱涵　　　　　　　　　　　　　　（d）拱涵

图9.3.2　涵洞不同构造形式

（2）盖板涵：适用于低路堤，构造较简单，维修容易。跨径较小时用石盖板；跨径较大时用钢筋混凝土盖板。

（3）箱涵：适用于软土路基，整体性强，但用钢量大，造价高施工较困难。

（4）拱涵：适用于深沟或高路堤，跨径较大，承载潜力较大，施工工序较繁多。

3. 涵洞的组成

涵洞组成的主体为洞身和洞口两部分（见图9.3.3），附属工程有锥体、河床加固铺砌、路堤护坡、改沟渠道及其护砌、路堤边坡检查台阶等。

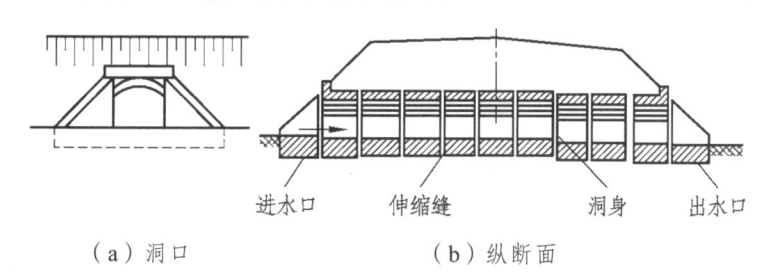

（a）洞口　　　　　　　　　　　　　（b）纵断面

图9.3.3　涵洞组成

洞身是过水孔道的主体，承担泄水重量、洞顶填土压力和车辆等荷载，同时需保障水流通过。洞身由拱圈或盖板、涵台、基础、防水层、构造缝等组成。设计时，孔径需满足设计流量的通过，涵洞底坡度一般为0.4%～6.0%，涵洞结构安全需满足相关要求。洞口一般包括进水口、出水口和河床加固三部分。进口形式可分为普通式涵洞洞口（端墙式、八字式、平头式等）和流线型涵洞洞口（喇叭形、抬高式等），其中以八字式、端墙式、跌水井式为最常用的形式，下面介绍这三种形式的洞口。

（1）八字式洞口。

正八字式洞口由敞开斜置的八字墙构成，常用于路线与涵洞正交的场合（见图9.3.4）。八字式洞口为重力式墙式结构，其结构简单，易于施工，外观简洁美观，洞口翼墙短，洞口铺砌少且比较经济，一般适用于平坦顺直的河沟，且涵底与沟底高程相近的情况。

当$\beta=0°$时，即为直墙式洞口，此时八字墙墙身平行于涵洞的轴线。当涵洞跨径和河沟宽度相近，无须扩散与集纳水流或仅为疏通两侧农业灌溉时，常采用直墙式洞口。

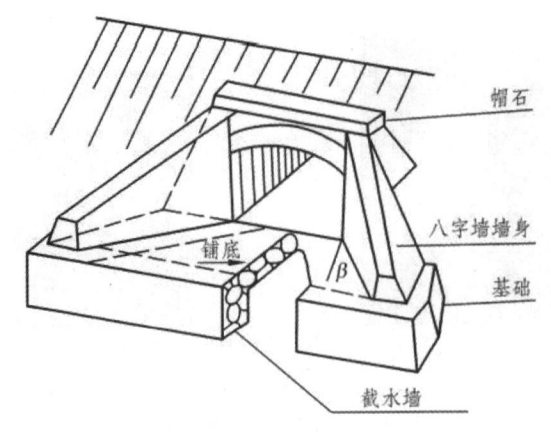

图 9.3.4　八字式洞口

（2）端墙式洞口。

端墙（一字墙）是修建在涵台两端，垂直于台身并与台身同高的矮墙。如图 9.3.5 所示，可用天然土坡、砌石护坡或椭圆锥坡在端墙外侧构筑形式多样的端墙式洞口。端墙式洞口构造简单、造价低，但水力性能较差，适用于平原地区流速很小、流量不大的河沟、水渠。

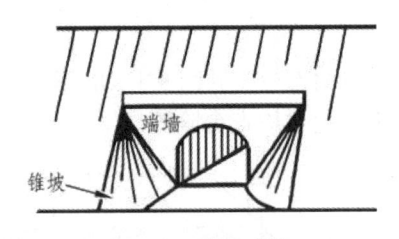

图 9.3.5　端墙式洞口

（3）跌水井式洞口。

对于纵坡大于 50% 的天然河沟或不能满足涵洞建筑高度要求的路基纵断面，以及洞口距天然沟槽高差较大、洞口开挖较大时，为了将涵洞进口与路基边沟或沟槽连接起来，一般采用跌水井洞口。跌水井洞口具有优良的水力学性能，兼具降坡、集水和消能的作用。如图 9.3.6 所示，跌水井式洞口主要有两种形式：

（1）边沟跌水井洞口：进水口内侧有挖方边沟涵洞。

（2）一字墙跌水井洞口：前端设有陡坡沟槽。

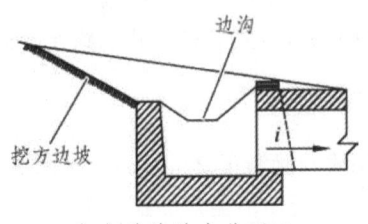

（a）边沟跌水井洞口 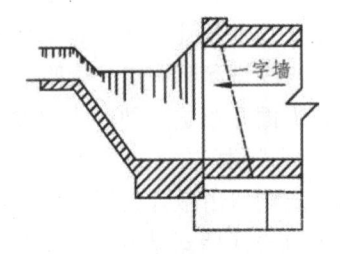　　　　（b）一字墙跌水井洞口

图 9.3.6　跌水井式洞口

二、涵洞水流图式

根据涵洞水力性质，涵洞可分为无压力式、半压力式和压力式三种，判别依据是洞口是否被涵洞前水深淹没以及涵洞进水口建筑型式的差异。此外，涵洞的水流图式也可以分为自由式出流与淹没式出流两种，判别依据是下游水面是否淹没了涵洞出口。无压力式和半压力式的水流均为自由式出流，而压力式涵洞可能为自由式出流，也有可能为淹没式出流。

1. 无压力式涵洞

无压力式涵洞的进水口建筑型式主要分为两种：

（1）涵洞洞口类型为平头式、八字式、端墙式等普通式洞口，且涵前水深 $H \leq 1.2h_T$（h_T 为涵洞洞身净高）。

（2）涵洞洞口类型为抬高式、喇叭形等流线型洞口，且涵前水深 $H \leq 1.4h_T$。

无压力式涵洞中的水流在流经全洞的过程中不会触及洞顶，始终保持自由液面，水流的出流也不会受到下游河槽的影响。如图 9.3.7 所示，无压力式涵洞的进口附近出现了一个收缩断面，这是因为水流受到了洞口的侧向挤束作用，这与宽顶堰类似，水流流过收缩断面后可以视为明渠流。实际工程中大多数涵洞采用无压力式。

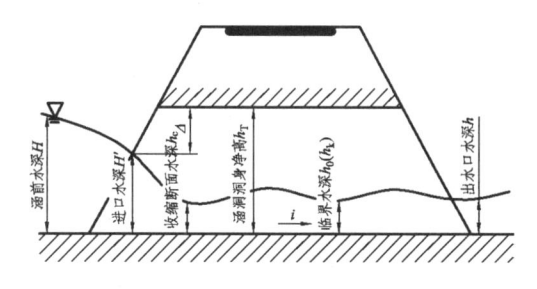

图 9.3.7 无压力式涵洞水流图式

2. 半压力式涵洞

对于涵前水深 $H>1.2h_T$ 的普通式进水口的涵洞，当水流淹没了涵洞进口，但没有淹没涵洞出口，水流在收缩断面之前与洞顶接触，但收缩断面以后具有自由液面，这种涵洞称为半压力式涵洞。如图 9.3.8 所示，进水口是有压状态，进水口至收缩断面之间的水流类似于水流通过侧壁孔口或闸下出流，收缩断面至出水口的水流属于明渠流。

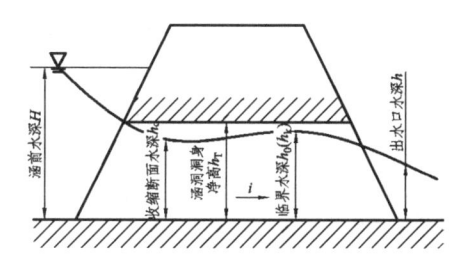

图 9.3.8 半压力式涵洞水流图式

通常半压力式不会应用于流线型进水口。工程上涵底纵坡 $i \geq i_k$ 临界坡度时，才会采用半压力式涵洞。若 $i<i_k$，此时收缩断面以后出现波状水跃现象，由于顶部的压强不断呈现真空状态，使得水流很不稳定，常与涵洞顶部碰撞，应尽量避免使用。

3. 压力式涵洞

水流完全淹没了涵洞进口，也充满了全部洞身，涵洞此时属于有压状态且无自由液面，这种形式称为压力式涵洞。洞内水流状态类似于短管出流，倒虹吸管也属于压力式水流状态。如图 9.3.9 所示，压力式涵洞又可根据出口被下游水面淹没与否分为自由式出流及淹没式出流。

压力式涵洞进出口均被淹没，洞内及出口流速大，对下游冲刷大，洞身防渗漏困难，对涵洞及路基不利。实际工程中一般不采用压力式涵洞。

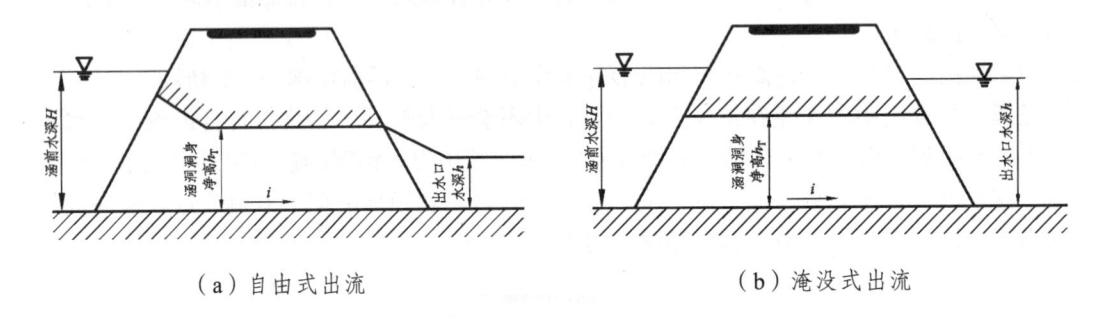

（a）自由式出流　　　　　　　　　（b）淹没式出流

图 9.3.9　压力式涵洞水流图式

三、涵洞孔径计算

工程中涵洞多设计为无压式。涵洞孔径计算时可初拟孔径后，验算涵内流速、水深和涵前水深。若为矩形流水断面，其孔径与自由出流图式的小桥孔径计算一致。若为曲形流水断面，先假定洞内临界水深 h_k 值，并采用涵洞标准孔径，临界流速 v_k 可按式（9.3.1）计算，然后根据式（9.3.2）计算可通过的流量，若不满足要求，假定新的临界水深和孔径试算。

$$v_k = \sqrt{g\frac{A_k}{B_k}} \tag{9.3.1}$$

上式结合式（9.2.2），可写为：

$$Q_p = \varepsilon A_k v_k \tag{9.3.2}$$

式中　ε——侧收缩系数，可取 $\varepsilon=1.0$；

对于涵前积水深，结合式（9.2.14），按下式计算即可。

$$H = h_c + \frac{v_c^2}{2g\varphi^2} - \frac{v_0^2}{2g} \tag{9.3.3}$$

式中　v_0——涵前水流行近速度（m/s），可用设计流量除以涵前积水面积，当 $v_0 \leq 1.0$ m/s 时，流速水头 $\frac{v_0^2}{2g}$ 可忽略不计；

h_c——洞口收缩断面处水深（m），可取 $h_c = 0.9 h_k$；

v_c——洞口收缩断面处流速（m/s），可取 $v_c = \dfrac{v_k}{0.9}$；

φ——流速系数，可按表 9.3.1 的规定取值。

表 9.3.1　涵洞流速系数

入口情况	断面形状		流速系数 φ
涵前积水不淹没八字翼墙的前墙	矩形		0.9
	曲线形	圆形	0.85
		其他	
涵前积水淹没八字翼墙的前墙或端墙式进口	矩形		0.85
	曲线形	圆形	0.8
		其他	

无压涵洞顶与涵内最高水面需要有一个最小净空高度。根据《铁路工程水文勘测设计规范》（TB 10017—2021）和《公路工程水文勘测设计规范》（JTG C30—2015），对净空值规定如表 9.3.2 所示。

表 9.3.2　公路（铁路）无压式涵洞内顶点至最高流水面净高 Δ　　　　单位：m

净高 h_T	类型		
	圆涵	拱涵	矩形涵
≤3	≥0.25h_T	≥0.25h_T	≥1/6h_T
>3	≥0.75	≥0.75	≥0.5

涵内最大水深通常在进口处（见图 9.3.5），应满足表 9.3.2 中的要求。同时涵前水深应小于或等于涵洞净高的 1.15 倍，而在一些涵洞设计册中，涵内最大水深按水面降落系数进行计算，即涵前水深 H/进口水深 $H' = 0.87$。

实际设计中，各种类型涵洞的标准图都有水力特性表，给出了各种涵洞、各种孔径通过不同流量时的水流状态、涵前水深、临界水深、临界流速、临界坡度等。如表 9.3.3 所示，使用时，在确定涵洞类型和材料后，由设计流量在表中查出使用孔径，然后即可确定该孔径的涵前水深、临界水深、临界流速、临界坡度等参数，检查路基高度要求不低于涵前水深 $H+0.5$ m，并应满足涵洞结构要求的最小路堤高度，若不满足，则调整孔径。

表 9.3.3 涵洞水力计算资料（示例）

涵洞类型		直径 d 或跨径 L_0/m	涵内水流状态	涵洞净高 h_T/m	进水口净高 /m	墩台高度 /m	流量/ (m³/s)	水深/m 涵前水深 H	水深/m 进水口水深 H'	水深/m 临界水深 h_k	水深/m 收缩断面水深 h_c	流速/(m/s) 临界流速 v_k	流速/(m/s) 收缩断面流速 v_c	临界坡度 i_k	坡度/‰ 出水口流速 $v_{max}=$4.5 m/s 时的 i_{max}	坡度/‰ 出水口流速 $v_{max}=$6.0 m/s 时的 i_{max}
石盖板涵	无升高管节	0.50	无	1.00			0.84	1.03		0.66	0.59	2.54	2.80	16	66	
		0.75		1.20			1.71	1.27		0.81	0.73	2.82	3.13	13	40	
		1.00		1.50			3.28	1.61		1.03	0.93	3.18	3.53	11	28	
		1.25		1.80			5.46	1.95		1.25	1.13	3.50	3.89	10	19	
		1.50		2.00			7.75	2.18		1.40	1.26	3.70	4.11	9	15	
	有升高管节	0.75	无	1.20	1.60		2.70	1.72		1.10	0.99	3.28	3.65	15	32	
		1.00		1.50	2.00		5.12	2.18		1.39	1.25	3.68	4.09	13	21	
		1.25		1.80	2.40		8.60	2.64		1.69	1.52	4.07	4.53	13	15	
		1.50		2.00	2.80		12.30	2.97		1.90	1.71	4.31	4.80	11	12	

第四节　小桥涵防护

小桥数量多、比例大，破坏形式多样，影响因素繁多。为了提高小桥的排水防灾能力，往往会采用不同的防护措施。常用的防护措施有桥下铺砌加固和桥下锥坡防护，前者通过增强桥梁下部河道对来流剪切应力的抵抗力，保护易受冲刷的河床，后者是通过引导水流更平稳地通过小桥，减弱冲刷的影响。

不合理的涵洞进出口会使涵洞受水流冲刷而破坏，其中出口的水毁较进口多。为了保障涵洞的安全，需要综合考虑涵洞上下游河沟纵坡、虑涵洞洞底坡度等因素的影响，处理好涵洞进出口的沟床，根据具体的土质和流速确定沟床的加固防护类型。

涵洞的进水口与出水口称为涵洞的洞口，一般设置于涵洞的两端。洞口形式复杂多样，一般可根据涵洞类型、地形及路基断面形式和河流特点因地制宜地选择洞口形式。为了确保涵洞及路基稳定和水流顺畅，还需要对进出水口进行处理。

一、涵洞进水洞口沟床防护

对河沟顺直、河沟纵坡 $i<10\%$ 的涵洞，如图 9.4.1 所示，需要在翼墙前铺砌加固 1 m 长的干砌片石。对于孔径较大、流速较小的多孔涵洞，可以采用 U 形铺砌的方法加固，以减少铺砌数量。

当河沟纵坡介于 10%～50%之间时，除了岩石沟槽外，一般沟槽的侧向边坡、路基边沟和沟底均应铺砌加固。

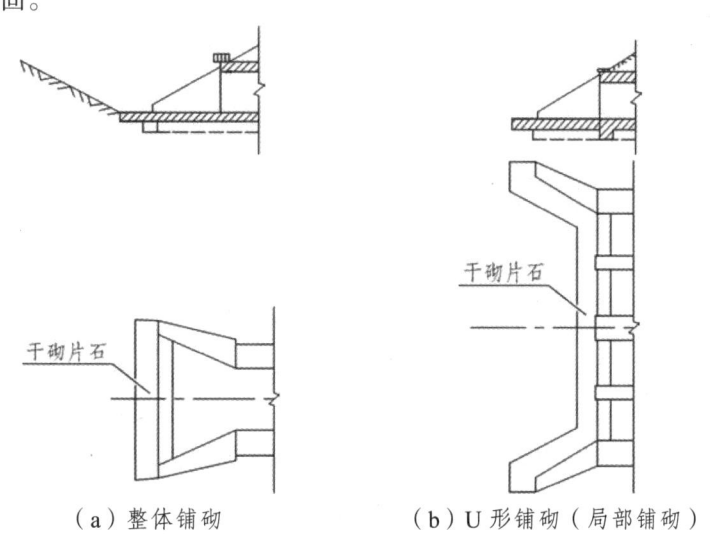

（a）整体铺砌　　　　（b）U 形铺砌（局部铺砌）

图 9.4.1　平缓涵洞进口铺砌

对河沟陡峭的情况（河沟纵坡 $i>50\%$），水流速度大，涵洞进口处需要设跌水井，以削减水流动能，减缓流速。为加固河槽，跌水井与河槽连接处可采用吊沟或 U 形断面急流槽形式

（见图 9.4.2）。上游沟槽开挖的坡度，应根据河沟土质情况而定，一般采用 1∶1～1∶2。

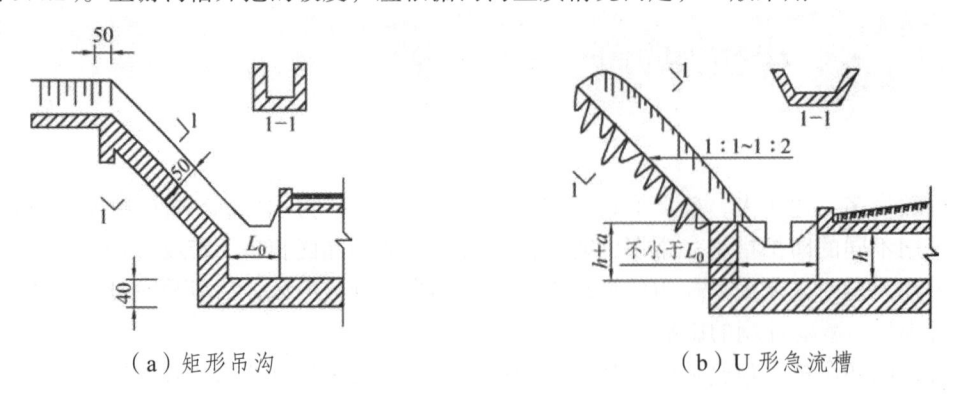

（a）矩形吊沟　　　　　　　　　（b）U 形急流槽

图 9.4.2　陡峭河床进口铺砌（单位：cm）

二、涵洞出水洞口沟床防护

涵洞通常对天然河床有较大压缩，上游会形成较高的壅水，造成洞内流速增大，出口处流速通常大于河沟的天然流速，因此涵洞出口常因为冲刷而导致破坏。为了保护洞口下游的人民生命及其财产安全，需要在涵洞出口处布置一定的防护措施。

（1）洞底坡度 $i<15\%$ 的缓坡涵洞出水口的处理。

在河沟纵坡小于 3% 的缓坡涵洞中，当出水流速小于土壤的允许冲刷流速时，下游洞口河床可不做处理。当出水口流速大于或等于土壤的允许冲刷流速时，下游洞口沟床应铺砌片石加固或设置挑坎防护。

在河沟纵坡为 3%～15% 的缓坡涵洞中，其出水口流速不大，出水口常采用延长铺砌、加深截水墙的处理方法（见图 9.4.3）。

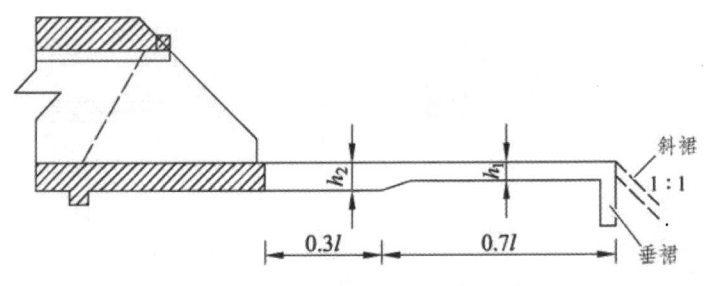

图 9.4.3　延长铺砌及加深截水墙

一般情况下，铺砌加固长度 l 与河床土质、洞口建筑物端部的单宽流量及下游水流状态有关。加厚段的长度约为全部加固长度的 30%，通常不小于 1.5 m。

加固工程末端的截水墙可有垂裙（亦称隔水墙或拦水墙）及斜裙（亦称斜坡或防淘斜坡）两种形式。截水墙埋置深度及厚度如表 9.4.1 及表 9.4.2 所示。

表 9.4.1　垂裙埋深

出口流速/（m/s）	1.0	2.0	3.0	4.0	5.0	6.0
垂裙埋置深度/m	0.50	0.90	1.32	1.70	2.00	2.20

表 9.4.2 垂裙厚度

垂裙埋置深度/m	<1.2	1.2~1.5	1.5~1.8	1.8~2.1	≥2.2
垂裙厚度/m	0.4	0.5	0.6	0.7	0.8

在无压力式涵洞下游，为了减少水流冲刷和稳定河床，在涵洞出口处采用八字翼墙配以挑坎，可有效防止水流对末端截水墙的冲刷（见图 9.4.4），挑坎可采用块石或混凝土预制块砌筑。

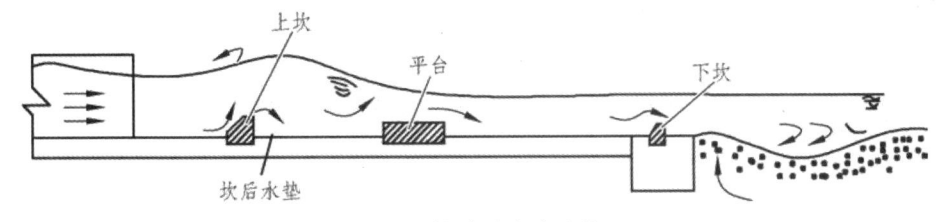

图 9.4.4 挑坎对水流的作用

（2）涵洞底坡 i >15%的陡坡涵洞出水口处理。

在河沟纵坡大于 15%的陡坡涵洞中，其出水洞口河沟应根据地形、地质和水力条件，采用急流槽、消力池、消力槛、人工加糙及多级跌水等措施对河床进行处理（见图 9.4.5），以实现水流的消能和降速。各种消能措施可单独使用，也可组合使用。

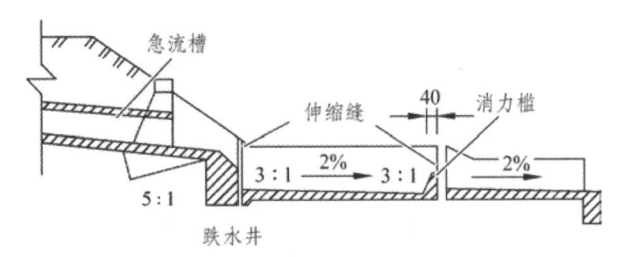

图 9.4.5 陡坡涵洞的出水口处理方式

思考与练习

1. 什么是小桥涵？
2. 小桥涵的设计原则有哪些？
3. 小桥水流图式分为哪两类？如何定义？判别依据是什么？
4. 简要说明小桥涵孔径计算与大中桥孔径计算的区别。
5. 如何确定小桥的桥面最低高程？
6. 涵洞按水流图式分有哪几类？如何定义？判别依据是什么？
7. 实际设计中如何设计涵洞孔径？
8. 涵洞的进水口和出水口沟床加固的措施有哪些？
9. 试设计一矩形断面小桥孔径。已知设计流量 $Q=15\text{ m}^3/\text{s}$，桥下游水深 $h=1.3\text{ m}$，桥下铺砌的允许流速 $v'=3.5\text{ m/s}$，桥前允许壅水水深 $H'=2.0\text{ m}$，选定小桥进口形式后知 $\varepsilon=\varphi=0.90$，$\psi=1.0$，取动能修正系数 $\alpha=1.0$。

第十章 特殊地区桥渡设计

我国幅员辽阔，从南到北、从东到西不同区域的气象与地理特征差异大，桥渡设计面临着一些特殊地区的挑战。水库地区、泥石流地区、平原河网地区、岩溶地区、倒灌河段的水文特征及其桥渡设计与常规地区存在显著差异。

第一节 水库地区

水库的修建直接改变了天然河道的流量、流速、水位等水文特征，使得河床冲刷与淤积特征发生变化。在水库附近河道上新建桥梁或在已有桥梁附近新建水库，需考虑水库对桥梁的特殊影响。

一、水库分类

水库地区修建桥梁时应明确水库的类型与特征，确定水库对桥位设计流量、设计水位以及冲刷的可能影响。按照所处位置的地形条件，水库可分为山区水库和平原水库。在山区河道稳定狭窄处修筑一定高度的拦水坝，坝上游水流被拦截而形成山区水库。修建河堤将平原河道附近洼地包围，将河道水流引至洼地，则形成平原水库。

按使用目的的划分，水库可分为拦洪蓄水、蓄清排浑、自由滞洪三类。拦洪蓄水类水库拦截汛期洪水，削减河道下游的洪峰流量，在汛期拦蓄的水量可供枯水期使用。该类水库库区河床泥沙淤积快，导致运用年限较短。蓄清排浑类水库在汛期来沙量大时采用空库迎汛或低水位运行，直接排泄汛期泥沙，在汛末洪水尾部及枯水季节来沙量少时，挡蓄水流抬高水位。自由滞洪类水库在汛期拦截洪水，削减下游的洪峰流量，待洪水过后逐渐泄水。

按调蓄时限，水库可分为多年调节水库、年调节水库、季调节水库。多年调节水库可拦蓄丰水年的水量供枯水年使用，一般库容量与径流量的相对比值较大，库内容易发生淤积。年调节水库把汛期的洪水积蓄在库内供枯水期应用，库内也容易发生淤积。季调节水库是将汛期洪水排走，调节非汛期各季的径流量。

根据水利水电枢纽工程在国民经济中的重要性、工程规模和效益，水库可分为5个等级，不同等级水库设置不同的防洪频率标准，汇总如表 10.1.1 所示。水库防洪标准是确定附近桥渡设计的重要依据。

表 10.1.1 水库分级与防洪频率标准

水库等级	水库库容/亿 m³	山区水库防洪重现期/年 设计	山区水库防洪重现期/年 校核 混凝土坝、浆砌石坝	山区水库防洪重现期/年 校核 土坝、堆石坝	平原水库洪重现期/年 设计	平原水库洪重现期/年 校核
1	>10	1 000～500	5 000～2 000	可能最大洪水或 10 000～5 000	300～100	2 000～1 000
2	10～1.0	500～100	2 000～1 000	5 000～2 000	100～50	1 000～300
3	1.0～0.1	100～50	1 000～500	2 000～1 000	50～20	300～100
4	0.1～0.010	50～30	500～200	1 000～300	20～10	100～50
5	0.01～0.001	30～20	200～100	300～200	10	50～20

二、水库回水与泥沙

上游水流进入库区，受到水坝的阻挡发生回流，通常称为回水，如图 10.1.1 所示。回水导致水坝上游水位升高，形成库区水位壅高的现象。回水上游方向最末端与水坝之间的距离通常称为回水长度，回水发生时的水面线纵剖面称为回水线。回水长度的变化直接受到坝前水位高度和入库流量的影响。在入库流量保持稳定的情况下，坝前水位若升高，则回水长度会相应地增长，当坝前水位维持不变时，入库流量的增加会导致回水长度的缩短。

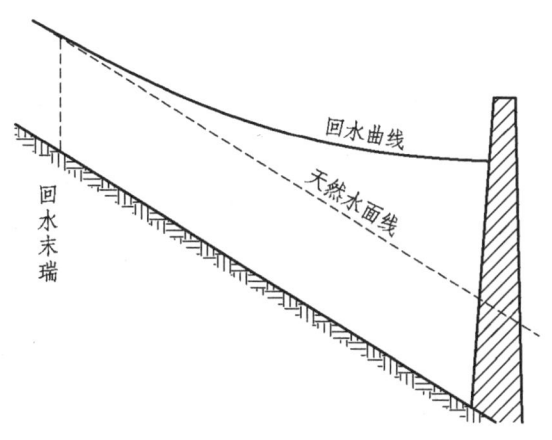

图 10.1.1 水库回水

水库蓄水时，水流进入库区，由于水坝的阻碍流速降低。水流含沙量大于挟沙能力，泥沙不断淤积水库底面。相同流速下，水流对大尺寸粗颗粒的挟带能力小于小尺寸细颗粒。使得大颗粒泥沙先沉积、小颗粒泥沙后沉积，库底泥沙从上游往下呈现先粗后细的沿程分选现象。推移质大颗粒主要沉积在靠上游的回水末端，而悬移质细颗粒则主要沉积在库区。如果库区较短，悬移质沉积在坝前或与水流一起被排出库区。如果库区较长，悬移质主要沉积在坝前或水库中段。

泥沙在回水区内淤积，过水断面减小。如坝址处水位不变，为了通过相同流量，势必抬高上游水位，增加比降和流速。这种趋势逐渐向上游发展，淤积末端便逐渐向上游移动，而回水末端则不断向下游移动。当坝址水位下降，若回水淤积段尚未达到输沙平衡，仍将继续淤积；若已达到淤积平衡，则因水位下降、比降增大、流速加快，产生冲刷，将泥沙推向坝址。这两种作用方向不同，朝哪个方向发展，取决于来水、来沙条件。汛后水位降低、来沙量少，以冲刷为主。

三、水库地区桥位选择

以水库拦水坝为界，上游通常称为蓄水影响区，下游通常称为水库下游。蓄水影响区水位将较原河道天然水位抬高，流速显著减小，促使床面发生淤积，河型向宽浅型和变迁型发展。在严寒地区水库回水区极易发生冰冻，墩台常遭冰冻胀力挤压和剪切以及流冰的撞击，且在回水末端容易形成冰塞。蓄水影响区水深比天然情况大许多，随着浸泡时间增长，库内岸坡稳定性降低，易产生坍岸危险。水库下游以冲刷为主，河型向窄深、稳定方向发展。由于泥沙拦蓄沉积而下泄清水，造成下游河道长距离的普遍下切，影响桥梁墩台的稳定和基础埋深。水库有溃坝的风险，产生的溃坝流量的危害远大于天然洪水。在选择水库区域的桥位时，必须全面考虑水库建设对河流形态的改变以及潜在的不利影响。若桥位处于蓄水影响范围内，应优先考虑库面狭窄、岸坡稳固、泥沙淤积较少的区域。对于封冰区域，桥位应避免选在回水末端或易于形成冰坝、冰裂的地段。当桥位位于水库下游时，应选择在下游集中冲刷影响范围之外的安全位置。

四、水库地区桥梁设计流量

1. **蓄水影响区**

当水库设计洪水标准高于桥梁设计洪水标准时（即水库设计洪水频率低于桥梁设计洪水频率，或水库设计洪水重现期高于桥梁设计洪水重现期），应采用与桥梁设计洪水频率相一致的入库流量过程线，根据水库运行情况进行流量调蓄计算，推算桥位的设计流量。当水库校核洪水标准低于桥梁时，应验算溃坝后库内桥下通过的最大流量 Q_k。溃坝前后库容如图 10.1.2 所示，W 为溃坝水位对应的总库容，W_h 为坝体残留高度对应的库容。

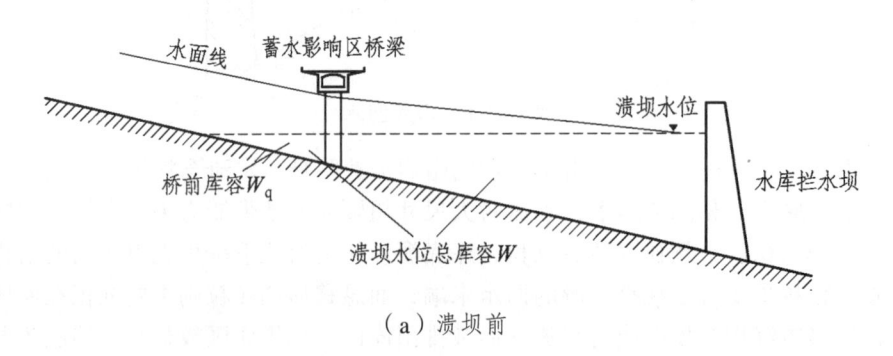

（a）溃坝前

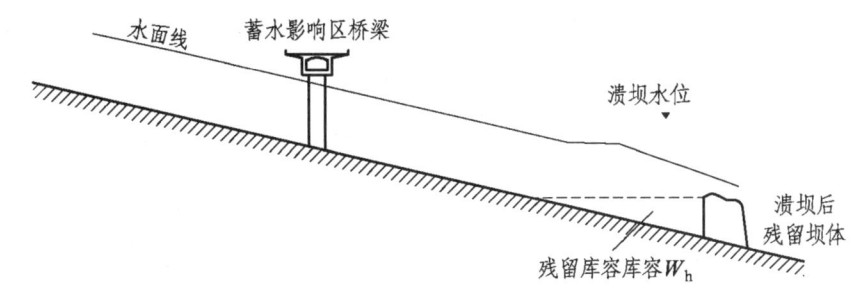

（b）溃坝后

图 10.1.2　溃坝前后库容示意图

以溃坝水位对应的桥前库容 W_q 与溃坝导致的库容减小量（$W-W_h$）之比为系数，乘以坝址处溃坝最大流量 Q_{kh}，得到库内桥前总溃坝流量：

$$Q_k = Q_{kh} \frac{W_q}{W - W_h} \tag{10.1.1}$$

坝址处溃坝最大流量 Q_{kh} 由库区长度 L_k、坝长 B_b、溃决口平均宽度 b_k、溃坝时水深 h_{kb}、坝体残留高度 h_b' 按下式计算：

$$Q_{kh} = 0.27\sqrt{g} \left(\frac{L_k}{B_k}\right)^{\frac{1}{10}} \left(\frac{B_b}{b_k}\right)^{\frac{1}{3}} b_k (h_{kb} - k_0 h_b')^{\frac{3}{2}} \tag{10.1.2}$$

式中 k_0 为修正系数，由 B_b、b_k、h_{kb}、h_b' 按下式计算得到，当 k_0 计算值大于 0.94 时取 0.94。

$$k_0 = 1.4 \left(\frac{b_b h_b'}{B_k h_{kb}}\right)^{\frac{1}{3}} \tag{10.1.3}$$

库区长度 L_k 可按下式近似计算得到，当 L_k 计算值大于 $5B_b$ 时取 $5B_b$。

$$L_k = \frac{W}{h_{kb} B_b} \tag{10.1.4}$$

在混凝土重力坝的情况下，溃坝口的平均宽度 b_k 通常取为坝的全长 B_b。而对于普通的土坝和堆石坝，其溃决口平均宽度则根据 W 的具体情况来计算。如果计算结果超出了坝的全长，则取坝长作为溃决口的宽度。

当 $W > 10^6 \text{m}^3$ 时，有：

$$b_k = K_1 K_2 W^{\frac{1}{4}} B_b^{\frac{1}{7}} h_{kb}^{\frac{1}{2}} \tag{10.1.5}$$

当 $W \leq 10^6 \text{m}^3$ 时，有：

$$b_k = K_1 K_3 W^{\frac{1}{4}} h_b^{\frac{1}{2}} (W h_{kb})^{\frac{1}{4}} \tag{10.1.6}$$

式中，K_1 是一个安全系数，根据道路等级和坝体的质量状况取值介于 1.1 和 1.3 之间；K_2 代表坝体建材系数，对于黏土、黏土心墙或斜墙以及土、石、混凝土坝体，取值为 1.2，而对于均质土壤坝体，则取值为 2.0；K_3 代表材质系数。

2. 水库下游

当水库设计洪水标准高于桥梁设计洪水频率标准时（水库设计洪水频率低于桥梁设计洪水频率，或水库设计洪水重现期高于桥梁设计洪水重现期），根据水库下泄流量、水坝与桥位之间的汇水流量，组合作为桥梁的设计流量。水利部门可以提供水库的下泄流量信息，或者通过调洪计算来明确。对于资料匮乏但具有调蓄洪水功能的小型水库，下泄流量 Q_{px} 可以通过近似方法，依据以下公式进行计算：

$$Q_{px} = Q_{pb}\left(1 - \frac{W_F}{W_{bs}}\right) \tag{10.1.7}$$

式中　Q_{pb}——天然条件下与桥梁遭遇相同频率洪水的坝址横断面流量；
　　　W_{bs}——与上述坝址横断面流量相对应的洪水总体积；
　　　W_F——水库用于防洪的蓄水容量。

当桥梁与水坝距离较近，且两者间的汇流区域占坝址以上汇流区域的比例小于 10%时，桥梁的设计流量可直接等同于同频率的水库洪水下泄流量。若该比例小于 20%且汇流区域面积不超过 1 000 km²，则可按流域面积的比例，通过以下公式来估算桥梁下方的设计流量。

$$Q_p = Q_{px} + Q'_p\left(\frac{F_q}{F}\right)^{n_F} \tag{10.1.8}$$

式中　Q'_p——天然状态下桥位断面设计洪水频率时的流量；
　　　F_q——水坝与桥位之间的汇水面积；
　　　F——桥位流域汇水面积；
　　　n_F——流域面积指数。

当水坝与桥位之间的汇水面积大于或等于坝址以上汇水面积的20%，或大于 1 000 km² 时，可根据流域面积比例按下式估算桥下设计流量，并取大值。

$$Q_p = Q'_p - Q_{pb} + Q_{px} \tag{10.1.9}$$

$$Q_p = Q_{pq} + (Q'_p - Q_{pq})\frac{Q_{px}}{Q_{pb}} \tag{10.1.10}$$

式中　Q_{pq}——水坝与桥位之间汇水面积的设计洪水频率的流量。

若水库的设计洪水标准未能达到桥梁的设计洪水标准，那么在计算桥下的设计流量时，应基于河流的天然状态进行，并且还需利用以下公式对溃坝后的桥下流量 Q'_k 进行计算。

$$Q'_k = \frac{W_{ks}}{\dfrac{W_{ks}}{Q_{kh}} + \dfrac{L_{bq}}{\bar{v}_m K_0}} \tag{10.1.11}$$

式中　W_{ks}——水库溃坝后下泄的水量；
　　　L_{bq}——桥桥梁至水坝的间距；
　　　$\bar{v}_m$——河道在洪水期间的最大断面平均流速（m/s），其值可依据实测的最大流速数据来采用；
　　　K_0——地区调整系数，山区可取 1.1~1.5、山前区可取 1.0，平原区可取 0.8~0.9。

五、水库地区桥梁设计水位与墩台冲刷

桥位在水库蓄水影响区内时，可采用与桥梁设计洪水频率一致的桥下最高蓄水位，并考虑水库淤积的影响。当水库校核洪水标准高于桥梁设计洪水标准时，设计水位应采用水库校核洪水频率的桥下最高蓄水位。桥下冲刷可按第七章计算，同时考虑汛期水库最低蓄水位和设计洪水相遭遇、水库溯源冲刷、建库后水沙条件变化引起河道变形等的影响。

桥位在水库下游时，设计水位可按正常河道计算，计算断面宜采用建库前的原始断面。采用建库后的河床断面时，宜按建库后河道冲刷情况，适当提高设计水位，以考虑水库下泄清水冲刷的影响。桥位应选择在坝下局部冲刷范围以外，当位于坝下局部冲刷范围内时，应按水库运行情况及经验公式分析计算冲刷深度，必要时可通过水工模型试验确定。

第二节　泥石流地区

泥石流是暴雨、洪水携带大量泥沙、石块等固体物质下泄的洪流，具有突发性、流速快、流量大、破坏性强等特点。其黏稠度较大，具有很强的浮托能力，以及很强的河床侵蚀、冲刷及搬运能力。短时间内能搬运数十万乃至数百万吨的固体物质，能将数十吨、数百吨甚至上千吨的巨石从山谷冲到山口外，冲毁路基桥梁，堵塞埋没桥孔、涵洞。

一、泥石流特点与分类

泥石流流域从上游到下游通常分为三个区段，即形成区、流通区和沉积区（见图10.2.1）。形成区发生大暴雨或者大洪水，形成较大速度的流动条件，且有大量松散的泥、沙、石堆积，为泥石流搬运提供足够多的固体物质。形成区泥石流向下游流动；流通的区域就是流通区，一般为山区峡谷或沟槽，比较顺直具有较大的坡道，使得泥石流顺畅通过；沉积区一般为下游沟口的平缓地带，泥石流流速降低直至停滞，搬运的固体物质沉积，一般呈扇形和锥形堆积，沉积区是识别泥石流沟的主要标志之一，其大小反映了泥石流的规模。

泥石流按其挟带的固体物质可分为泥流、水石流、泥石流。泥流中搬运的固体物质主要是颗粒均匀的细粒泥沙，包括粒径小于 0.005 mm 的黏粒和小于 0.05 mm 的粉粒，黏度大，呈稠泥状。泥流中有时有少量的砂、圆砾、碎石岩屑。水石流由大石块和水或稀泥浆组成，固体物质主要由圆砾、碎块石及砂粒组成，夹带少量黏粒和粉粒，黏度较低，冲击力大。泥石流则介于泥流与水石流之间，颗粒差异性大，由黏粒、粉粒、砂粒、圆砾、碎块石，甚至巨大石块、漂砾石等大小不同的粒径混杂组成，黏性较大，具有较大的冲击力。

泥石流按其黏度可分为稀性泥石流、黏性泥石流。黏度又称黏滞系数，是表示流体黏滞性大小的物理量，指垂直于流动方向的液层间存在单位速度梯度时，邻流层接触面上所产生的黏滞力。稀性泥石流黏度小于 0.3 Pa·s，黏性泥石流黏度大于 0.3 Pa·s。

图 10.2.1　泥石流流域划分

二、设计流量与桥梁孔径计算

1. 泥石流设计流量计算

通常采用雨洪修正法、泥痕调查法计算泥石流流量。雨洪修正法可计算小流域泥石流流量，能调查到泥痕的泥石流可按泥痕调查法计算流量。必要时分别依照两种方法计算，进行相互校核。

雨洪修正法泥石流流量 Q_{Pc} 在设计水流流量 Q_P 基础上进行修正，计算如下：

$$Q_{Pc} = Q_p(l+\varphi_c)D_c \tag{10.2.1}$$

$$\varphi_c = \frac{\gamma_c - \gamma_s}{\gamma_H - \gamma_c} \tag{10.2.2}$$

式中　D_c——泥石流堵塞系数，由泥石流黏性、沟槽特性所确定；
　　　φ_c——容重修正系数；
　　　γ_c——泥石流流体容重；
　　　γ_H——泥石流流体中固体物质容重的平均值；
　　　γ_s——水的容重。

泥痕调查法则需现场调查泥痕，确定设计频率泥石流的流速与过流面积，按下式进行流量计算：

$$Q_c = \omega_c \bar{v}_c \tag{10.2.3}$$

式中　ω_c——泥石流过流断面面积；
　　　$\bar{v}_c$——泥石流平均流速，按地区经验公式计算。

2. 桥位选择及桥梁孔径计算

面对泥石流灾害严重的地区，选择桥位时应优先考虑绕开这些区域。若无法避免穿越泥石流区域，桥位应选址于沟床稳定、水流顺直的河段，且桥梁走向需与主流方向垂直，不应设在沟床坡度突变、河道断面变化剧烈或河道转弯处。当线路穿过泥石流堆积扇区域时，桥位应避免设置于堆积扇的中部和顶部，而应选择在堆积扇的边缘或其尾部。若堆积扇受到外部水流的侵蚀，桥位的选择应考虑水流侵蚀的未来趋势，确保有足够的缓冲空间。若线路需要穿越多个泥石流堆积扇，桥位最好设置在各泥石流沟道的出口处或横穿各堆积扇边缘的尾部。

泥石流地区桥梁的孔径设置应综合考虑所在区段地形条件、沟槽宽度、泥石流性质、流量、流势及其发展变化的规律。一般情况下，泥石流流通区桥孔不得压缩沟床，不宜在沟中设墩。在泥石流沉积区，桥孔宜跨越泥石流的主要活动范围。在溢槽漫流的边缘地带，流量和流速又不大的稀性泥石流条件下，桥孔可适当压缩沟床。压缩量不宜超过 10%~20%，并应辅助设置排导工程。黏性泥石流不宜压缩桥孔。在流通区和沉积区的过渡段，桥孔可压缩部分沟床，同时修建调治构筑物。可在过渡段上游选择河沟槽稳定的河段作为基本稳定段，按下式计算桥孔最小净长度 L_j。

$$L_j = \frac{n_2 I_1^{\frac{1}{2}}}{\mu n_1 I_2^{\frac{1}{2}}} B_1 \tag{10.2.4}$$

$$\mu = 1 - 0.375 \frac{\gamma_c \bar{v}_c}{10 L_0 + (\gamma_c - 10)} \tag{10.2.5}$$

式中　B_1——基本稳定段沟宽；
　　　n_1、n_2——上游基本稳定段和桥位河段的糙率；
　　　I_1、I_2——上游基本稳定段和桥位河段的比降；
　　　μ——墩台泥石流侧向压缩系数；
　　　L_0——桥梁单孔跨径。

三、冲刷与桥面高程计算

1. 冲刷计算

泥石流地区的桥梁，墩台冲刷可按现场调查分析获得。泥石流导致的河道冲刷与淤积属于自然冲刷范畴。顺直沟槽段稀性泥石流一般冲刷水深 h_p 可由泥石流最大单宽流量 q_s、平均粒径 $\bar{d}$、最大泥深 h_m 按下式计算：

$$h_p = \frac{0.1 q_s}{\bar{d}^{\frac{1}{3}} h_m^{\frac{1}{6}}} \tag{10.2.6}$$

弯道凹岸段冲刷水深可按式（10.2.6）计算，并放大 1.7 倍。

2. 桥面高程计算

泥石流地区桥梁的桥面设计最低高程需要计入泥石流深度、淤积高度、河湾超高等因素。桥面设计最低高程根据下式进行计算：

$$H_{\min} = H_c + h_{mc} + H_n + \Delta h_n + \Delta h_0 + \Delta h_j \tag{10.2.7}$$

式中　$H_{\min}$——桥面最低高程；

H_c——设计泥流位以下的河床平均高程；

h_{mc}——设计流量时的泥石流平均流动深度，不应小于 1.5 倍泥石流波状流动时的波高及 1.5 倍最大块石直径；

H_n——设计总淤积高度，当设计洪水频率为 1/25 时，用 25 年的总淤积高度；当设计洪水频率为 1/50 时，用 35 年的总淤积高度；当设计洪水频率为 1/100 时，用 50 年的总淤积高度；

Δh_n——弯道超高值；

Δh_0——桥梁上部构造建筑高度（包括桥面铺装高度）；

Δh_j——安全值（m），一般采用 1.0 m，在强烈泥石流区或条件许可时，可采用较大的数值。

第三节　平原河网地区

我国很多平原地区，地势低洼、大小河流纵横交错，称为平原河网地区。为了保障平原河流两岸免受洪水威胁，避免两岸低洼、排水不畅地区发生内涝，水利部门制定了地区防洪、治涝规划与设计标准等，采取了筑堤防洪和排水治涝等治理措施。

一、平原河网分类与特点

根据所处位置及与其他水系的关联性，平原河网地区可分为独立平原河网、临河串湖平原河网、内陆平原河网、联湖平原河网、滨海联湖平原河网、滨海感潮河网。独立平原河网中的河流自成体系，不直接与大型湖泊相连。通过排灌站或有控制的排水河道与网外大江大河相连，对外排灌能力决定了河网水流的涨落。临河串湖平原河网的上游部分通过有控制的引水渠道或河流与网外江河相连，下游部分通过有控制的排水设施注入湖泊，河网水流的涨落取决于河网本身的引排能力。内陆平原河网在下游与较大的河流相连，内部的水流状态仅受上游来水、河网本身的自然条件、河网水流出口处较大河流的流量、水位等影响。联湖平原河网河流直接连接大型湖泊，水流通过湖泊的调蓄，涨落缓慢，洪涝持续时间一般较长。滨海联湖平原河网的下游部分直接与海洋相通，上游部分直接与湖泊相连，形成极其复杂的水流状况。滨海感潮河网的下游直接与海洋相连，水流受外海潮汐影响。在外海潮汐和上游洪水的相互作用下，水流不稳定。

二、桥梁设计流量与水位

河网地区若无完整的水文、气象、流域、河道资料，可调查历史洪水成因和最高水位，用以计算桥梁设计水位和流量。有较完整的流域降雨及河道断面资料时，可由雨量资料推算入流过程，应用河道洪水演进的办法求算河网圩区调蓄后的出流过程。采用上下游水文实测成果推算桥梁设计洪水时，应考虑站桥间分洪、蓄洪、滞洪、溃堤、破圩等的影响。

引水、排洪渠道的设计流量与水位可参考水利部门资料。无流量、水位资料时，可调查最高水位并采用明渠均匀流公式计算。在设有防洪堤的河道上，设计流量与水位应当依据河道能够安全排泄的最大流量及其对应的水位来确定。若存在分洪、滞洪等情形，设计流量和水位的确定需依据分洪进水口及其上游汇水区域的设计洪水频率流量过程线、蓄水容积与水位之间的关系曲线，以及桥位断面的水位-流量关系曲线，遵循水量平衡的原则进行计算，同时还需要考虑出口泄洪控制闸对流量的调节作用。

内涝区域的排涝渠道或河道的设计流量，可以根据当地的排涝计算公式得出，或者直接引用相关的水利数据资料。至于内涝区域的设计水位 H_s，则需结合历史最高积水记录与设计洪水频率，利用以下公式来进行计算：

$$H_s = H_{js} + \Delta H \tag{10.3.1}$$

$$\Delta H = \frac{F \Delta h}{A_J} \tag{10.3.2}$$

式中　H_{js}——历史上记录的最高积水水位；

　　　ΔH——设计水位与这一历史最高积水水位之间的差值；

　　　Δh——设计频率下的降雨量与导致历史最高积水水位出现的降雨量之差；

　　　F——流域汇水面积；

　　　A_J——历史上出现最高积水时的积水面积。

三、桥孔布置与墩台冲刷

1. 桥位选择与桥孔布置

平原河网地区桥渡设计应兼顾当地的防洪、治涝需求。桥位选择应主要与当地水文和航运规划相配合，不宜选择水闸、引水或分洪口门等水利工程附近。桥位宜选在两岸地势较高处，不宜选在淤泥或土质特殊松软的地段。桥位跨越灌溉渠网时，不宜破坏原有的排灌系统。

内涝区排涝沟渠上的桥梁，桥孔不宜压缩过水面积，并应考虑远期发展的需要。引水、排洪渠道上的桥孔不宜压缩过水面积。梁底高程应高出规划的渠顶高程，兼有航运任务的河渠，尚应考虑通航的要求。滞洪区上的桥孔长度，应用水量平衡方程及桥孔出流公式联合求解。蓄洪区上的桥孔长度，应考虑桥前积水折减后的流量计算。分洪道上的桥孔长度，应以本流域流量加上分洪流量计算。桥孔不应压缩主流区和排洪河道的过水面积。有防洪堤河道上的桥孔最小净长，应由桥前允许壅水高度控制。如果远期河槽可能拓宽，桥长应考虑一定的预留量，梁底高程应高出远期规划的堤顶高程。受下游人工建筑物或江河湖泊回水顶托时，应按回水顶托情况检算桥孔，并应充分考虑泥沙淤积的影响。

2. 墩台冲刷

平原河网地区的桥下冲刷可按桥下一般冲刷计算公式和墩台局部冲刷计算公式确定。基础埋置深度应考虑盐碱影响，对于远期有可能成为排涝沟渠的，基础埋深也应考虑盐碱影响，同时应考虑防洪和开挖河道造成河底高程降低的影响。引水、排洪、排涝和灌溉渠道上的墩台基顶高程宜低于渠底高程 0.20 m。

第四节　岩溶地区

一、岩溶地区特点

岩溶是以地表水、地下水对可溶性岩石的溶蚀作用为主、流水冲蚀等作用为辅而形成的一种地质现象。欧洲伊斯特拉半岛喀斯特石灰岩高原的岩溶发育，所以岩溶地貌早期也称为喀斯特地貌。我国构成岩溶地貌的碳酸盐岩系极为发育，广西、云南、贵州等地岩溶地区占各地区面积的一半以上，广东等石灰岩地区也有岩溶分布。

在地表、地下径流作用下，可分别形成地表岩溶和地下岩溶。在岩溶地区，当暴雨降落后，地表径流往往通过漏斗、竖井、落水洞等垂直通道潜入地下，汇集成地下暗河。暗河的断面有大有小，有规模巨大的洞穴和地下湖泊，对地下径流起调蓄作用，也有曲折不规则的孔道和裂隙阻塞水流、增长流程。暗河的水流时有压时而无压，集中与分股流相间，十分复杂。当暴雨雨量较小时，有可能全部潜入地下。有些沟谷会出现上游产生径流后，由于沿程渗漏，致使下游无水，造成严重缺水现象。若暴雨强度较大，而暗河、漏斗地形、波立谷、落水洞、竖井等自然排水系统无法有效排水时，低洼区域会因积水而受影响。这些低洼地通常是地质构造或溶蚀作用的结果，面积可能达到数平方千米乃至数百平方千米之广。一旦积水水位超过其下方地面的最低点，便会开始向下游地区溢流。岩溶地区水文条件复杂，桥渡设计时应充分考虑。

二、设计流量与水位

1. 设计流量

首先应确定无岩溶时的桥位设计流量、设计洪水总量和设计流量过程线。通过观测、调查和分析计算，确定地表和地下径流分配系数、溶洞和溶洞群的消水能力、积水区的设计洪水最高积水位。无岩溶影响天然情况下的设计洪水频率流量和流量过程线可按一般情况计算，洪水总量可按实测的典型流量过程线放大后求算，也可按下式计算：

$$W'_p = 0.1\alpha H_{24p} F \tag{10.4.1}$$

式中　W'_p——设计洪水频率的洪水总量；
　　　α——径流系数；
　　　H_{24p}——设计频率的最大 24 h 暴雨量；
　　　F——汇水面积（km²）。

地表径流分配系数 p 计算如下：

$$p = \frac{Q_\mathrm{b}}{Q_\mathrm{l}} \qquad (10.4.2)$$

或

$$p = \frac{W_\mathrm{b}}{W_\mathrm{l}} \qquad (10.4.3)$$

式中　Q_l——岩溶消水前的洪峰流量；

Q_b——岩溶消水后的地表洪峰流量；

W_l——岩溶消水前的洪水总量；

W_b——岩溶消水后的地表洪水总量。

地下径流分配系数 p'：

$$p' = 1 - p \qquad (10.4.4)$$

岩溶消水能力可按下式计算：

$$\bar{Q}_\mathrm{x} = \bar{Q}_\mathrm{l} - \bar{Q}_\mathrm{b} - \frac{\Delta W_\mathrm{j}}{\Delta t} \qquad (10.4.5)$$

式中　$\bar{Q}_\mathrm{x}$——任一时段 Δt 内各类岩溶的消水能力；

$\bar{Q}_\mathrm{l}$——时段 Δt 内岩溶消水前的平均来水量；

$\bar{Q}_\mathrm{b}$——时段 Δt 内岩溶消水后的下游平均地表流量；

ΔW_j——时段 Δt 内增加的积水体积。

汇水区内的各类消水岩溶，设计洪水时其截流面积的水量能全部引入地下时，可采用扣除截流面积后的汇水面积计算设计流量。设计洪水时其截流面积的水量不能全部引入地下时，可按下式计算设计流量：

$$Q_\mathrm{p} = Q_\mathrm{p}' - Q_\mathrm{pl} P' \qquad (10.4.6)$$

式中　Q_p'——无岩溶影响时的设计流量；

Q_pl——岩溶上游设计洪水频率的来水量。

2. 设计水位

岩溶地区的设计水位可按规范一般规定确定。当线路通过坡立谷、岩溶湖等积水洼地时，可按下式计算积水体积 W_j 后推算设计积水位。推算积水位应与调查的历史洪水位相比较，相差过大时应做分析验证。

$$W_\mathrm{j} = \sum \Delta t (\bar{Q}_\mathrm{li} - \bar{Q}_\mathrm{bi} - \bar{Q}_\mathrm{xi}) \qquad (10.4.7)$$

式中　$\bar{Q}_\mathrm{li}$——设计流量过程线上 Δt 时段内的平均来水量；

$\bar{Q}_\mathrm{bi}$——实测积水位对应的下游地表流量；

$\bar{Q}_\mathrm{xi}$——实测积水位对应的水量损失。

三、桥位选择与桥孔布置

在选择桥位时，应尽量避免岩溶活动强烈的区域，而在岩溶现象轻微的地段进行布置。若桥梁建设无法避免强岩溶区域，则应选择在岩层完整且洞穴顶板较厚的地点。当线路穿越岩溶构造破碎带时，桥位应设法避开这些破碎带。若实在无法避免，则应尽量使桥位与破碎带保持垂直或以较小的角度相交。同时，桥位应远离大型洞室和大竖井，并避免设置在可溶岩层与非可溶岩层的接触带上，选在非可溶岩层的稳定地基上。此外，桥位应避免位于岩溶丘陵间的漏斗、落水洞、溶泉、地下通道和暗河出口等敏感位置，这些区域同样不适合建设桥梁。在岩溶塌陷区，桥位应选择在地表覆盖层较厚、土层稳定、洞穴和地下水位变化小的地点，若塌陷范围较小，可考虑采用单孔桥跨结构进行跨越。在岩溶地区，桥孔的布置需根据溶洞、溶槽、漏斗和暗河的分布及发育情况来合理确定，墩台位置应尽量避开岩溶发育点，若岩溶现象严重，则需考虑绕开岩溶区域进行桥梁建设。

桥孔长度、桥面设计高程、墩台冲刷计算及基础埋深可按规范一般规定确定。

第五节 倒灌河段

一、倒灌河段特点

在支流河道汇入干流河道位置，当干流水位较高时，水流由干流河道进入支流河道，形成水流倒灌现象。对于倒灌河段，应收集桥位以上无倒灌影响河段上的历年水位、流量、流速及桥位河段历年最高倒灌水位、河床比降、倒灌洪水涨落率及河段冲淤变化等资料，收集倒灌区域地形图，并绘制桥前水位-水面面积关系曲线图。倒灌河段水位提升，需在桥面高程设计中充分考虑。倒灌河段桥孔设计可根据考虑倒灌影响的流量及水位按照一般方法进行计算确定。同时，倒灌可能导致桥下冲刷比一般河段严重，墩台基础埋置深度需要更大。

根据支流、干流洪水发生的关系，可分为三种情况：① 支流发生洪水，干流不发生洪水。这种情况下不会发生水流倒灌，与一般河流没有区别。② 支流不发生洪水，干流发生洪水。这种情况下支流发生水流倒灌，河底无泥沙运动，桥下冲刷得不到来自下游的泥沙补给，桥下设计流速应采用河床的容许不冲刷流速。③ 支流与干流同时发生洪水，支流发生倒灌。支流与干流同时出现洪峰，支流倒灌最强烈。洪峰过后，干流水位降低开始退水，支流倒灌减弱。所以，当干流由洪峰开始退水时，支流倒灌达到最高水位。然后，支流洪水和倒灌蓄水同时流向下游。在倒灌段内，支流流速从上游向下游逐渐减小，桥下的设计流速应采用介于无倒灌时的天然流速和河床的容许不冲刷流速之间。针对上述三种情况，分别按墩台冲刷的一般规定计算其冲刷深度，取不利的计算结果作为基础埋深依据。

二、桥梁设计流量与水位

上述第二种情况下，桥位所在支流为常水位，干流出现设计频率的洪水时，桥下河水倒灌。桥下水位可取汇合口处干流的水位，受倒灌影响的桥下流量 Q_g 可按下式计算：

$$Q_g = \Omega \frac{\Delta H_g}{\Delta T} - Q_0 \tag{10.5.1}$$

式中　Q_0 ——桥位河流常水位时的流量；

　　　Ω ——桥位上游蓄水面积（m^2）；

　　　ΔT ——倒灌涨水时间；

　　　ΔH_g ——倒灌涨水水深；

　　　$\dfrac{\Delta H_g}{\Delta T}$ ——桥位河流受干流倒灌的涨水强度。

上述第三种情况下，当干流在设计频率下的洪水开始消退时，桥位处的河流桥下流量 Q_q 可以通过式（10.5.2）来进行计算。桥下的水位则需要根据汇合口位置处干流在设计洪水频率下的水位，通过反向推算回水曲线来加以确定。

$$Q_q = Q'_p + \Omega \frac{\Delta H_t}{\Delta T} \tag{10.5.2}$$

$$Q'_p = Q_q \frac{W_{pq}}{W_{pq} - W_a} \tag{10.5.3}$$

$$W_a = W_j - W_{cs} - W_{hs} \tag{10.5.4}$$

式中　Q_p ——桥位河流无倒灌影响时的设计流量（m^3/s）；

　　　Q'_p ——增陡流量；

　　　$\dfrac{\Delta H_t}{\Delta T}$ ——桥位上游蓄水下降率；

　　　W_{pq} ——桥位河流设计洪水体积；

　　　W_a ——桥位上游河床预先蓄水体积；

　　　W_j ——桥位上游蓄水体积；

　　　W_{cs} ——桥位至上游河槽常水位等于倒灌水位的区段内河槽常水位以下的蓄水体积；

　　　W_{hs} ——桥位至上游设计洪水位等于倒灌水位的区段内设计洪水位以上的蓄水体积。各蓄水体积示意如图10.5.1所示。

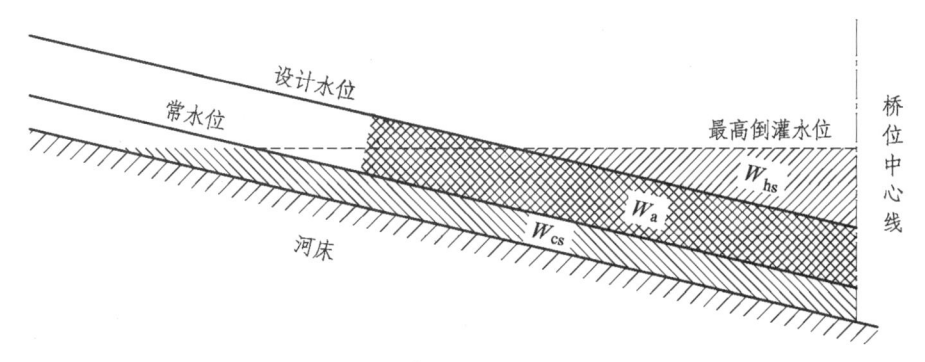

图 10.5.1　蓄水体积示意图

三、桥孔布设与墩台冲刷

倒灌河段属于不稳定河段，是可能发生倒灌现象的河段，多位于平原区。跨越支流的桥梁，桥位尽量避开大河倒灌的影响。

在倒灌河段，根据上述支流、干流洪水发生的关系，分布按照三种情况根据第六章内容进行孔径布设、根据第七章内容进行墩台冲刷计算，取最不利结果作为桥孔布设与墩台冲刷的最终结果。

思考与练习

1. 水库蓄水区及水库下游桥梁设计流量计算与常规地区有什么差异？
2. 水库地区桥梁设计水位如何确定？
3. 泥石流流域如何分区？如何选择桥位？
4. 泥石流流量计算方法有哪些？适用条件如何？
5. 如何计算泥石流地区的桥梁高程？
6. 平原低洼（河网）地区如何进行桥位选择和桥孔布置桥梁的设计流量和水位？
7. 岩溶地区设计流量需要考虑哪些因素的影响？
8. 对于倒灌河段，支流和干流的水流状态可分为哪三种情况？

第十一章 海洋环境桥渡设计

我国海域辽阔，海洋桥梁众多，相比内陆河道桥梁，海洋桥梁面临着波浪、潮汐、海轮通航等特殊问题。

第一节　海洋环境

一、海岸带

海岸线是海洋与陆地相互交汇的界线。海岸带则是这一交界线向内陆与海洋两侧各自延伸一定距离后形成的带状区域，涵盖了毗邻的陆地部分与近岸的海域。在这个地带内，陆地与海洋环境彼此作用、相互关联，形成了受潮汐涨落影响的潮间带及其两侧一定范围内的陆地与浅海之间的海陆过渡区。海岸带的内边界通常设定在海岸线陆地一侧大约 10 km 的位置，而外边界则向海洋方向延伸至 10～15 m 等深线附近。在河口区域，这一范围会向内陆延伸至潮区界，并向海洋方向扩展至浑水线。我国的大多数海洋桥梁均位于这一海岸带范围内。

海岸带是海洋、陆地与大气环境交互影响的集中区域，三者间的相互作用既复杂又剧烈。太阳辐射的热量作用于海面，导致气压差异，从而生成海风。海风驱动海面波动，形成波浪与海流，这些运动转换为海水的动能。当波浪抵达海岸时，由于浅水效应，波长缩短、波高明显增大，导致海岸地貌发生剧烈变化。此外，风暴潮引发的洪水，还可能诱发海岸滑坡、泥石流等严重的自然灾害。

二、海洋环境对桥梁的影响

海岸带内桥梁直接承受复杂、恶劣的海洋环境作用，包括高盐、高湿、台风、波浪、潮汐、海流、海冰、软土等，如图 11.1.1 所示。

（1）氯离子腐蚀环境。

海水与海洋空气饱含氯离子。渤海等地沿岸，很多地区是传统的天然盐池，盐含量高达 25%。海洋桥梁矗立于海洋空气与海水包围之中，尤其是其墩台与基础部分，长期处于海水浸泡的状态。桥梁结构持续受到多种盐类物质，特别是氯离子的长期侵蚀作用。混凝土、钢材极易受到腐蚀，直接影响着桥梁安全性和耐久性。

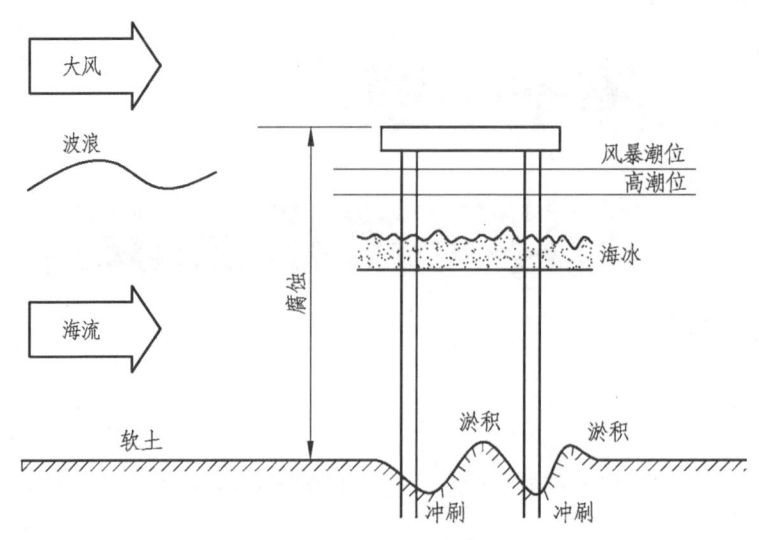

图 11.1.1　海洋桥梁复杂环境

（2）大风。

海平面开阔，空气流动遇到阻碍小，使得海上风速较常规内陆风速更大。在多种因素影响下，海洋大风类型多样，如台风、寒潮等。大风作用于大跨度悬索桥、斜拉桥等柔性结构，易引起多种风致振动与失稳现象，导致桥梁出现整体破坏或局部疲劳。

（3）波浪。

在大风作用下，海面易形成波浪。波浪提高了水位，因此需提高桥面设计高程。波浪对桥梁墩台及上部结构具有较强的水平冲击力，桥墩及桥台等波浪达到的部位，必须计入波浪冲击力等动力作用。同时，对高程较低引桥、非通航孔桥梁的上部结构，波浪还会施加较大的浮托力。此外，波浪力属于随机动荷载，可能激发桥梁振动。

（4）海冰。

海水封冻后结冰膨胀，对桥墩、桥台形成冰压力。初冬未封冻前，或气温升高解冻后，冰块伴随水流运动形成流冰，冲击桥梁墩台。冰压力和流冰冲击力都可能对海洋桥梁墩台等造成损坏。冬季冰冻缝隙水冻胀，会加剧混凝土的开裂、脱落及钢材锈蚀。

（5）软土地基。

滨海桥梁地基多为饱含海水的沙土或淤泥，需要对墩台基础进行特殊处理。通常应用吸泥船吸泥（沙）、喷沙填筑路基技术进行处理，进行软土地基加固、深基加固等。

第二节　波浪

波浪一般是指由风引起的风浪、涌浪以及涌浪传播到海岸所引起的近岸波等的总称。波浪抬升水位，并以波浪力形式给桥梁施加动力荷载。

一、波浪要素

水面波浪波面形状如图 11.2.1 所示。波面的最高点被叫作波峰,最低点则被称作波谷。波峰与相邻波谷之间的垂直距离被定义为波高 H,两个相邻波峰或波谷的水平距离则为波长 L。波陡是波高与波长的比值,即波陡 $\delta = H/L$。波浪从波峰到波谷再回到波峰所需的时间,或相邻两个波峰经过同一地点的时间间隔,称为周期 T。波速 V 表示波面形状移动的速度,即波动在单位时间内传播的距离,有 $V=L/T$。表示波浪传播方向的线叫作波向线,而与波向线垂直且穿过波峰的线则称为波峰线。

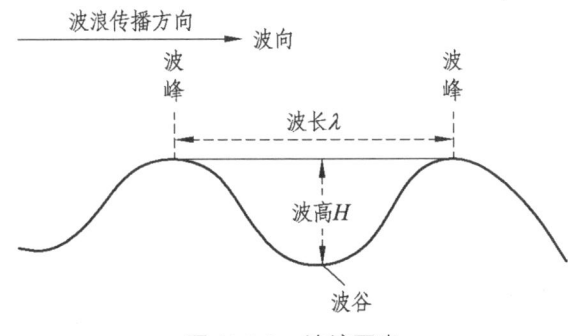

图 11.2.1 波浪要素

二、波浪类型

按形成原因,波浪可分为风浪、涌浪、内波、潮波、海啸等。风浪是在风的直接、持续剪切作用下产生的波浪,属于强制波。风浪在波形上波峰尖陡、波谷平广。波高较大,波长较短,海面起伏较大。波速较慢,最大仅 40~50 km/h。涌浪是在风停止后海面存在的波浪,或传播到无风区的波浪。涌浪属于自由波,波峰圆滑,海面较规则。波高较低,波长较长,可达 500~800 m。波速较快,可达 100 km/h。内波是指发生在海洋水体内部的波动现象,它是由两种密度不同的海水相互运动时所产生的。内波波高比海面波高大得多,可达几百米。波长一般有几百米,甚至上万米。潮波指由潮汐引起的海水表面涨落的波动现象。海啸是由海底地震、火山爆发、海底滑坡、海底爆炸或气象变化产生的破坏性波浪,波速可达 700~800 km/h,波长可达数百千米。波高在深海较小,在海岸浅水地带急剧增高可达数十米。

波浪在传播过程中,波高、波长、波速等随水深的变化而变化。根据水深的差异,波浪可以被划分为深水波与浅水波两种类型。深水波的水深远大于其波长,波动主要局限于海面以下一个相对浅薄的水层内,因此也被称为表层波。深水波的运动不受海底的影响,水质点运动的轨迹接近于圆形。浅水波为水深较波长很小的波,又称长波。通常以半波长为标准区分深水波与浅水波。按传播类型,波浪可分为前进波、驻波。前进波波形不断向前传播的波浪,而水质点运动轨迹呈封闭或近似封闭的周期性振动的波浪,也被称为行进波。当波浪前方遇到障碍物时,波形无法继续向前推进,而只能在固定位置上波峰与波谷不断地上下起伏,这样的波浪被称为驻波。

波浪类型多样,风浪对桥梁设计影响较大。有风时,空气与水体发生相对运动,由于风对海面产生切应力和正压力,激发海面产生波浪。通过与海面的直接接触与相互作用,风不断将能量传递给水体，波高、波长和波速都不断增大。随波速的增大，水体内部摩擦产生的能量损失也逐渐增大。当风对水体的能量输入等于水体波动自身能量损失时，波浪趋向稳定，达到该风速条件所能形成的最大波浪。风停后，风对水体不再传递能量，波浪能量逐渐损耗而得不到补充，波浪逐渐衰减直至消亡。影响风浪的主要因素包括风速、风时（同一方向的风连续作用的时间）、风距（对波浪发展有实际作用的风区内水域长度）。

三、设计波高

若桥梁工程周边拥有长期的波浪观测数据，则可选取某一特定风向下的累积频率波高年最大值序列来进行频率统计分析，从而确定与设计频率相匹配的波高值，作为设计依据的波高。波浪高度的频率分析参照第四章根据流量资料推算设计流量的过程确定，理论频率曲线采用皮尔逊型Ⅲ型曲线。如实测波高大于设计频率波高，设计波高可取实测最大值。若桥梁工程周边拥有一年或多年短期的波浪实测数据，并且这些数据中包含了大波的实际测量记录，那么可以不考虑波浪的具体方向，直接进行频率分析以确定设计所需的波浪参数。当桥梁工程附近无波浪实测资料时，宜采用风速推算波浪方法确定设计波高。

第三节　潮汐与风暴潮

一、潮汐

潮汐是指发生在沿海地区的一种水面涨落现象。在月球与太阳的引力共同作用下，海水呈现出周期性的运动规律，导致海面在垂直方向上发生涨落起伏的变化。发生在早晨的高潮叫作潮，发生在晚上的高潮叫作汐，统称为潮汐。潮汐在沿海和浅海地区最为明显，桥梁也大多修建在这些地区。

潮汐现象与天体引力有关，随地球、太阳、月球三者位置的变化而变化。月球引力为太阳引力的2.2倍，以月球引力为主。地球表面的每一个质量点都会受到月球的引力作用，并且还会因为绕地运动而产生惯性离心力，这两个力综合作用的结果被称为引潮力。假定地球表面覆盖着等深度的海水，在引潮力作用下，海面形成椭圆球体，该水圈称为潮汐椭圆。虽然引潮力较重力小得多，但是它存在着方向与重力垂直的分力，足以引起海洋中显著的潮汐现象。

潮位变化如图11.3.1所示。在潮汐升降的每一个周期中，水位升到最高时称为高潮，水位降到最低时称为低潮。相邻的高潮和低潮的水位差称为潮差。按照潮汐发生的频率，通常分为日潮、半日潮和混合潮。日潮指在一个太阴日（24小时50分钟）中出现一次高潮和一次低潮，潮位曲线为对称的余弦曲线。半日潮指在一个太阴日中出现两次高潮和两次低潮，两次的高度与历时几乎相同。混合潮有不规则半日潮和不规则日潮两种情况。一个月中多数日子呈半日潮的性质，而其余日子两次高潮和两次低潮的高度和历时都不相同，称为不规则半日潮。一个月中某些日子出现两次高潮和两次低潮，但在其他日子只有一次高潮和一次低潮，且潮高和涨落潮时间有明显的不等，称为不规则日潮。

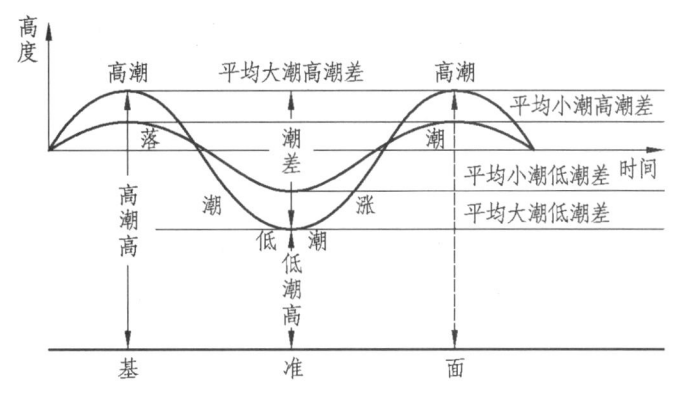

图 11.3.1　潮位变化示意图

二、风暴潮

风暴潮是由于强烈的大气扰动,例如强风和气压突变(通常由台风和温带气旋等极端天气事件引起)所导致的海水异常升降,使得受影响的海域潮位远高于平常水平。根据风暴的类型,它可被分为温带气旋引发的温带风暴潮和台风触发的台风风暴潮。温带风暴潮常见于春秋季,夏季也有出现,其水位上升较为平缓,幅度小于台风风暴潮,主要影响我国北方沿海。台风风暴潮则常见于夏秋季,以其猛烈、迅速、高强度和高破坏力著称,影响范围广泛,涵盖所有台风路径上的沿海地区。强烈的风暴潮,特别是与高潮位叠加时,会引发沿海水位急剧上涨、海水倒灌。我国是风暴潮灾害最为严重的国家之一,温带风暴潮的严重影响区域主要集中在渤海和黄海沿岸,特别是莱州湾和渤海湾地区。而台风风暴潮的严重影响区域则主要分布在浙江北部、福建、广东以及海南的沿海地区。

三、潮位推算

我国海洋水文站和港口都设有水尺和自记水位计,昼夜进行潮位观测,每小时观测 1 次,高潮和低潮时每 5～15 min 观测 1 次,准确地记录高低潮位和出现时刻,绘制成潮位过程线。跨海、跨河口的桥梁设计,需要确定设计最高潮位和通航最高潮位。在没有资料的海岸、海域进行桥梁设计时,应尽早设立水尺或自记水位计,进行短期潮位观测,以便与邻近海洋水文站、验潮站建立潮位相关关系。把短期潮位资料延长和插补,以推算设计潮位并进行潮位预报。设计潮位宜采用 300 年一遇高潮位。根据不同条件,推算设计高潮位有以下几种方法:

(1)具有不少于 20 年的实测水位资料时,可应用极值 I 型频率分布曲线,推求设计水位、设计流量,选用典型年过程线,推求设计水位、流量的过程线。

(2)只具有连续 5 年以上,不足 20 年实测水位资料,但邻近测站具有 20 年以上实测水位资料,且两地的潮汐性质、受河流径流(包括汛期)的影响、增减水影响等条件均相似时,可采用同步差比法按下式推算设计水位:

$$H_{sy} = A_{Ny} + \frac{R_y}{R_x}(H_{sx} - A_{Nx}) \tag{11.3.1}$$

式中　H_{sy}、H_{sx}——计算断面、邻近测站的设计潮位;

A_{Ny}、A_{Nx}——计算断面、邻近测站的年平均海平面高；

R_y、R_x——计算断面、邻近测站同期各年最高（低）潮位平均值与平均海平面的差值。

（3）不具备以上条件时，应进行水位连续观测，观测周期不应少于 1 年，并按下列公式计算设计高（低）潮位值：

$$H_s = H_s' \pm K_k \tag{11.3.2}$$

$$H_s' = A_N \pm (0.6r + K') \tag{11.3.3}$$

式中　H_s——设计高（低）潮位值；

H_s'——由短期观测资料推求的高潮累积频率 10%或低潮累积频率 90%的潮位值；

K_k——常数，在不同海域取值不同；

A_N——年平均海平面高；

r——短期观测中的平均潮差；

K'——常数，可取 0.4。

第四节　通航桥梁

设有通航海轮的航道需要在桥孔布设等方面根据海轮通航标准进行设计。修建在感潮河段或河口的桥梁，桥下既有内河通航又有海轮通航时，两种通航条件都应满足。通航桥梁桥面最低高程由通航最高水位、通航净空高度、桥梁上部结构建筑高度相加得到，非通航桥梁桥面最低高程由设计频率高潮位、设计波浪高度、0.5 m 高度安全值、桥梁上部结构建筑高度相加得到。

一、通航最高水位

根据《海轮航道通航标准》，桥梁通航净空高度自设计最高通航水位起算。对于跨越感潮河段并服务于海轮通航的桥梁，其设计最高通航水位的确定依据以下两种情况：

① 若桥梁跨越的河段多年月平均水位年变幅不小于多年平均潮差，意味着洪水作用更为显著，此时设计最高通航水位应采用基于皮尔逊Ⅲ型曲线计算得出的 5% 频率（相当于 20 年一遇）的年最高洪水位。

② 若桥梁所在的河段多年月平均水位年变幅小于多年平均潮差，说明潮汐作用占据主导，在潮汐主导的海域中，设计最高通航水位应选取当地历史上记录的最高潮位，如有必要，经深入分析后可采用 5%频率（20 年一遇）的年最高潮位，此时水位频率曲线应采用极值Ⅰ型。

在潮汐作用为主的海域，最高通航水位按上述第②种方式确定。

二、通航孔设置

桥梁通航孔的尺寸设计需综合考虑多种因素，包括代表性船型的尺寸、船舶通行的频繁程度、桥址的自然环境、上下游航道及港口等设施的现状和未来发展规划。对于运输需求大、船舶通行频繁且水域狭窄的河段建桥，应尽量采用一孔跨越整个水域的方案。若无法一孔跨越，则需经过论证后，选择单行或双向通航孔的方案，且在设计时必须以船舶的安全通行为核心，根据实际需求合理设置两个或多个通航孔。

桥梁通航净空高度是指确保代表船型或船队能够安全穿越桥孔所需的最小垂直距离，其计算起点为设计最高通航水位。对于通航孔的净空高度与净空宽度的具体要求，需遵循《海轮航道通航标准》的相关规定。通航净空高度则是将代表船型在水线以上的高度与富裕高度相加。代表船型包括杂货船、散货船、油船、集装箱船、货物滚装船、客货滚装船、散装水泥船、化学品船、液化气船、客船、工程船等，还要考虑钻井平台等海洋工程装备。《海轮航道通航标准》给出了不同吨位代表性船型、不同名称工程船和海洋工程装备的水线以上高度，介于 20 m 至 167 m 之间。为确保桥下船舶的安全通行，需设置一定的富裕高度，具体标准可参考以下规定：

① 在通航海轮的内河水域或有掩护的海域，取 2 m。
② 在波浪较大的开敞海域且建在重要航道上的桥梁，取 4 m。
③ 当桥位所在地区的平均海面有上升趋势时，应预测海平面上升量并另计入富裕高度。平均海面上升的预测年限不应少于 50 年。
④ 富裕高度不应包括桥梁挠度变化和基础沉降引起的通航净空高度减少量。

桥梁通航净空宽度是指根据已批准的远期航道规划设计中，自设计底高程起算，确保代表船型或船队能安全穿越桥孔所需的最小净横宽。该宽度是在航道基本通航宽度的基础上，通过应用一个扩大系数来确定的：

$$B_j = K \cdot W_h \tag{11.4.1}$$

式中　　W_h——航道通航宽度；

　　　　K——扩大系数，一般情况下可取 1.5～1.8，在通航密度大、通行航速大、流速大、运输危险货物等情况下可通过论证适当加大。

航道通航宽度包括航迹带的宽度、确保船舶间安全间距的富裕宽度，以及为船舶与航道底边之间保持安全的富裕宽度。单线航道通航宽度按照下式确定：

$$W_1 = A + 2c \tag{11.4.2}$$

双线航道通航宽度按照下式确定：

$$W_2 = 2A + b + 2c \tag{11.4.3}$$

$$A = n_c(L_c \sin\gamma' + B_c) \tag{11.4.4}$$

式中　　W_1——单向航道有效宽度；
　　　　W_2——双向航道有效宽度；
　　　　A——航迹带宽度；
　　　　L_c、B_c——设计船长、船宽；
　　　　c——船舶与航道底边线间的富裕宽度（见表 11.4.1）；

b ——船舶间的富裕宽度，可取船舶或船队宽度；
γ' ——风、流压偏角，如表11.4.2所示；
n_c ——与船舶漂移倍数，如表11.4.2所示。

表11.4.1　航迹带宽度与航道有效宽度边缘间的富裕宽度

通航类型	杂货船或集装箱船		散货船		油船或其他危险品船	
航速/节	≤6	>6	≤6	>6	≤6	>6
c/m	$0.50B_c$	$0.75B_c$	$0.75B_c$	B_c	B_c	$1.50B_c$

表11.4.2　风、流压偏角

风力	横风≤7级				
横流速度V/(m/s)	$V≤0.10$	$0.10<V≤0.25$	$0.25<V≤0.50$	$0.50<V≤0.75$	$0.75<V≤1.00$
n_c	1.81	1.75	1.69	1.59	1.45
γ'/(°)	3	5	7	10	14

第五节　墩台冲刷

一、潮汐水流对墩台冲刷的影响

海洋桥梁受潮汐水流作用，发生海床自然冲刷、一般冲刷和墩台局部冲刷。内陆河道水流为从上游到下游的单向流动，而潮汐水流方向在涨潮、落潮时相反，属于往复水流。水流方向前后不同时，原有冲刷坑上出现一定程度的淤积，导致潮汐水流最终冲刷深度较内陆河道单向水流冲刷略有降低。潮汐水流冲刷机理和河流冲刷机理相同，第七章桥梁冲刷计算公式在潮汐水流冲刷中仍然可以应用。冲刷计算中输入的水流条件，需由桥位海域环境因素水文分析得到。因潮汐往复作用，冲刷程度降低，冲刷计算公式结果将偏保守。潮汐水位和风暴潮最大增水相遇，出现最高潮汐水位以及相应的最大水流，这是最不利的情况。这种情况下，潮汐大潮和风暴潮的周期恰好相同时，将出现最大流量。如果还有内陆洪水流量汇入，将会影响最大流量，特别是退潮的流量。

二、一般冲刷与局部冲刷计算

河流和海洋的水流环境不同，海洋桥梁应用内陆河道冲刷计算公式时，需要考虑桥位的特点采用最不利水力因素的组合，如潮汐和风暴潮相遇组合，潮汐河段最大洪水与退潮相遇组合等。

（1）有明显宽度的潮汐水道桥梁一般冲刷。

对于桥梁跨越河流径流和河口潮汐河段、海湾汊道等潮汐水流，具有明显宽度的水道时，可以应用64-1或64-2一般冲刷公式，计算一般冲刷深度。

（2）无明显宽度的潮汐水道桥梁一般冲刷。

对于跨越河口、海湾汊道以外开阔海域的桥梁，或虽在河口或海峡范围内，但是水道宽达数十千米，且水深在沿桥梁方向上相当长的范围内或一定距离内变化不大，流向基本一致的情况下，可将水深、流向变化不大的几个（或1个）桥孔分为1段，分段计算各段的一般冲刷最大深度。每一段内水深、流速、流向变化不大，视为二维水流，单宽流量在段内相同，则一般冲刷水深（64-1式改进）：

$$h_p = 1.04 \frac{A^{0.90}}{[\mu(1-\lambda)]^{1.56}} h_{max} \quad (11.5.1)$$

式中　A——单宽流量集中系数，可取 1.0~1.3，根据河床地形稳定性、水流股流集中情况选定；
　　　μ——压缩系数；
　　　λ——挤束系数；
　　　h_{max}——最大水深。

（3）潮汐水流墩台局部冲刷深度计算。

通过对不同桥墩冲刷公式、海洋水文资料和模型试验结果等综合分析表明，桥墩局部冲刷 65-2 修正公式较为合理，计算结果与模型试验结果接近。经我国和世界多国实测资料验证，结果偏于保守，具有一定安全储备。

三、三水平冲刷评估

美国在《公路及桥梁水流稳定性分析（HEC-20，2012）》、《桥梁冲刷评估（HEC-18，2012）》和《滨海公路（HEC-25，2008）》三本联邦公路总署指南中，推荐3水平冲刷评估。即在工程可行性研究阶段、初步设计阶段、施工图设计阶段进行不同层次不同深度的冲刷评估。

（1）水平1。

评估潮汐汊道、潮汐河口的稳定性，评估潮汐、风暴潮水流的大小变化。确定桥渡设计是按河流、潮流分别计算，还是按河流与潮流共同组合作用计算。若从上游流域入海的水流很少，可忽略不计，则桥孔水流只受潮汐涨落和风暴潮的作用。反之，当有河流流入海湾或河口的内陆洪水很大，相对的潮汐水流影响很小时，潮汐涨落和风暴潮可忽略不计。

（2）水平2。

调查勘测潮汐水道（潮汐汊道，河口、海湾、岛屿大陆或岛与岛之间的水道）的流速、水深和流量，进行长期床面淤积或冲刷的分析，以及一般冲刷和墩台局部冲刷的计算。冲刷计算公式仍可用河道冲刷公式。

（3）水平3。

鉴于潮汐水流的非恒定性与复杂性，应用物理模型和计算机模型更为准确地评估冲刷。

在工程可行性研究阶段，完成水平1工作，并开展水平2的部分工作。初步设计阶段完成水平2工作或部分水平3的工作。在施工图设计阶段或技术设计阶段，根据工程需要完成水平3的内容。对于一般大中桥，水平2的工作也可满足要求，水平3的工作根据需要可能只做一部分或不做。对于海洋长大桥梁和水文条件复杂的桥梁，3个水平的评估工作都应全面进行。

思考与练习

1. 什么是海岸带？
2. 海洋环境对桥梁有什么影响？
3. 什么是风浪和涌浪？
4. 如何确定设计波高？
5. 潮汐产生的原因是什么？什么是高潮、低潮、潮差？
6. 什么是风暴潮？
7. 如何推算潮位？
8. 通航最高水位如何确定？
9. 通航净宽如何确定？
10. 潮汐水流冲刷与常规河道冲刷主要的区别？
11. 有明显宽度、无明显宽度潮汐水道桥梁一般冲刷水深如何计算？

第十二章
施工与运营桥梁水文计算

桥梁施工过程中，若桥位水文因素或水文计算考虑不充分，则易发生水毁施工事故。对于施工阶段桥梁及临时设施，通过必要的水文分析计算可以明确平台的安全高程及冲刷的不良影响。对于运营多年的既有桥梁，气候环境、河流特性及河道形态可能发生了一定的变化，桥下实际冲刷与设计值往往存在一定的偏差。有必要结合运营以来的水文资料推算设计流量，基于变化后的环境条件检算桥梁的泄洪能力及基础埋深安全。

第一节　涉水施工设施水文计算

涉水桥梁施工设施受到静水、水流、波浪、潮汐、冰等水环境作用，需考虑水位、冲刷等因素的影响。涉水施工应尽量避开洪水期，若无法避开洪水期，计算水位、流速等的重现期标准通常可取 5 年或 10 年一遇标准，如水文条件特别复杂可取 20 年一遇标准。

一、常用涉水施工设施

1. 钢管桩

钢管桩是桥梁施工中常用的构件，用来支撑水中栈桥或施工平台等结构（见图 12.1.1）。一般由工厂将钢板弯卷焊接而成，按焊缝形式不同可分为螺旋缝钢管桩和直缝钢管桩。螺旋缝钢管桩刚度较大，工程上采用较多。为便于运输，工厂制作时每节桩长 13～15 m，现场施工时焊接成整桩。整桩一般由一根上节桩、一根下节桩和若干根中节桩组合而成，上、中、下节桩一般采用同一壁厚。有时为使桩顶承受巨大的锤击应力，上节桩壁厚比中、下节桩稍厚一些。钢管桩具有重量轻、刚度好的特点，易于搬运与存放，且不易受损。桩身长度易于调整，与上部承台的连接简单可靠，管材强度高，贯穿性优越。在沉桩过程中，产生的土壤排出量较少，因此对邻近建筑物及地下管线的影响微乎其微。此外，沉桩作业效率高、施工速度快、质量可靠，承载力高，打桩灵活，适合复杂地形。钢管桩作为水中施工平台或栈桥的一部分，处于深水位置。受施工水环境条件的影响，钢管桩受力比较复杂，包括静水压力、水流力、波浪力等。钢管桩深入床面，阻挡水流通过，易产生桩周局部冲刷，需确定局部冲刷深度及安全埋深。

图 12.1.1　钢管桩施工

2. 栈桥

栈桥是桥梁建造中为运输材料、设备、人员而修建的临时桥梁设施（见图 12.1.2）。以栈桥为基础可以搭设深水基础作业平台，将水中作业转化为水上施工作业。与其他临时设施一样，栈桥使用期比较短，通常是数月或者数年。栈桥使用完可以拆除、回收与再利用。贝雷梁装配式钢栈桥是最常用的一种形式，由高强度钢材制作的轻便标准化桁架构件，包括横梁、纵梁、桥面板、桥座以及连接件等，通过专用的安装装置，可以在现场快速拼接成适用于不同跨度和荷载要求的桁架梁式桥梁。贝雷梁栈桥具有承载力大、环境适应性强、安装、拆除便捷等优点，适用于水深、离岸较远或其他因素影响无法通过填土修建施工便道的水中桥梁辅助施工。栈桥较使用时间较短、承受荷载类型简单、结构形式相对简单，但同样需要考虑桥面高程、河床冲刷及基础埋深等。

图 12.1.2　栈桥

3. 水上临时施工平台

水上临时施工平台是指为了进行桥梁基础水上施工而搭设的作业场地，待桥梁施工到一定阶段或完成后即时拆除（见图 12.1.3）。水上临时施工平台可以堆放施工物质，提供施工人员施工和临时生活的场所，可供船机设备停靠，在深水区可作为平台开展钻孔桩施工。水上临时施工平台面积较一般平台更大，受力比较复杂。按支撑结构可分为单栈桥平台、双栈桥平台、新打入桩施工平台、钢护筒平台。单栈桥平台是指施工平台单侧布设栈桥通道。栈桥一般设置于平台下游侧以减少水流冲刷影响，可运行履带吊、汽车吊、混凝土罐车等重型设备。双栈桥平台指施工平台两侧布设栈桥通道，一般结合龙门吊使用。新打入桩施工平台是指水中钻孔桩施工时在墩位处打入预制桩设置的施工平台。适用于河床覆盖层较厚，打入后桩可自身稳定的施工区域。钢护筒平台指利用钢护筒铺设平台。在深水桥梁施工区域，钢护筒由大型打桩船打入到位，设置简易牛腿及平面联系撑，铺设施工平台。

图 12.1.3　水上施工平台

4. 钢围堰

桥梁深水基础施工时，水位常常高于墩、承台和基础。通常修筑钢围堰作为围护结构（见图 12.1.4），在围堰内进行排水和基坑开挖，避免围堰外的水和泥沙进入施工作业区。钢围堰强度高、防水性能好，可作为涉水临时设施可重复使用，也可以作为基础的一部分成为永久结构。常用的钢围堰有圆形及圆端形、矩形、带三角的矩形等形式，通常由底板、壁板、内支撑、定位系统、悬吊系统五大部分组成。整体由许多互相连接的单体所构成，每个单体又由许多钢板桩组成，具有独自抵抗倾覆、滑动和防止连锁处拉裂的能力。钢围堰在下沉中承受水流力、波浪力作用，同时在着床过程中对床面产生复杂的动态冲刷过程。

图 12.1.4　钢围堰施工

5. 沉井

沉井是一种井筒形构筑物，通过井内挖掘土方，凭借自重克服井壁摩擦阻力下沉至预定深度。之后进行混凝土封底并填充井孔，最终形成桥梁墩台或其他结构的基础。沉井的特点包括整体性强、稳定性高以及埋设深度较深。结构上，沉井主要由井壁、分隔墙、井口、顶板及底部封闭部分组成。根据建造材料的不同，沉井可分为混凝土沉井、钢筋混凝土沉井、钢沉井、砖沉井、石沉井以及多种材料组合的沉井。而按平面形状划分，则包括圆形、椭圆形、正方形、矩形及多边形沉井等。按孔数划分，可分为单孔和多孔沉井。与钢围堰类似，沉井在下沉中承受水流力、波浪力作用。沉井与钢围堰体积较大，在施工下沉过程时，水流作用在周围产生漩涡，淘蚀并带走床面附近的泥沙产生局部冲刷而形成冲刷坑。在着床过程中会对床面产生复杂的动态冲刷，严重时会影响沉井与钢围堰的稳定性而导致施工事故。

二、栈桥及施工平台高程

栈桥桥面高程设计应使上部梁体（通常为贝雷梁）不受到波浪、漂浮物等的影响，且不被水淹没。桥下有通航时，需设置通航净空。贝雷梁下层平联高程应尽量减低以降低成本，一般应高于施工期水位 0.5～0.7 m 以壁面水下焊接。栈桥桥面高程 H_{zq} 通常按下式确定：

$$H_{zq}=h_1+h_2+h_3+h_4+h_5 \tag{12.1.1}$$

式中　h_1——施工设计高水（潮）位；
　　　h_2——0.5 倍波浪高度；
　　　h_3——壅水高度；
　　　h_4——上部结构总高；
　　　h_5——安全刚度，取 0.1～0.5 m。

水上临时施工平台的布设需要满足桥梁总体施工的需要，考虑周围水域的环境条件、通航需要、基础条件、建造条件、供应和集输方式。平台方位应考虑波浪、水流、冰凌的方向和施工现场的操作要求。平台高程一般由顶层高程控制，顶层必须要比施工期最高水位高出一定安全距离。若存在涨落潮或波浪，则须考虑波高。若平台结构存在底层甲板，则平台高程由底层甲板控制。若甲板下有设备，应考虑设备的影响。平台高程 H_t 应按下式确定：

$$H_t = H_{sg} + \frac{2}{3}H_b + \Delta h_j \tag{12.1.2}$$

式中　H_{sg}——施工期最高水位；
　　　H_b——施工期最高水位的最大波高；
　　　Δh_j——安全距离，取 0.2～1.0 m。

三、钢围堰与浮运沉井下沉过程冲刷

浮运沉井与钢围堰在下沉过程中引发的冲刷现象属于局部冲刷的一个特定类型，它与桥墩局部冲刷的水流效应既有相似之处，也存在独特之处。在浮运沉井和钢围堰的整个下沉阶段，仅周边河床区域会发生局部的冲淤变化，而不会对整个河道的横断面造成一般冲刷。冲刷主要局限于浮运沉井刃脚底部和钢围堰底面壁板之下，形成冲刷坑，坑内的泥沙被水流带走并在下游方向坑外堆积，形成一条高于河床、沿水流延伸的带状沙堆，而周围河床的其他部分则保持不变。着床后的冲刷与墩台局部冲刷一致，冲刷深度与结构形状、结构宽度、水深、水流行近流速及河床颗粒等因素有关。

下沉冲刷过程始于刃脚或壁板初次接触水面（即初始入水深度 h_w=0），直至它们完全沉入河床内部（入水深度 $h_w=h_{sg}+h_b$，h_{sg} 为施工时水深、h_b 为最终局部冲刷深度）。在此过程中，周围河床会经历一系列冲刷变化。当刃脚或壁板完全沉入河床后，其冲刷特性转变为局部冲刷，冲刷坑深度 h_b 可通过桥墩局部冲刷的计算方法来确定。影响下沉冲刷深度 h_{b0} 的因素，除了那些影响桥墩局部冲刷的因素（如流速、结构尺寸与形状、水深及河床沙粒大小等）外，还与初始入水深度 h_0 紧密相关。h_0 是冲刷深度从初始零值增加到 h_b 的关键参数。随着 h_w 从 0 逐渐增大到 $h+h_b$，冲刷深度 h_{b0} 也相应地由 0 增加到 h_b。具体来说，当 h_w=0 时，h_{b0}=0，表示结构刚接触水面时不产生冲刷。而当 $h_w=h_{sg}+h_b$ 时，$h_{b0}=h_b$，表明刃脚或壁板完全沉入河床后，冲刷达到施工期的最大值。基于上述关系，可以建立一个比例平衡的数学表达式。

$$h_{b0} = h_b \left(\frac{h_w}{h_{sg}+h_b}\right)^{\frac{1.005(h_{sg}+h_b-h_w)^{0.45}}{\left(\frac{v-v_0'}{v_0}\right)(v\cdot h_0)^{0.30}}} \qquad (12.1.3)$$

式中　h_{b0}——施工期冲刷深度（m）；

　　　h_b——局部冲刷深度（m）；

　　　h_w——入水深度（m）；

　　　h_{sg}——施工时水深（m）；

　　　v——施工时水流的行近流速（m/s）；

　　　v_0——床沙的起动流速（m/s）；

　　　v_0'——床沙的起冲流速（m/s）。

【例 12-1】某桥墩采用浮运沉井施工，在枯水期浮运及下沉。沉井为圆端形，长边沿着水流方向、长 13 m，短边垂直于水流方向、长 7 m。浮运前墩位处的水深为 2.8 m。主槽表面流速取 0.9 m/s，按浮标系数 0.80 得到水流行近流速为 0.72 m/s。河床为细沙，平均粒径为 0.2 mm。试计算沉井刃角入水 2.5 m 时的冲刷深度。

【解】（1）局部冲刷深度计算（按 65-1 式计算）。

参照圆端形桥墩：$K_\xi=1.00$，$B_1=7$ m

床沙起动流速：$v_0 = 0.0246\left(\frac{h_p}{\bar{d}}\right)^{0.14}\sqrt{332\bar{d}+\frac{10+h_p}{\bar{d}^{0.72}}} = 0.369$ m/s

泥沙起冲流速：$v_0' = 0.462\left(\frac{\bar{d}}{B_1}\right)^{0.06} v_0 = 0.138$ m/s

河床颗粒影响系数：$K_{\eta 1} = 0.8\left(\frac{1}{\bar{d}^{0.45}}+\frac{1}{\bar{d}^{0.15}}\right) = 2.669$

n_1 指数：$n_1 = \left(\frac{v_0}{v}\right)^{0.25\bar{d}^{0.19}} = 0.884$

局部冲刷深度：$h_\mathrm{b} = K_\xi K_{\eta 1} B_1^{0.6}(v-v_0')\left(\dfrac{v-v_0'}{v_0-v_0'}\right)^{n_1} = 4.488\ \mathrm{m}$

（2）下沉冲刷计算。

沉井刃角入水 2.5 m 时的冲刷深度：$h_\mathrm{b0} = h_\mathrm{b}\left(\dfrac{h_\mathrm{w}}{h_\mathrm{sg}+h_\mathrm{b}}\right)^{\dfrac{1.005(h_\mathrm{sg}+h_\mathrm{b}-h_\mathrm{w})^{0.45}}{\left(\dfrac{v-v_0'}{v_0}\right)(v\cdot h_0)^{0.30}}} = 1.415\ \mathrm{m}$

第二节　运营桥梁水文检算

水文环境变化是对运营桥梁开展水文检算的主要原因之一，可分为天然水文环境变化和人类活动引起的水文环境变化两部分。天然水文环境变化包括因河床自然演变引起的河道形态与稳定性变化，地震、堰塞湖、泥石流等引起的河道结构变化，极端降雨引起的桥下流量、流速及水位等的变化。流域内或桥位附近人类活动也易改变桥下水文参数，包括流域内植被覆盖程度改变导致桥下流量与含沙量变化，桥位附近河床挖沙改变河床糙率、底坡与纵剖面，上下游新建水工建筑改变桥位流量、流速与含沙量等。随着桥梁的运营，水文观测数据年限增加，桥位流量、水位等水文资料得到进一步积累，将运营阶段水文资料和设计时的历史洪水资料汇总来进行桥位水文推算，结果会更为可靠。在运营阶段可测试桥下实际发生的冲刷深度，与设计阶段冲刷深度计算值进行对比分析，提高桥梁抗冲刷能力。

一、检算流量及检算断面

运营多年的桥梁（大桥、特大桥）往往有建桥后的水文观测资料，这些资料对水文检算非常宝贵。在这些资料中，找到各年年最大水位，根据水位-流量关系将其转换为流量并补充到原设计时流量样本中，分析考虑运营阶段实际流量的影响。检算洪水频率与设计洪水频率一样，检算流量推算方法也一致。若有多年流量数据序列，可以使用数理统计方法推求检算流量。如果汇水面积较小，可以利用暴雨资料推求检算流量，也可以采用地区经验公式计算。当运营阶段实测洪水流量大于设计流量或推算的检算流量时，以实测最大流量作为检算流量。

桥位附近水工建筑物对水流特性影响较大。对于建桥后在桥梁上游增设了水库的情况，若水库设计洪水频率低于桥梁（水库设计流量更大），应将水库泄洪流量加坝桥之间的汇水流量作为检定流量。当水库泄洪流量较大且水库离桥梁较远时，应考虑河槽的调蓄作用。当水库设计洪水频率高于桥梁时（水库设计流量更小），除按河流天然流量检算桥梁以外，还应考虑溃坝流量对桥梁造成的不利影响，此外，应与有关部门协商提高水库的设计标准，使之与桥梁设计洪水频率一致，提高水库抵抗洪水的能力。对于受海潮侵袭和河水逆流影响的桥梁，其孔径设计需纳入回水因素的考量。而面对泥石流威胁的桥涵，则需确保其桥孔具备足够的泄流能力。

在设计受海潮涨落及河水倒流影响的桥梁时，必须考虑回水对孔径的影响，同时，对于可能遭受泥石流侵袭的桥涵，必须保证其桥孔具有足够的洪水排泄能力。

水文检算中需要使用天然状态下桥址处的河床断面，但既有桥梁已运营多年，桥址处河床断面已经发生了一般冲刷等变化，无法测到天然状态下桥址处的河床断面。一般选择既有桥梁墩台附近的现有河床断面作为天然状态下桥址处的河床断面，通常选在靠桥墩基础上游，且与桥梁平行。桥址附近可能有集中冲刷产生的局部坑，为安全计可以将这样的坑置于选择的河床断面以外。

调治结构物是确保桥梁孔径有效泄洪的关键设施，其平面布置与稳定性对桥梁的安全具有直接影响。在桥渡水文检算过程中，应重视其实际运行效果，必要时还需开展冲刷验算，以验证其安全性。

二、检算内容

对运营桥梁，在考虑河床演变、上下游水工建筑物、特殊水文现象等影响的基础上，需计算孔径及净空是否满足要求，明确冲刷后的基础埋深是否安全，检算河滩路堤堤顶高度是否满足防洪要求。

1. 桥涵净空高度

桥涵孔径必须保证检定洪水、流木、泥石流及其他漂流物的安全通过，通航河段应满足通航净空要求。不通航也无流筏桥梁的桥下净空高度应满足：

$$H_{sj} - H_j \geqslant h_d \tag{12.2.1}$$

式中　H_{sj}——梁底实际高程（m）；

　　　H_j——检定流量下包括壅水等水位提高的桥下水位；

　　　h_d——桥下最小净空。

考虑到既有桥梁梁底实际高程已包含设计、施工中不确定性的影响，检算时桥下最小净空要求可在部分情况下低于设计时最小净空要求，混凝土梁最小净空要求低于钢梁，如表12.2.1所示。若不满足检算最小净空要求，则以桥梁容许水位（梁底实际高程扣除最小净空要求）反推出容许桥下流量及相应的洪水频率，指导后续运维管理。

表12.2.1　运营桥梁桥下最小净空高度　　　　　　　　　　　　　　单位：m

	部位	设计水位条件	检算水位条件		校验水位条件	
		梁	钢梁	混凝土梁	钢梁	混凝土梁
1	梁底 一般情况	0.50	0.25	0.25	0.00	—
	梁底 洪水期有大漂浮物	1.50	1.50	1.25	0.75	0.50
	梁底 有泥石流	1.00	1.00	1.00	0.50	0.50
2	支承垫石顶	0.25	0.00	—	—	—
3	拱肋或拱圈的拱脚	0.25	0.00	—	—	—

无压涵洞洞内顶点高出检定水位的最小净高与设计要求相同。洪水期常被淹没，洞内管节严密且上下游防护坚固，可以依据有压涵洞的标准来进行校验。有压涵洞的检定水位必须低于路肩以下 0.25 m。若检定水位可能对农田或村镇构成安全威胁，则需采用不会危害农田和村镇安全的水位作为控制水位来进行检定。

2. 墩台基础埋深

冲刷深度检算与第七章冲刷计算方法一致。承台底面在土中而桩入土中深度不明时，承台底部应当设置在最大冲刷线以下至少 2 m 的位置。当承台底面处于水中时，应当位于最低冰层底面之下至少 0.25 m。木桩的顶端应当处于最低地下水位或最低水位以下至少 0.5 m。若基础埋深不符合以上规定，则称为浅基桥。对于浅基桥，进行不同流量下的冲刷试算，求出满足上述埋深要求的最大通过流量及洪水频率，作为容许泄洪流量，指导后续运维管理。

3. 河滩路堤堤顶高程

特大桥、大中桥桥头路堤的路肩高程应在检算水位基础上考虑壅水、水面坡、河湾超高、波浪侵袭、局部股流壅高河床淤积等各类因素引起的水位提高，并附加 0.25 m 的安全值。小桥及涵洞附近的路肩高程较检算水位加上壅高后的高程应超出 0.25 m。

思考与练习

1. 涉水施工设施主要包括哪些？应注意哪些涉水问题？
2. 如何确定栈桥及施工平台高程？
3. 沉井冲刷与桥墩冲刷有何区别与联系？
4. 简述钢围堰与沉井下沉过程中的冲刷现象。
5. 为什么要进行运营桥梁水文检算？
6. 如何确定运营桥梁的检算流量及检算断面？
7. 当新建水库设计洪水频率高于桥梁设计洪水频率时应如何处理？
8. 运营桥梁水文检测包含哪些内容？

附 录

附录 A　皮尔逊Ⅲ型曲线离均系数 ϕ_p 表

C_s	\multicolumn{13}{c}{$P/\%$}	C_s
	0.01	0.1	0.2	0.33	0.5	1	2	5	10	20	50	75	90	95	99	
0.0	3.72	3.09	2.88	2.71	2.58	2.33	2.05	1.64	1.28	0.84	0.00	−0.67	−1.28	−1.64	−2.33	0.0
0.1	3.94	3.23	3.00	2.82	2.67	2.40	2.11	1.67	1.29	0.84	−0.02	−0.68	−1.27	−1.62	−2.25	0.1
0.2	4.16	3.38	3.12	2.92	2.76	2.47	2.16	1.70	1.30	0.83	−0.03	−0.69	−1.26	−1.59	−2.18	0.2
0.3	4.38	3.52	3.24	3.03	2.86	2.54	2.21	1.73	1.31	0.82	−0.05	−0.70	−1.24	−1.55	−2.10	0.3
0.4	4.61	3.67	3.36	3.14	2.95	2.62	2.26	1.75	1.32	0.82	−0.07	−0.71	−1.23	−1.52	−2.03	0.4
0.5	4.83	3.81	3.48	3.25	3.04	2.68	2.31	1.77	1.32	0.81	−0.08	−0.71	−1.22	−1.49	−1.96	0.5
0.6	5.05	3.96	3.60	3.35	3.13	2.75	2.35	1.80	1.33	0.80	−0.10	−0.72	−1.20	−1.45	−1.88	0.6
0.7	5.28	4.10	3.72	3.45	3.22	2.82	2.40	1.82	1.33	0.79	−0.12	−0.72	−1.18	−1.42	−1.81	0.7
0.8	5.50	4.24	3.85	3.55	3.31	2.89	2.45	1.84	1.34	0.78	−0.13	−0.73	−1.17	−1.38	−1.74	0.8
0.9	5.73	4.39	3.97	3.65	3.40	2.96	2.50	1.86	1.34	0.77	−0.15	−0.73	−1.15	−1.35	−1.66	0.9
1.0	5.96	4.53	4.09	3.76	3.49	3.02	2.54	1.88	1.34	0.76	−0.16	−0.73	−1.13	−1.32	−1.59	1.0
1.1	6.18	4.67	4.20	3.86	3.58	3.09	2.58	1.89	1.34	0.74	−0.18	−0.74	−1.10	−1.28	−1.52	1.1
1.2	6.41	4.81	4.32	3.95	3.66	3.15	2.62	1.91	1.34	0.73	−0.19	−0.74	−1.08	−1.24	−1.45	1.2
1.3	6.64	4.95	4.44	4.05	3.74	3.21	2.67	1.92	1.34	0.72	−0.21	−0.74	−1.06	−1.20	1.38	1.3
1.4	6.87	5.09	4.56	4.15	3.83	3.27	2.71	1.94	1.33	0.71	−0.22	−0.73	−1.04	−1.17	−1.32	1.4
1.5	7.09	5.23	4.68	4.24	3.91	3.33	2.74	1.95	1.33	0.69	−0.24	−0.73	1.02	−1.13	−1.26	1.5
1.6	7.31	5.37	4.80	4.34	3.99	3.39	2.78	1.96	1.33	0.68	−0.25	−0.73	−0.99	−1.10	−1.20	1.6
1.7	7.54	5.50	4.91	4.43	4.07	3.44	2.82	1.97	1.32	0.66	−0.27	−0.72	−0.97	−1.06	−1.14	1.7
1.8	7.76	5.64	5.01	4.52	4.15	3.50	2.85	1.98	1.32	0.64	−0.28	−0.72	−0.94	−1.02	−1.09	1.8
1.9	7.98	5.77	5.12	4.61	4.23	3.55	2.88	1.99	1.31	0.63	−0.29	−0.72	−0.92	−0.98	−1.04	1.9
2.0	8.21	5.91	5.22	4.70	4.30	3.61	2.91	2.00	1.30	0.61	−0.31	−0.71	−0.895	−0.94	−0.989	2.0
2.1	8.43	6.04	5.33	4.79	4.37	3.66	2.93	2.00	1.29	0.59	−0.32	−0.71	−0.869	−0.91	−0.945	2.1

续表

C_s	\multicolumn{13}{c	}{$P/\%$}	C_s
	0.01	0.1	0.2	0.33	0.5	1	2	5	10	20	50	75	90	95	99	
2.2	8.65	6.17	5.43	4.88	4.44	3.71	2.96	2.00	1.28	0.57	−0.33	−0.70	−0.844	−0.87	−0.905	2.2
2.3	8.87	6.30	5.53	4.97	4.51	3.76	2.99	2.00	1.27	0.55	−0.34	−0.69	−0.820	−0.84	−0.867	2.3
2.4	9.08	6.42	5.63	5.05	4.58	3.81	3.02	2.01	1.26	0.54	−0.35	−0.68	−0.795	−0.82	−0.831	2.4
2.5	9.30	6.55	5.73	5.13	4.65	3.85	3.04	2.01	1.25	0.52	−0.36	−0.67	−0.772	−0.79	−0.800	2.5
2.6	9.51	6.67	5.82	5.20	4.72	3.89	3.06	2.01	1.23	0.50	−0.37	−0.66	−0.748	−0.76	−0.769	2.6
2.7	9.72	6.79	5.92	5.28	4.78	3.93	3.09	2.01	1.22	0.48	−0.37	−0.65	−0.726	−0.73	−0.740	2.7
2.8	9.93	6.91	6.01	5.36	4.84	3.97	3.11	2.01	1.21	0.46	−0.38	−0.64	−0.702	−0.71	−0.714	2.8
2.9	10.14	7.03	6.10	5.44	4.90	4.01	3.13	2.01	1.20	0.44	−0.39	−0.63	−0.680	−0.68	−0.690	2.9
3.0	10.35	7.15	6.20	5.51	4.96	4.05	3.15	2.00	1.18	0.42	−0.39	−0.62	−0.658	−0.665	−0.667	3.0
3.1	10.56	7.26	6.30	5.59	5.02	4.08	3.17	2.00	1.16	0.40	−0.40	−0.60	−0.639	−0.644	−0.645	3.1
3.2	10.77	7.38	6.39	5.66	5.08	4.12	3.19	2.00	1.14	0.38	−0.40	−0.59	−0.621	−0.624	−0.625	3.2
3.3	10.97	7.49	6.48	5.74	5.14	4.15	3.21	1.99	1.12	0.36	−0.40	−0.58	−0.604	−0.606	−0.606	3.3
3.4	11.17	7.60	6.56	5.80	5.20	4.18	3.22	1.98	1.11	0.34	−0.57	−0.59	−0.587	−0.588	−0.588	3.4
3.5	11.37	7.72	6.65	5.86	5.25	4.22	3.23	1.97	1.09	0.32	−0.41	−0.55	−0.570	−0.571	−0.571	3.5
3.6	11.57	7.83	6.73	5.93	5.30	4.25	3.24	1.96	1.08	0.30	−0.41	−0.54	−0.555	−0.556	−0.556	3.6
3.7	11.77	7.94	6.81	5.99	5.35	4.28	3.25	1.95	1.06	0.28	−0.42	−0.53	−0.54	−0.541	−0.541	3.7
3.8	11.97	8.05	6.89	6.05	5.40	4.31	3.26	1.94	1.04	0.26	−0.42	−0.52	−0.526	−0.526	−0.526	3.8
3.9	12.16	8.15	6.97	6.11	5.45	4.34	3.27	1.93	1.02	0.24	−0.41	−0.506	−0.513	−0.513	−0.513	3.9
4.0	12.36	8.25	7.05	6.18	5.50	4.37	3.27	1.92	1.00	0.23	−0.41	−0.495	−0.500	−0.500	−0.500	4.0
4.1	12.55	8.35	7.13	6.24	5.54	4.39	3.28	1.91	0.98	0.21	−0.41	−0.484	−0.488	−0.488	−0.488	4.1
4.2	12.74	8.45	7.21	6.30	5.59	4.41	3.29	1.90	0.96	0.19	−0.41	−0.473	−0.476	−0.476	−0.476	4.2
4.3	12.93	8.55	7.29	6.36	5.63	4.44	3.29	1.88	0.94	0.17	−0.41	−0.462	−0.465	−0.465	−0.465	4.3
4.4	13.12	8.65	7.36	6.41	5.68	4.46	3.30	1.87	0.92	0.16	−0.40	−0.453	−0.455	−0.455	−0.455	4.4
4.5	13.30	8.75	7.43	6.46	5.72	4.48	3.30	1.85	0.90	0.14	−0.40	−0.444	−0.444	−0.444	−0.444	4.5
4.6	13.49	8.85	7.50	6.52	5.76	4.50	3.30	1.84	0.88	0.13	−0.40	−0.435	−0.435	−0.435	−0.435	4.6
4.7	13.67	8.95	7.57	6.57	5.80	4.52	3.30	1.82	0.86	0.11	−0.39	−0.426	−0.426	−0.426	−0.426	4.7
4.8	13.85	9.04	7.64	6.63	5.84	4.54	3.30	1.80	0.84	0.09	−0.39	−0.417	−0.417	−0.417	−0.417	4.8
4.9	14.04	9.13	7.70	6.68	5.88	4.55	3.30	1.78	0.82	0.08	−0.38	−0.408	−0.408	−0.408	−0.408	4.9
5.0	14.22	9.22	7.77	6.73	5.92	4.57	3.30	1.77	0.80	0.06	−0.379	−0.400	−0.400	−0.400	−0.400	5.0
5.1	14.40	9.31	7.84	6.78	5.95	4.58	3.30	1.75	0.78	0.05	−0.374	−0.392	−0.392	−0.392	−0.392	5.1
5.2	14.57	9.40	7.90	6.83	5.99	4.59	3.30	1.73	0.76	0.03	−0.369	−0.385	−0.385	−0.385	−0.385	5.2
5.3	14.75	9.49	7.96	6.87	6.02	4.60	3.30	1.72	0.74	0.02	−0.363	−0.377	−0.377	−0.377	−0.377	5.3
5.4	14.92	9.57	8.02	6.91	6.05	4.62	3.29	1.70	0.72	0.00	−0.358	−0.370	−0.370	−0.370	−0.370	5.4
5.5	15.10	9.66	8.08	6.96	6.08	4.63	3.28	1.68	0.70	−0.01	−0.353	−0.364	−0.364	−0.364	−0.364	5.5
5.6	15.27	9.74	8.14	7.00	6.11	4.64	3.28	1.66	0.67	−0.03	−0.349	−0.357	−0.357	−0.357	−0.357	5.6
5.7	15.45	9.82	8.21	7.04	6.14	4.65	3.27	1.65	0.65	−0.04	−0.344	−0.351	−0.351	−0.351	−0.351	5.7
5.8	15.60	9.91	8.27	7.08	6.17	4.67	3.27	1.63	0.63	−0.05	−0.339	−0.345	−0.345	−0.345	−0.345	5.8
5.9	15.78	9.99	8.32	7.12	6.20	4.68	3.26	1.61	0.61	−0.06	−0.334	−0.339	−0.339	−0.339	−0.339	5.9

附录 B 三点法 S 与 C_s 关系表

S	0	1	2	3	4	5	6	7	8	9
（1）p=1%—50%—99%											
0.0	0.00	0.03	0.05	0.07	0.10	0.12	0.15	0.17	0.20	0.23
0.1	0.26	0.28	0.31	0.34	0.36	0.39	0.41	0.44	0.47	0.49
0.2	0.52	0.54	0.57	0.59	0.62	0.65	0.67	0.70	0.73	0.76
0.3	0.78	0.81	0.84	0.86	0.89	0.92	0.94	0.97	1.00	1.02
0.4	1.05	1.08	1.10	1.13	1.16	1.18	1.21	1.24	1.27	1.30
0.5	1.32	1.36	1.39	1.42	1.45	1.48	1.51	1.55	1.58	1.61
0.6	1.64	1.68	1.71	1.74	1.78	1.18	1.84	1.88	1.92	1.95
0.7	1.99	2.03	2.07	2.11	2.16	2.20	2.25	2.30	2.34	2.39
0.8	2.44	2.50	2.55	2.61	2.67	2.74	2.81	2.89	2.97	3.05
0.9	3.14	3.22	3.33	3.46	3.59	3.73	3.92	4.14	4.44	4.90
（2）p=3%—50%—97%											
0.0	0.00	0.04	0.08	0.11	0.14	0.17	0.20	0.23	0.26	0.29
0.1	0.32	0.35	0.38	0.42	0.45	0.48	0.51	0.54	0.57	0.60
0.2	0.63	0.66	0.70	0.73	0.76	0.79	0.82	0.86	0.89	0.92
0.3	0.95	0.98	1.01	1.04	1.08	1.11	1.14	1.17	1.20	1.24
0.4	1.27	1.30	1.33	1.36	1.40	1.43	1.46	1.49	1.52	1.56
0.5	1.59	1.63	1.66	1.70	1.73	1.76	1.80	1.83	1.87	1.90
0.6	1.94	1.97	2.00	2.04	2.08	2.12	2.16	2.20	2.23	2.27
0.7	2.31	2.36	2.40	2.44	2.49	2.54	2.58	2.63	2.68	2.74
0.8	2.79	2.85	2.90	2.96	3.02	3.09	3.15	3.22	3.29	3.37
0.9	3.46	3.55	3.67	3.79	3.92	4.08	4.26	4.50	4.75	5.21

续表

				（3）$p=5\%—50\%—95\%$						
0.0	0.00	0.04	0.08	0.12	0.16	0.20	0.24	0.27	0.31	0.35
0.1	0.38	0.41	0.45	0.48	0.52	0.55	0.59	0.63	0.66	0.70
0.2	0.73	0.76	0.80	0.84	0.87	0.90	0.94	0.98	1.01	1.04
0.3	1.08	1.11	1.14	1.18	1.21	1.25	1.28	1.31	1.35	1.38
0.4	1.42	1.46	1.49	1.52	1.56	1.59	1.63	1.66	1.70	1.74
0.5	1.78	1.81	1.85	1.88	1.92	1.95	1.99	2.03	2.06	2.10
0.6	2.13	2.17	2.20	2.24	0.28	2.32	1.36	2.40	2.44	2.48
0.7	2.53	2.57	2.62	2.66	2.70	2.76	2.81	2.86	2.91	2.97
0.8	3.02	3.07	3.13	3.19	3.25	3.32	3.38	3.46	3.52	3.60
0.9	3.70	3.80	3.91	4.03	4.17	4.32	4.49	4.72	4.94	5.43
				（4）$p=10\%—50\%—90\%$						
0.0	0.00	0.05	0.10	0.15	0.20	0.24	0.29	0.34	0.38	0.43
0.1	0.47	0.52	0.56	0.60	0.65	0.69	0.74	0.78	0.83	0.87
0.2	0.92	0.96	1.00	1.01	1.08	1.13	1.17	1.22	1.26	1.30
0.3	1.34	1.38	1.43	1.47	1.51	1.55	1.59	1.63	1.67	1.71
0.4	1.75	1.79	1.83	1.87	1.91	1.95	1.99	2.02	2.06	2.10
0.5	2.14	2.18	2.22	2.26	2.30	2.34	2.38	2.42	2.46	2.50
0.6	2.54	2.58	2.62	2.66	2.70	2.74	2.78	2.82	2.86	2.90
0.7	2.95	3.00	3.04	3.08	3.13	3.18	3.24	3.28	3.33	3.38
0.8	3.44	3.50	3.55	3.61	3.67	3.74	3.80	3.87	3.94	4.02
0.9	4.11	4.20	4.32	4.45	4.59	4.75	5.96	5.20	5.56	—

注：整数对应列，小数对应行。第（2）组中，若$S=3.8$，查3对应的列和0.8对应的行知$C_s=2.96$。

附录 C 三点法 ϕ_p 取值表

C_s	$\phi_{50\%}$	$\phi_{1\%} - \phi_{99\%}$	$\phi_{3\%} - \phi_{97\%}$	$\phi_{5\%} - \phi_{95\%}$	$\phi_{10\%} - \phi_{90\%}$
0.0	−0.000	4.562	3.672	3.290	2.564
0.1	−0.017	4.648	3.756	3.287	2.560
0.2	−0.033	4.645	3.750	3.284	2.557
0.3	−0.055	4.641	3.743	3.278	2.550
0.4	−0.068	4.637	3.736	3.273	2.543
0.5	−0.137	4.633	3.732	3.266	2.532
0.6	−0.100	4.629	3.727	3.259	2.522
0.7	−0.116	4.624	3.718	3.246	2.510
0.8	−0.132	4.620	3.709	3.233	2.498
0.9	−0.148	4.615	3.692	3.218	2.483
1.0	−0.164	4.611	3.674	3.204	2.468
1.1	−0.179	4.606	3.656	3.185	2.448
1.2	−0.194	4.601	3.638	3.167	2.427
1.3	−0.208	4.595	3.620	3.144	2.404
1.4	−0.223	4.590	3.601	3.120	2.380
1.5	−0.238	4.586	3.582	3.090	2.353
1.6	−0.253	4.586	3.562	3.062	2.326
1.7	−0.267	4.587	3.541	3.032	2.296
1.8	−0.272	4.588	3.520	3.002	2.256
1.9	−0.294	4.581	3.499	2.974	2.232
2.0	−0.307	4.594	3.477	2.945	2.198
2.1	−0.319	4.603	3.469	2.918	2.164
2.2	−0.330	4.613	3.440	2.890	2.130
2.3	−0.340	4.625	3.421	2.862	2.095
2.4	−0.350	4.636	3.403	2.833	2.060
2.5	−0.359	4.648	3.385	2.806	2.024
2.6	−0.367	4.660	3.367	2.778	2.987

续表

C_s	$\phi_{50\%}$	$\phi_{1\%}-\phi_{99\%}$	$\phi_{3\%}-\phi_{97\%}$	$\phi_{5\%}-\phi_{95\%}$	$\phi_{10\%}-\phi_{90\%}$
2.7	−0.370	4.674	3.350	2.749	2.949
2.8	−0.383	4.687	3.333	2.720	2.911
2.9	−0.389	4.701	3.318	2.695	2.876
3.0	−0.395	4.716	3.303	2.670	1.840
3.1	−0.399	4.732	3.288	2.645	1.806
3.2	−0.404	4.748	3.273	2.619	1.772
3.3	−0.407	4.765	3.259	2.564	1.738
3.4	−0.410	4.781	3.245	2.568	1.705
3.5	−0.412	4.796	3.225	2.543	1.670
3.6	−0.414	4.810	3.216	2.518	1.635
3.7	−0.415	4.824	3.203	2.494	1.600
3.8	−0.416	4.837	3.189	2.470	1.570
3.9	−0.415	4.850	3.175	2.446	1.536
4.0	−0.414	4.863	3.160	2.422	1.502
4.1	−0.412	4.876	3.145	2.396	1.471
4.2	−0.410	4.888	3.130	2.372	1.440
4.3	−0.407	4.901	3.115	2.348	1.408
4.4	−0.404	4.914	3.100	2.325	1.376
4.5	−0.400	4.924	3.084	2.300	1.345
4.6	−0.396	0.934	3.067	2.276	1.325
4.7	−0.392	0.942	3.050	2.251	1.286
4.8	−0.388	4.949	3.034	2.226	1.257
4.9	−0.348	4.955	3.016	2.200	1.229
5.0	−0.379	4.961	2.997	2.174	1.200
5.1	−0.374		2.978	2.148	1.173
5.2	−0.370		2.960	2.123	1.145
5.3	−0.365			2.098	1.118
5.4	−0.360			2.072	1.090
5.5	−0.356			2.047	1.063
5.6	−0.350			2.021	1.035

附录 D 全国水文分区流量计算参数表（节选）

分区编号	分区名称	$\bar{Q}=CF^n$		误差/%		$Q_{2\%}=KF^{n'}$		误差/%		$\dfrac{Q_{1\%}}{Q_{2\%}}$
		C	n	平均	最大	K	n'	平均	最大	
1	三江平原区	1.67	0.65			8.24	0.65	11	30.5	1.17
2	大小兴安岭地区	2.14~3.00	0.65			7.0~17.3	0.65	21.5	59	1.17
31	黄河流域黄土丘陵沙丘区	5.76	0.75	16.1	30	37.64	0.70	6.8	15.6	1.22
32	晋北（Ⅰ）（雁北地区）	8.33	0.50	13	25	60.94	0.45	14	23	1.23
45	长江流域区	8.85	0.65	23	36	58.00	0.57	20	56	1.19
49	皖、浙、赣山丘区	$0.26H_{24}^{1.5}\times10^{-2}$	0.85	15	45	$0.88H_{24}^{2}\times10^{-3}$	0.85	18.7	52	1.08~1.23
		$0.3H_{24}^{1.5}\times10^{-1}$	0.54	18	39	$6.8H_{24}^{2}\times10^{-3}$	0.52	23.5	44.4	1.06~1.14
52	福建沿海台风雨区	$6.7\times10^{-3}H_{24}^{1.6}$	0.65	12.5	28.7	$17.2\times10^{-3}H_{24}^{1.6}$	0.65	15.5	42.3 23	1.14 1.23
72	阿尔泰区	0.39~0.73	0.8	22	44	1.16~2.14	0.75	14	33	1.11
73	伊犁区	0.31~0.58	0.75	28	75	0.54~1.00	0.75	20	58	1.09
85	黄河上游区	0.06 0.85 0.11	0.9	15	32	1.29 1.84 2.38	0.71	20	99	1.18
99	川西北高原干旱区	54.00	0.32	14.1	38	74.00	0.38	25.1	42.8	

续表

分区编号	分区名称	$\bar{Q}=CF^n$				$Q_{2\%}=KF^{n'}$				$\dfrac{Q_{1\%}}{Q_{2\%}}$
		C	n	误差/%		K	n'	误差/%		
				平均	最大			平均	最大	
100	金沙江及雅砻江下游区	1.55	0.69	18.4	41	6.60	0.59	19.7	50.1	
101	贵州东南部多雨区	高 8.00 中 6.43 低 5.23	0.70	17.14	26.5	55.7 42.8 33.8	0.60	13.3	22.0	1.20
105	滇中区	1.20	0.7	25.5	52	3.00	0.65	44.9	135	1.12
111	雅鲁藏布江区	0.77	0.75	15.1	37.4	1.40	0.75	9.6	28.3	1.09

附录 E 局部冲刷计算墩形系数 K_ξ 及桥墩计算宽度 B_1 取值表

序号	墩形示意图	墩形系数 K_ξ	桥墩计算宽度 B_1
1	(圆形墩，直径 d，水深 h)	1.00	$B_1=d$
2	(双圆柱墩，直径 d)	不带联系梁：$K_\xi=1.00$ 带联系梁： | α | 0° | 15° | 30° | 45° | |---|---|---|---|---| | K_ξ | 1.00 | 1.05 | 1.10 | 1.15 |	$B_1=d$
3	(圆端形墩，长 L，宽 d，斜交角 α)	(曲线图：K_ξ 随 α 从 0° 到 80° 变化，约 0.90～1.10)	$B_1=(L-b)\sin\alpha+b$
4	(尖端形墩，长 L，宽 b，迎水角 θ，斜交角 α)	与水流正交时各种迎水角系数 | θ | 45° | 60° | 75° | 90° | 120° | |---|---|---|---|---|---| | K_ξ | 0.70 | 0.84 | 0.90 | 0.95 | 1.10 | 迎水角 $\theta=90°$ 与水流斜交时的系数 K_ξ (曲线图：K_ξ 随 α 从 0° 到 80° 变化，约 0.85～1.10)	$B_1=(L-b)\sin\alpha+b$ （为了简化可按圆端墩计算）

续表

序号	墩形示意图	墩形系数 K_ξ	桥墩计算宽度 B_1
5		(曲线图：K_ξ 随 α 变化，0°~80°，K_ξ 由1.2降至约1.1再升至1.18)	与水流正交时： $B_1 = \dfrac{b_1 h_1 + b_2 h_2}{h}$ 与水流斜交时： $B_1 = \dfrac{B_1' h_1 + B_2' h_2}{h}$ $B_1' = L_1 \sin\alpha + b_1 \cos\alpha$ $B_2' = L_2 \sin\alpha + b_2 \cos\alpha$
6		$K_\xi = K_{\xi_1} K_{\xi_2}$ (曲线图1：K_{ξ_1} 随 h_2/h 变化) (曲线图2：K_{ξ_2} 随角度变化，圆形、矩形两条曲线) 注：沉井与墩身的 K_{ξ_2} 相差较大时，根据 h_1、h_2 的大小，在两线间按比例定点取值	与水流正交时： $B_1 = \dfrac{b_1 h_1 + b_2 h_2}{h}$ 与水流斜交时： $B_1 = \dfrac{B_1' h_1 + B_2' h_2}{h}$ $B_1' = (L_1 - b_1)\sin\alpha + b_1$ $B_2' = L_2 \sin\alpha + b_2 \cos\alpha$
7		与水流正交时的 $K_\xi = K_{\xi_1}$ (曲线图：K_{ξ_1} 随 h_2/h 变化，$\theta = 90°$、$120°$、$60°$ 三条曲线) 注：其他角度可补插取值 迎水角 $\theta = 90°$ 与水流斜交时的 $K_\xi = K_{\xi_1} K_{\xi_2}$	与水流正交时： $B_1 = \dfrac{b_1 h_1 + b_2 h_2}{h}$ 与水流斜交时： $B_1 = \dfrac{B_1' h_1 + B_2' h_2}{h}$ $B_1' = (L_1 - b_1)\sin\alpha + b_1$ $B_2' = L_2 \sin\alpha + b_2 \cos\alpha$

续表

序号	墩形示意图	墩形系数 K_ξ	桥墩计算宽度 B_1
7		(曲线图：圆形、矩形随角度0°~80°变化，K_ξ范围0.8~1.2) 注：沉井与墩身的 K_{ξ_2} 相差较大时，根据 h_1、h_2 的大小，在两线间按比例定点取值	
8		扩大基础采用与水流正交时的墩身形状系数	与水流正交时： $B_1=b$ 与水流斜交时： $B_1=(L-b)\sin\alpha+b$
9		$K_\xi = K'_\xi K_{m\phi}$ K'_ξ——单桩形状系数，按序号1、2、3、5墩形确定（如多为圆桩 $K'_\xi=1.0$ 可省略）； $K_{m\phi}$——桩群系数，$K_{m\phi}=1+5\left[\dfrac{(m-1)\phi}{B_m}\right]^2$； B_m——桩群垂直水流方向的分布宽度； m——桩的排数（垂直水流方向）	$B_1=\phi$
10		桩承台桥墩局部冲刷计算方法： 当承台底面低于一般冲刷线时，按上部实体计算。承台底面高于水面应为上述排架墩，承台底面相对高度在 $0 \leqslant h_\phi/h \leqslant 1.0$ 时，冲刷深度 h_b 按下式计算： $h_b = (K'_\xi K_{m\phi} K_{h\phi} \phi^{0.6} +$ $0.85 K_{\xi_2} K_{h_2} B_1^{0.6}) K(v-v'_0)\left(\dfrac{v-v'_0}{v_0-v'_0}\right)^n$ 式中 $K_{h\phi}$——淹没桩体折减系数， $K_{h\phi}=1.0-\dfrac{0.001}{(h_\phi/h+0.1)^2}$；	

续表

序号	墩形示意图	墩形系数 K_ξ	桥墩计算宽度 B_1
10		$K_{\xi_1}B_1$——按承台底处于一般冲刷线计算； K_{h_2}——墩身承台减少系数。 v, v_0, v'_0, n 的符号意义见《公路工程水文勘测设计规范》（JTG C30—2015）第8.4条	

附录 F　扩展学习材料

序号	篇名	链接二维码	序号	篇名	链接二维码
1	十种设计洪水流量的推算方法概述		2	桥梁设计洪水流量推算的徒手绘图法	
3	桥梁设计洪水流量推算的求矩适线法		4	桥梁设计洪水流量推算的三点法	
5	洪水理论频率曲线拟合的三种元启发式算法		6	基于有限大洪水资料推算设计流量的试算法	
7	基于有限大洪水资料推算设计流量的粒子群算法		8	基于两个代表性洪水资料推算设计流量的迭代法	
9	基于历史水位资料推算桥梁设计洪水流量		10	基于全国水文分区直接查表法	
11	基于全国水文分区确定矩参数法		12	基于暴雨雨量推求法	
13	暴雨径流计算法		14	绘线读点补矩法	
15	基于频率曲线推求设计值方法在《桥渡设计》中的应用		16	《桥渡设计》课程中的16种流速	
17	《桥渡设计》中各种建筑高程的确定方法		18	《桥渡设计》中的水力现象及原理	
19	桥梁水害及成因		20	都江堰水利工程的工作原理	

参考文献

[1] 尚久驷. 桥渡设计[M]. 北京：中国铁道出版社，1991.
[2] 钱冬生. 科学地对待桥渡和桥梁[M]. 北京：中国铁道出版社，2003.
[3] 铁道部第三勘测设计院. 桥渡水文[M]. 北京：中国铁道出版社，1993.
[4] 国家铁路局. 铁路工程水文勘测设计规范：TB 10017—2021[S]. 北京：中国铁道出版社，2021.
[5] 中华人民共和国交通运输部. 公路工程水文勘测设计规范：JTG C30—2015[S]. 北京：人民交通出版社，2015.
[6] 中华人民共和国铁道部. 铁路桥梁检定规范：JTG C30—2015[S]. 北京：中国铁道出版社，2004.
[7] 中华人民共和国交通运输部. 公路桥涵施工技术规范：JTG/T 3650—2020[S]. 北京：人民交通出版社，2020.
[8] 中国铁路总公司运输局工务部. 铁路既有线桥渡水文检算[M]. 北京：中国铁道出版社，2016.
[9] 高冬光. 桥位设计[M]. 2版. 北京：人民交通出版社，2011.
[10] 高冬光. 跨海桥梁和滨海公路水文与防腐[M]. 北京：人民交通出版社，2012.
[11] 薛明. 桥涵水文[M]. 上海：同济大学出版社，2002.
[12] 叶镇国. 水力学与桥涵水文[M]. 北京：人民交通出版社，2019.
[13] 文雨松. 桥涵水文[M]. 北京：中国铁道出版社，2015.
[14] 张玉娥. 桥渡设计[M]. 北京：中国铁道出版社，2008.
[15] 李艳凤. 桥涵水文[M]. 北京：中国水利水电出版社，2020.
[16] 阚译. 桥渡水害及防治[M]. 北京：中国铁道出版社，2007.
[17] 樊俊生. 芜湖桥钢围堰基础施工冲刷计算[J]. 工程力学，2000，2（A02）：5.
[18] 詹贵春. 浮运沉井施工期冲刷计算[J]. 铁道工程学报，1989（4）：9-15.